Clemens Oswald

Fairfassung

So geht Demokratie!

Essay für eine Reform

des Grundgesetzes

Das Buch

In unsicheren Zeiten setzen sich viele für die „Verteidigung“ der Demokratie ein. Das Grundgesetz und die rein repräsentative Demokratie wirken dabei wie „in Stein gemeißelt“. Clemens Oswald zeigt in seinem Essay neue Wege gegen Spaltung und Verdrossenheit auf. Das Ziel für ihn: die Demokratisierung des Grundgesetzes.

Gibt es so etwas wie Bürgerwürde? Wann fragen wir nach unserem Recht auf politische Partizipation über das Wählen hinaus? Wie sollten demokratischere Strukturen aussehen, die den gesellschaftlichen Dialog ankurbeln, statt ihn abzuwürgen? Mutig liefert der Autor konkrete Ideen für eine Gesellschaftsreform, die die Bürger als „Citoyens“ und höchstes Staatsorgan in den Mittelpunkt stellt.

Der Autor

Clemens Oswald ist promovierter Jurist und freier Journalist. Er hat nach einem Volontariat als fester freier Mitarbeiter beim NDR-Fernsehen gearbeitet (Abteilung Innenpolitik, u.a. Redaktion Panorama). Zuvor war er Lokaljournalist und Nahostkorrespondent für zahlreiche Printmedien und Hörfunksender.

Fairfassung

So geht Demokratie!

Essay für eine Reform

des Grundgesetzes

Dr. iur. Clemens Oswald

Bibliographische Information der Deutschen Nationalbibliothek

Die Deutsche Nationalbibliothek verzeichnet diese Publikation in der Deutschen Nationalbibliographie: detaillierte bibliographische Daten sind im Internet unter dnb.dnb.de abrufbar.

1. Auflage 2024

Illustration: Lucy Lungershausen
Verlag: BoD • Books on Demand GmbH, In de Tarpen 42, 22848 Norderstedt
Druck: Libri Plureos GmbH, Friedensallee 273, 22763 Hamburg
ISBN: 978-3-7597-1990-4

Für alle Citoyens

Prolog

Zum 75. Jubiläum des Grundgesetzes am 23. Mai 2024 gab es wie erwartet in Mengen - hochverdientes - Lob von allen Seiten. Praktisch unerwähnt blieb im Trubel der Aspekt, dass das Grundgesetz dringend eine Demokratisierung braucht. Dieser Essay wagt bei aller Wertschätzung des Grundgesetzes den weiten Blick nach vorn in eine Bürgergesellschaft. Er soll als „Aufschlag" zur Diskussion einer neuen Denkrichtung und eines Staatsdesigns dienen. Es geht um die *Zukunft* der deutschen Verfassung. Dazu gibt die zunehmend unsichere Gemütsverfassung von uns Bürgern dringenden Anlass.

Der Titel des Essays soll nicht provozieren, sondern zum Nachdenken anregen. Ist das Grundgesetz, das als *Provisorium* verabschiedet wurde und heute noch eines ist, was im Trubel der Feierlichkeiten leider oft falsch dargestellt worden ist, fair genug zu seinen Bürgern? Oder beschneidet es ihre demokratischen Rechte? Kann es eine fairere Verfassung geben? Tatsächlich gibt es noch viel unausgeschöpftes Potenzial, was allerdings kaum im öffentlichen Bewusstsein verankert ist. Die Denk- und Kritikfähigkeit vieler scheint im Zustand jahrzehntelanger Gewohnheit wie erstarrt.

In diesem Buch soll getreu der Theorien des britischen Philosophen Sir Karl Popper hartnäckig hintergefragt werden, an welchen Stellschrauben zu drehen ist, damit das Grundgesetz schrittweise noch besser werden kann. Anlass ist unter anderem die erfreulicherweise zunehmende Nutzung von Bürgerräten auf allen staatlichen Ebenen, sogar im Bund. Inwiefern kann dem Grundgesetz durch mehr Partizipation der Bürger noch mehr Brillanz verliehen werden? Wie können seine Strukturen so angepasst werden, dass es das Wohl der Menschen noch stabiler über weitere Jahrzehnte, ja vielleicht Jahrhunderte, schützt *und fördert*?

In der tiefen Überzeugung, dass eine Transformation unseres „demokratischen Rechtsstaats" in eine „rechtsstaatliche Demokratie" nötig ist, was ein großer Unterschied ist (!), möchte der Autor seine Leser auf eine Reise mitnehmen. Die führt nicht über den gewohnten, vorgezeichneten „Rechtsweg" sondern den noch weitgehend unerschlossenen „Demokratieweg". Den öffnet zwar das Grundgesetz an mancher Stelle einen Spaltbreit (z.B. durch Erwähnung von Volksabstimmungen), er wirkt aber durch uneinsichtige „Türhüter" (Parteipolitiker) geradezu kafkaesk verschlossen. Es braucht ein neues „Haus der Demokratie". Das Selbstbewusstsein neuer Citoyens ist dafür der Türöffner. Wer die rein repräsentative Demokratie als „die" Demokratie missversteht, macht es sich zu bequem. Es geht mehr und es darf auch unter dem Grundgesetz mehr sein. Umso mehr Bürger den Weg zu mehr Partizipation einschlagen wollen und am gemeinsamen Haus der Kooperation (statt des Konflikts) mitbauen, desto größer ist die Chance auf einen demokratischeren Gesellschaftsvertrag.

Es spricht alles für diesen Wandel. Der Autor mutet einiges an Theorie, neuen Begriffen und Begriffsinterpretationen zu. Ist der Demokratieweg aber erst erkannt, winken Freude an der Gestaltung statt Ohnmacht und Frust. Der Demokratieweg ist zudem auf der praktischen Seite weniger steinig und lang als der Rechtsweg, wenn erst die richtigen *Fairfahren* gefunden sind.

Der Essay ist stark wissenschaftlich basiert. Er kann auch ohne die zahlreichen Fußnoten gelesen werden. Diese dienen als Belege, zur Vertiefung, machen den Text schlanker und zeigen, dass viele der Thesen so oder ähnlich schon von anderen Wissenschaftlern vorher aufgestellt worden sind. Das Werk ist also keineswegs im „luftleeren Raum" entstanden. Der Essay fügt seine zahlreichen Thesen schließlich mosaikstückartig zum Leitbild einer neuen Bürgerdemokratie zusammen. Stand der Recherchen ist - mit Ausnahme des Wahlrechts-Urteils - Ende Juni 2024. Zur besseren Lesbarkeit des Essays wird das generische Maskulinum verwendet.

Göttin Eunomia beim Psychiater I

Eine Psychiatrie in Hamburg, im Mai 2024

Psychiater: *Guten Tag, Frau …*

Eunomia: *Ich heiße Eunomia.*

Psychiater: *Ein seltener Name.*

Eunomia: *Ja, bekannter ist meine Mutter Themis. Bei den Römern hieß sie Justitia. Auch in Ihrer Gesellschaft wird sie meist so genannt.*

Psychiater: *Verstehe. Daher auch Ihr Äußeres. Ich meine die Waage auf der Mütze.*

Eunomia: *Genau, natürlich liebe ich meine Mutter. Ich trage die Waage daher auch als Ohrring. Und das Schwert als Kettenanhänger.*

Psychiater: *So, so, das Schwert als Symbol der Gerechtigkeit?*

Eunomia: *Das habe ich meine Mutter auch immer gefragt … Womöglich ist dies sogar ein Grund, warum ich zu Ihnen komme.*

Psychiater: *Wie kann ich Ihnen helfen?*

Eunomia:	*Nun, das Grundgesetz feierte ja gerade sein 75. Jubiläum.*
Psychiater:	*Bitte helfen Sie mir. Deshalb kommen sie zu mir?*
Eunomia:	*Oh entschuldigen Sie, das ist ja die Crux. Als Göttin stehe ich für die gute Ordnung. Wenn man so will die Demokratie in ihrer besten Form. Aber seit gut 2500 Jahren habe ich eine tiefe Depression. Niemand sieht mich mehr, niemand will mich, ich werde verkannt. Alle schauen auf meine Mutter. Als ob sie das Ideal ist.*
Psychiater:	*Da kann ich auf jeden Fall mit Stimmungsstabilisierern helfen.*
Eunomia:	*So etwas brauche ich nicht. Das ist doch alles ein Missverständnis. Die Menschen huldigen dem Rechtsstaat statt der Demokratie, verstehen Sie nicht? Eigentlich sollte nicht ich hier sitzen …*
Psychiater:	*… sondern alle Menschen? Entschuldigen Sie. Aber ich muss sie fragen, wer hier der Geisterfahrer ist. Alle anderen oder doch Sie?*
Eunomia:	*Auch Sie wollen mir nicht trauen. Ich dachte, hier finde ich einen Ort und einen Menschen, der mir hilft und auch hilft, alle zu heilen.*
Psychiater:	*Das ist eine sehr noble Absicht. Ich kann hier aber nicht die gesamte Gesellschaft heilen, wenn Sie allein auf der Couch liegen.*
Eunomia:	*Vielleicht doch. Aber kommen Sie mir nicht mit Beruhigungstabletten. Alles, was ich brauche, ist jemand, der mir ernsthaft zuhört. Und ich schlage vor, dass wir unser Gespräch öffentlich machen. Vielleicht können Sie es bekannt machen, wenn Sie mir am Ende Glauben schenken?*

Psychiater:	*Nun, wir können es versuchen.*
Eunomia:	*Wir vertauschen die Rollen, einverstanden? Ich verabreiche ihnen so eine Art Demokratie-Tablette nach altgriechischem Urrezept, einzige Nebenwirkung: Zufriedenheit. Wollen wir es darauf ankommen lassen?*
Psychiater:	*In Ordnung, solange das hier unter meiner psychiatrischen Leitung verbleibt und Sie die Patientin sind, ist es für mich ok. Dann habe ich ein offenes Ohr. Schließlich beschäftigt Sie dieses Thema ja so sehr, dass Sie deshalb zu mir kommen.*
Eunomia:	*Versprochen. Es geht um Logik und Vernunft. Und am Ende eine bessere Gesellschaft. Ich habe lange Gespräche mit einem Autoren geführt, der es besser zusammenfassen kann als ich. Denn wer wird mir zuhören?*
Psychiater:	*Das geht jetzt aber nicht gegen das Grundgesetz, oder? Das würde Ihnen niemand abnehmen, ich auch nicht. Das ist uns Deutschen heilig, wissen Sie, selbst wenn es praktisch niemand liest.*
Eunomia:	*Auch ich erkenne den Zivilisationssprung, den Ihr Land durch das Grundgesetz gemacht hat. Was ich mir wünsche, ist trotzdem eine neue Denke und eine positive, schrittweise Ergänzung, nichts anderes. Das Grundgesetz ist offen dafür, auch wenn es niemand zugeben und thematisieren will. Der Autor hat meine Thesen wissenschaftlich nachrecherchiert.*
Psychiater:	*Ok, bitteschön. Ich bin ganz Ohr.*

Die Verfassungen sind das Maß der Freiheit, gemessen am Grade der Vernunftentwicklung.
Adalbert Stifter, 1849

Der Genfer Philosoph und Schriftsteller Jean-Jacques Rousseau hatte eine Marotte. Stolz nannte er sich "Citoyen de Genève", also "Bürger von Genf", und setzte diese Selbstbezeichnung demonstrativ zusammen mit seinem Namen auf die Titel seiner Werke.[1] Wer das heute tun würde, würde schief angeschaut, ja eher noch als Verrückter, Spinner oder Exzentriker verurteilt werden.

Denn ist nicht jeder Bürger?

Rousseau hat damals streng zwischen Citoyen und Bourgeois unterschieden. Der *Citoyen* ist demnach ein aktiver, politisch mitwirkender Bürger, der *Bourgeois* ein passiver, unpolitischer Konsumbürger, einer der wie ein Untertan regiert wird, während Citoyens mitregieren, sich selber die Gesetze geben, denen sie sich dann freiwillig und stolz unterwerfen.

Im Grundgesetz findet sich in Art. 38 GG das geradezu geheiligte Wahlrecht, das laut Bundesverfassungsgericht "vornehmste Recht des Bürgers im demokratischen Staat".[2] Seine Inhaber, also wir Bürger, gelten aufgrund der Möglichkeit seiner Ausübung als Aktivbürger.[3] Aber das so zentrale Wahlrecht ist überraschend wenig feierlich im Grundgesetz niedergelegt. Es liest sich wie folgt:

„(1) Die Abgeordneten des Deutschen Bundestages werden in allgemeiner, unmittelbarer, freier, gleicher und geheimer Wahl gewählt. Sie sind Vertreter des ganzen Volkes, an Aufträge und Weisungen nicht gebunden und nur ihrem Gewissen unterworfen.

(2) Wahlberechtigt ist, wer das achtzehnte Lebensjahr vollendet hat; wählbar ist, wer das Alter erreicht hat, mit dem die Volljährigkeit eintritt.

(3) Das Nähere bestimmt ein Bundesgesetz."

Art. 38 GG hebt das Wahlrecht nicht wirklich als vornehmes Recht hervor. Es liest sich teils sogar passivisch. Nur im zweiten Absatz wird es direkt angesprochen, aber sogleich durch die Altersbegrenzung eingeschränkt. Art. 38 GG hat bei genauer Betrachtung primär staatsorganisatorische Bedeutung, indem er beschreibt, wie der Bundestag mit Abgeordneten "bestückt" wird. Das ist nicht ansatzweise die große Wertschätzung des Wahlakts, die mancher hier am Kern unserer repräsentativen Demokratie erwarten mag.

Die fehlende "Feierlichkeit" schmälert zwar nicht die juristische Wirkung des Wahlrechts, das sich als sogenanntes "grundrechtsgleiches Recht" außerhalb des Grundrechtskatalogs befindet, der den vorderen Bereich des Grundgesetzes prägt.[4] Das Wahlrecht in seiner nur schwach individualrechtlichen Formulierung und Einordnung steht allerdings symptomatisch für die insgesamt nicht stark ausgeprägten demokratischen Rechte im Grundgesetz. Betont werden in ihm vornehmlich die Freiheitsrechte. Originäre Partizipationsrechte stehen nicht im vorderen Teil. .Es gibt für sie auch keinen Abschnitt. Das Wahlrecht ist stattdessen in den Abschnitt "Der Bundestag" integriert. Direktdemokratische Abstimmungen wiederum werden in Art. 20 II S. 2 GG zwar neben Wahlen als *gleichrangiges* demokratisches Mittel erwähnt, mehr aber nicht. Sie werden nirgends ausgeführt, weder als subjektives Recht, noch als Verfahren. Nur in den Landesverfassungen gibt es Volksentscheide, nicht auf Bundesebene. Auch auf kommunaler Ebene gibt es Bürgerentscheide. Es klafft auf Bundesebene also eine Lücke. Kritiker sprechen vom faktischen "Ausschluss" der Bürger auf Bundesebene, sobald die Stimmen an der Urne abgegeben sind.[5]

Der Ausschluss sei für moderne repräsentative Demokratien wie die deutsche geradezu konstitutiv.[6] Nach der Bundestagswahl "dürften" die Wähler gewissermaßen wieder in einen vierjährigen "demokratischen Schlaf" fallen – das sei genau so vom Grundgesetz angelegt.

Aber ist nicht das Grundgesetz die Gewähr für unser Bürgersein?

Das Grundgesetz geht ganz natürlich davon aus, dass es uns zu Citoyens macht[7]: Wir *dürfen* wählen. Das ist *die* Errungenschaft der modernen repräsentativen Demokratie und wird vielfach als Krönung der Demokratie dargestellt. Mit Verlaub: Es ist ein bequemer Selbstbetrug, diese Interpretation kritiklos hinzunehmen. So würde es zumindest der Aufklärer Rousseau sehen, ein Gegner der Repräsentationsidee.[8] Man muss diese nicht wie er über Bausch und Bogen ablehnen, um zu erkennen, dass durchaus mehr ginge als was die Eltern des Grundgesetzes vor über 75 Jahren ersonnen haben.

Auf den ersten Blick mag es ungewöhnlich scheinen, aber Ausdruck findet das im Gemälde "Wanderer über dem Nebelmeer" des gerade sehr präsenten Romantikers Caspar David Friedrich. Friedrich feiert dieses Jahr auch einen Geburtstag, sogar einen runden: den 250sten. Anlass, sich sein wohl bekanntestes Bild rein zur Veranschaulichung einer der Thesen dieses Essays mal aus einem anderen Blickwinkel anzuschauen. Für das Bild gibt es viele Interpretationen. Warum nicht mal so etwas wie politische Freiheit hineininterpretieren? Und zwar so: Auf dem Gipfel steht nach langem Weg ein stolzer Wanderer, der auf das äußerlich wunderschöne, aber auch geheimnisvolle Nebelmeer hinabschaut. Er hat es verlassen, um hier hochzukommen und *bei klarem Blick* draufzuschauen. Er spürt nun die Erhabenheit und Melancholie desjenigen, der den richtigen Weg gefunden und verstanden hat, dass er nicht Teil des Nebelmeers sein muss, sondern frei sein kann.[9] Der Althistoriker Josiah Ober hat mit Bezug auf die athenische Demokratie einmal gesagt, dass die Würde der Bürger, die damals eine Blütezeit erlebte, vom heutigen Mainstream der politischen Theorie "vernebelt" werde.[10] Das war der Auslöser für diesen Gedankengang: Es steht hier ein Citoyen und schaut auf seine Mitmenschen, die als anonymes Volk nicht zu sehen sind. Wenn Friedrich als "Forscher unsichtbarer Wahrheit" bezeichnet wird[11], warum dann nicht mal diese Metapher einer absichtlich "zugedeckten Demokratie" aus dem Gemälde ableiten? Kunstkritiker mögen die Hände über dem Kopf zusammenschlagen. Aber liegen Schönheit und Interpretation nicht ausschließlich im Auge des Betrachters?

Aber hat nicht das Grundgesetz Deutschland aus dem NS-Nebel befreit?

Absolut. Das Grundgesetz ist eine Antwort auf den Nationalsozialismus, den Holocaust und den Zweiten Weltkrieg. Das "Nie wieder" schallt schon aus dem ersten Artikel. Dort heißt es kurz und prägnant: "Die Würde des Menschen ist unantastbar." Das ist stark, ikonisch, wegweisend, und leitet die Grundrechte ein, die zu Recht gleich am Anfang des Grundgesetzes stehen, um die Bürger zu schützen. Was aber auffällt: Bei der Menschenwürde geht es vor allem um das Schützen und Verteidigen von Freiheitsrechten. Die Menschenwürde ist primär ein *Abwehrrecht*. Menschen dürfen nicht gefoltert werden, sie müssen ihre Meinungen sagen dürfen, sie sind gleich, sie dürfen nicht zum Objekt herabgewürdigt werden, usw.[12] Es geht dabei um die Abwehr eines übergriffigen Staats. Vereinfacht gesagt: Menschenwürde *schützt* in erster Linie. Sie und die auf ihr basierenden Grundrechte sind zwar auch, aber weniger dafür geeignet, Leistungen vom Staat zu fordern. Erst recht steht die Menschenwürde bislang nicht für starke politische, bzw. partizipatorische Rechte. Es ist vornehmlich ein liberales Recht und individuell geprägt. Da, wo die politischen Rechte der Menschenwürde praktisch aufhören, nämlich beim Wahlrecht, fangen die demokratischen Leistungsrechte, um die es in diesem Essay geht, erst an.[13]

Was ist also mit mehr Mitbestimmung im politischen Bereich? Was ist mit Volksabstimmungen? Was ist mit effektiver Bürgerbeteiligung?

Wenn man ehrlich ist, klafft dazu im Grundgesetz eine große Lücke. Und das hängt auch damit zusammen, dass das Grundgesetz am 23. Mai 1949 als Provisorium für die Bundesrepublik Deutschland beschlossen wurde.[14] Die deutsche Teilung sollte erst beendet werden, bis es eine finale Verfassung geben sollte, die dann auch von den Bürgern verabschiedet würde. Der Name "Grundgesetz" statt "Verfassung" sagt schon alles aus. Das Grundgesetz war als Übergangsverfassung gedacht. Damals beschlossen die Landtage das vom Parlamentarischen Rat, einem nur aus Parteipolitikern zusammengesetzten Gremium, ausgearbeitete Grundgesetz. Eine Abstimmung der Bürger war erst nach der Herstellung Gesamtdeutschlands vorgesehen, wurde allerdings damals nicht durchgeführt und wird heute gern zerredet. So stieß der Versuch des thüringischen Ministerpräsidenten Bodo Ramelow (Linke), der sich für eine Volksabstimmung über das Grundgesetz ausgesprochen hatte[15], auf erheblichen Widerstand im politischen Berlin. Der ostdeutsche Bürgerrechtler und SPD-Politiker Markus Meckel will den Art. 146 GG, der ausdrücklich die "freie Entscheidung" des Volkes über seine Verfassung vorsieht, sogar ganz streichen.[16]

Während der Wendezeit gab es zwar Debatten über eine Abstimmung. Jedoch fehlte von Anfang an die Zeit für eine konkrete Ausarbeitung einer neuen gesamtdeutschen Verfassung, weil der Druck zur Wiedervereinigung zu groß war. Kein Vorwurf an jene, die damals die Chance verpasst haben, aber nach über 75 Jahren und angesichts des Verschwindens der damaligen geradezu "besoffenen" Wendestimmung und einer Spaltung im Land, die in

Teilen "Züge einer kollektiven Psychose"[17] annimmt, ist wohl kaum der Zeitpunkt, einfach Zustimmung und Zufriedenheit in allen Punkten des Grundgesetzes per Blankoscheck zu unterstellen. Das gängige Argument, es gebe so etwas wie ein "tägliches Plebiszit" (französisch: "plébiscite de tous les jours") über das Grundgesetz, also seine tägliche Annahme durch bloßes Stillhalten der Bürger, kann nicht überzeugen.[18] Plebiszite lassen sich mit Verlaub nicht auf diesem Wege konstruieren und es gibt keine Vorschrift im Grundgesetz, die diese "tägliche Annahme" regelt, wo es doch sonst alles Wichtige regelt und es sich hier um eine zentrale Frage handelt.

Aber soll in einer Phase multipler Krisen - Pandemien, Kriegen, Haushalt, Rechtspopulismus und –extremismus – jetzt noch eine Verfassungsdiskussion vom Zaune gebrochen werden, wo doch das Grundgesetz grundsätzlich in den letzten 75 Jahren für Stabilität gesorgt hat?

Genau aus dem Grunde, *dass* das sogenannte Gründungsplebiszit nie nachgeholt worden ist, ist die Diskussion jedenfalls nicht *ad acta* zu legen. Gregor Gysi sprach schon beim 70. Grundgesetz-Jubiläum von einem "Auftrag", den Art. 146 GG unterstreiche.[19] Kein Grund für Alarmsirenen: Das Nachdenken darüber und das Umsetzen eines solchen Prozesses dürfen nur sehr gründlich und konsensorientiert erfolgen. Die Verfassung darf gerade nicht spalten, sondern soll einen. Das zu erreichen, wird eher Jahrzehnte als Jahre in Anspruch nehmen. Wichtig ist zunächst, dass überhaupt eingesehen wird, dass das Grundgesetz in seiner jetzigen Form nicht sakrosankt, sondern reformbedürftig ist. Die Kernthese dieses Essays ist, dass es demokratisiert werden muss. Das käme allen Bürgern gleichermaßen zugute. Und aus neuen demokratischen Verfahren kann eine neue lebendige Demokratie erwachsen, die in der Lage ist, auch schwierigste Themen ganz anders als bisher weitgehend im Konsens zu lösen.

Für Reformbedarf spricht der erschreckende, schier unaufhaltsame Aufstieg der AfD. Die verfolgt nicht nur auf Bundesebene eine möglicherweise verfassungsfeindliche Programmatik, wie jüngst das OVG Münster urteilte[20], sondern in manchen ostdeutschen Bundesländern laut dem jeweiligen Verfassungsschutz menschenfeindliche, völkisch-nationalistische, "gesichert rechtsextremistische" Positionen, die sich insbesondere in der Migrationsfrage gegen die Menschwürde richten.[21] Sie muss vor dem Hintergrund definitiv als Gefahr für das Grundgesetz und die freiheitlich demokratische Grundordnung gesehen werden.

Die AfD sorgt für reflexartige Reaktionen bei den anderen Parteien, was einen Diskurs über eine demokratischere Verfassung erschwert. So fordert die AfD lautstark mehr Demokratie durch die Einführung von Volksabstimmungen nach Schweizer Vorbild. Schon deshalb dürften sich die Grünen, aber auch die SPD in den letzten Jahren zwangsläufig von der lange vertretenen Idee der Abstimmungen gelöst haben.[22] Wer will schon fordern, was auch die AfD will? Differenzierungen bei der Art der Anwendung von Volksentscheiden fallen schwer. Dann lieber gleich rigoros ablehnen, mit der Folge, dass der AfD ein populistisch nutzbares Thema weitgehend als Alleinstellungsmerkmal überlassen worden ist.[23] Nicht allein die AfD spaltet *de facto*, sondern auch die anderen Parteien indirekt, indem sie sich abgrenzen und indem sie versuchen, sie konsequent unmöglich zu machen. Dabei gehen schon mal langjährige Standpunkte über Bord, und der Dialog mit AfD-Wählern wird auch nicht leichter.

Die AfD ist absolut untragbar mit ihren teils völkischen Thesen, aber es fragt sich trotzdem, woher die enormen Zuwächse der letzten Umfragen kommen. Es ist trotz des geradezu "irren" Geheimtreffens in Potsdam, auf dem laut einer Correctiv-Recherche allen Ernstes bekannte Rechtsextreme, hochrangige AfD-Mitglieder sowie auch Mitglieder der Werte-Union mit finanzstarken Unternehmern über die Deportation von Menschen mit Migrationshintergrund aus Deutschland fantasierten

(Stichwort: Remigration)[24], davon auszugehen, dass die AfD im September 2024 für Furore bei drei ostdeutschen Landtagswahlen sorgen wird. Auch die SS-Verharmlosungen des AfD-Spitzenkandidaten Maximilian Krah vor der Europawahl und die mutmaßliche China-Spionage seines engsten Mitarbeiters werden kaum für einen spürbaren Rückschlag sorgen. Sogar eine erstmalige Kanzlerkandidatur aus dem rechtspopulistischen Lager ist nicht mehr unwahrscheinlich. Die Sorge vor einem "Volkskanzler" geht um.[25] Das alles gedeiht unkrautmäßig "auf dem Boden des Grundgesetzes", welches doch gegen Nazis geschrieben wurde. Nicht einmal ein Verbotsverfahren ist aus Sorge vor einer eventuellen Niederlage in Karlsruhe und einem zu langen Verfahren wahrscheinlich. Die Demokratie soll es, muss es schon selber richten, heißt es dazu meist.

Wie konnte das Grundgesetz diese Situation zulassen?

Vielleicht sollten wir uns mit dem Gedanken anfreunden, dass das politische System des Grundgesetzes durchaus seine "Macken" hat, die wir uns allerdings als "gute" Bürger bislang nicht ausreichend bewusst gemacht haben, die aber auch kaum einmal ernsthaft aus dem politischen Betrieb an uns herangetragen werden. Mit Fremdenhass angereicherter knallharter Populismus ist das Gegenteil von konstruktiv. Das macht nichts heil, nur kaputt. Soviel ist klar: Falsch wäre es aber auch, die aktuellen Probleme der Demokratie allein auf die AfD zu projizieren. Gerade jetzt ist *systemisches Hinterfragen* gefordert, denn wie konnten wir nur in diese Zwickmühle geraten, in der wir stecken?

Neben den schon angedeuteten demokratischen Mängeln, die noch vertieft werden, gibt es diverse rechtsstaatliche Mängel, die unser aller Aufmerksamkeit bedürfen und nicht wie selbstverständlich weggeschwiegen werden sollten. Sie führen dazu, dass es eine *Distanz* zwischen Wählern und Abgeordneten gibt. Gemeint sind dabei nicht nur AfD-Anhänger, wenn diese auch, wie auch BSW-Anhänger, in großer Mehrheit die "Abgehobenheit" von Politikern als "größte Gefahr für die Demokratie" kritisieren. [26] Politiker werden allerdings auch von vielen anderen Bürgern als eigeninteressenorientiert, unfähig und wenig bürgerfreundlich wahrgenommen. Ursache für den Rechtsruck, aber auch die *generell* bedenkliche hohe Politikverdrossenheit im Land, die im Fall mancher AfD-Wähler offensichtlich bis zur Politikverachtung umgeschlagen ist, sind zudem *strukturelle* Mängel im demokratischen Rechtsstaat, die ihre Basis im Grundgesetz haben. Nur wird darüber im "Kampf gegen rechts" kein Wort verloren. Wenn schon politische Fehler übertüncht werden, wie sollen dann *strukturelle* ein Thema werden? Wir haben doch wahrlich kein Demokratieproblem, oder? "Die" Demokratie, also die repräsentative Demokratie, funktioniert doch. Oder?

An der Stelle muss auf ein gut genährtes Missverständnis über die Bedeutung des Rechtsstaats hingewiesen werden. Wenn Bundesinnenministerin Nancy Faeser immer wieder, und das, ohne dass sich spürbar etwas verbessert hat, betont, "alle Instrumente des Rechtsstaats nutzen" zu wollen, um rechtsextremistische Netzwerke zu zerschlagen[27], so versteht dies jeder sofort als klassische Kampfansage des Rechtsstaats gegen rechts. Der Rechtsstaat darf aber nicht auf Sicherheitskräfte wie Polizei und Verfassungsschutz reduziert werden. Rechtsstaat heißt in der politischen Theorie viel mehr als Durchgreifen des Staates auf Basis geltenden Rechts. Eine der oft ignorierten zentralen Kernaufgaben des Rechtsstaats ist es, die Macht der Herrschenden zu kontrollieren, zu beschränken, einzuhegen. Stichwort: Gewaltenteilung, besser gesagt Gewalten*verschränkung*.

Haben Sie schon mal etwas von "Gewaltenverschränkung" gehört?

Tatsächlich haben wir bei differenzierter Betrachtung der rechtsstaatlichen Strukturen keine Gewaltenteilung, von der allerdings immer salbungsvoll geredet wird. Wissenschaftler nutzen den Begriff Gewaltenteilung nicht, wenn sie die Strukturen des Grundgesetzes detailliert beschreiben. Dann ist eher von der Verschränkung der Gewalten die Rede, nicht von ihrer Trennung. Der hoch gepriesene Rechtsstaat zeigt bei genauer Betrachtung gewisse Schwächen, die aber im üblichen Sprachgebrauch unerwähnt bleiben und so kaum als grundsätzlicher Mangel auffallen.[28]

Hier kommt ein wichtiger Vorgänger Rousseaus, gewissermaßen sein rechtsstaatliches Pendant, ins Spiel: Charles-Louis de Secondat, Baron de La Brède et de Montesquieu, kurz Montesquieu. Der hatte bekanntlich im 18. Jahrhundert korrekterweise erkannt, dass unkontrolliert Herrschende schnell in Versuchung des Machtmissbrauchs, ja in Größenwahn verfallen können. Um diese Gefahr einzuhegen, hat er die Theorie der Gewaltenteilung mit drei Gewalten erfunden. Dabei hat er nicht nur – wie zuvor John Locke – Exekutive und Legislative als Gewalten bezeichnet, sondern auch die Judikative hinzugezogen.[29] Immanuel Kant sprach später von den drei "Staatswürden" und zwar ohne dass sie tatsächlich eine persönliche Würde hätten, sondern dass sie den Bürgern zum *Dienen* verpflichtet seien und dadurch im übertragenen Sinne Würde erlangen könnten.[30] Kant war es wiederum auch, der von der notwendigen "Absonderung" der Staatsgewalten schrieb.[31] Damit sei selbst ein "Volk von Teufeln" mit „Privatgesinnungen" zur Raison zu bringen.[32] Auch Kant beschrieb also die Idee der Gewaltenteilung.[33]

Tatsächlich liegt in der Bundesrepublik *real* keine Gewaltenteilung vor, obwohl dies der übliche Sprachgebrauch ist. Bei genauem Hinsehen gibt es in weiten Teilen Überlappungen der Gewalten.[34] So wählt die Mehrheit des Parlaments den Bundeskanzler und seine Regierungskoalition und gibt es personelle Überschneidungen zwischen Regierung und Parlament, obwohl die Regierung der parlamentarischen Kontrolle unterliegt. Die gleichzeitige Ausübung von Ministeramt und

Abgeordnetentätigkeit wird als „andauernde Verhöhnung der Gewaltenteilung" bezeichnet.[35] Wenn der Politikwissenschaftler Philip Manow ein „prekäres Austauschverhältnis" zwischen Exekutive und Legislative kritisiert, so moniert er etwas, das uns völlig normal scheint, das wir nicht anders kennen und schon weil es irgendwie politisch inkorrekt erscheint, kaum hinterfragen.[36] Im Ergebnis kommt der Opposition eine sie überfordernde Rolle als Hauptkontrolleur der Exekutive zu, da sie selbst keine Staatsgewalt ist.[37] Sie kann dieser Funktion nicht gerecht werden, da sie nur auf die öffentliche Meinung Einfluss nehmen kann und gewisse Klagebefugnisse hat, nicht mehr.[38] Außerdem hat sie in aller Regel kein Interesse, die Systematik zu ändern, da sie selbst in die machtvolle Regierungsfunktion strebt.

Auch das Bundesverfassungsgericht spricht offen von einem grundgesetzlichen System zahlreicher "Gewaltenverschränkungen und -balancierungen". Das Prinzip der Gewaltenteilung sei zwar ein „tragendes Organisationsprinzip des Grundgesetzes", aber „nirgends rein verwirklicht".[39] Das sei nicht schädlich, da da das Grundgesetz eine absolute Trennung nicht fordere, nur die „gegenseitige Kontrolle, Hemmung und Mäßigung der Gewalten", was mit Verlaub den im Grundgesetz manifestierten „Eiertanz" der Gewalten nur unterstreicht.[40]

Am Punkt Gewaltenverschränkung kommen auch die Parteien als zentrale verbindende Player ins Spiel. Nicht wenige Rechtswissenschaftler sehen kein Problem darin, dass Parteien die drei Gewalten letztlich personell "ausmachen" (Legislative, Exekutive), bzw. bestücken (Judikative), obwohl die Gewalten voneinander unabhängig sein sollten. Historisch gesehen war der Begriff "Parteienstaat" zudem lange positiv im Sinne des reinen, guten Parlamentarismus besetzt.[41] Rupert Scholz sprach allgemein von der „Parteienstaatlichkeit" als „Funktionsbedingung der repräsentativen Demokratie".[42]

Wissenschaftler nutzten den Begriff dann aber zunehmend beschreibend und äußerten vergleichsweise scharfe Kritik an "Machtbesessenheit, Bürgerferne, Eigennutz, Inkompetenz und mangelnder Vertrauenswürdigkeit", die alle von Parteien ausgingen.[43] Es war auch von überdehntem Einfluss der Parteien, "Okkupation des Staatlichen und des Gemeinwohls"[44], parteipolitischer Durchdringung des öffentlichen Dienstes oder "Selbstbedienung" die Rede.[45] Lange vor der Gründung der AfD stellten insofern nicht wenige Wissenschaftler öffentlich die Frage, ob sich die Parteien über das Grundgesetz „eine verfassungsrechtlich bedenkliche oder gar verfassungswidrige Machtstellung gesichert" hätten.[46] Sogar Bundespräsident Richard von Weizsäcker monierte im Jahr 1992 öffentlich, dass die Parteien „einen immer weitergehenden, zum Teil völlig beherrschenden Einfluß entwickelt" hätten, der verfassungsrechtlich so nicht vorgesehen sei.[47]

Bei solchen Vorlagen und da sich strukturell praktisch nichts in der Folge getan hat, ist es kein Wunder, dass die AfD den Begriff zu einem ihrer populistischen "Kampfbegriffe" machen konnte. *„Wenn wir morgen in einer Regierungsverantwortung sind, dann müssen wir diesen Parteienstaat abschaffen"*, tönte etwa der brandenburgische AfD-Landtagsabgeordnete Hünich.[48] Sofort zeigte sich der Verfassungsschutz alarmiert, sprach von einem „Verstoß gegen die Verfassung". Und die Landtagspräsidentin Ulrike Liedtke (SPD) ließ wissen: *„Diese Äußerungen sind falsch und gefährlich. Es gibt in Deutschland keinen ‚Parteienstaat', wie behauptet wird, sondern eine pluralistische Demokratie mit freien, gleichen und geheimen Wahlen."[49]*

Weiter aneinander vorbei kann man nicht reden. Jeder noch so tumbe Anti-Establishment-Spruch der AfD führt derzeit selbstredend zu einem „Demokratieschutz-Konter", der schon deshalb massentauglich und höchst gerechtfertigt scheint, weil er gegen den „Feind von rechts" geht. Aber ist nicht genau dieses

Ping-Pong *auch* Auswuchs des „Parteienstaats"? Konflikt, Konflikt, Konflikt. Nicht-Miteinanderreden-Wollen, Polarisierung, Spaltung.

Muss das so weitergehen?

Alle, denen der Rechtsstaat und die Demokratie am Herzen liegen, sollten sie nicht als „gottgegeben" und unverbesserbar sehen, sondern in Abständen auch mal prüfen. Dass die AfD so stark geworden ist, hat auch Gründe, die bislang noch nicht alle erkannt worden sind. Da lohnt schon mal der Blick auf die Strukturen des demokratischen Rechtsstaats. Es gibt hier erhebliche Angriffsflächen, sonst hätte es die teils erbitterten Diskussionen über den „Parteienstaat" nicht schon seit den 80er, 90er Jahren gegeben. Wir brauchen eine ehrliche Diskussion über die Rolle der Parteien im Staat. Sonst können Extremisten den Begriff pauschal und populistisch für ihre Zwecke missbrauchen. Das mag ein heikles Thema sein, aber zum Vorgehen gegen rechts gehört auch die Einsicht, dass es wunde Punkte im Gefüge der „Gewaltenteilung" gibt. Und genau die würde die AfD hinter allem Protest sicherlich gern weiter für sich selber nutzen.

Es gibt wie gesagt Wissenschaftler, die sich schon lange und teils vehement am "Parteienstaat" und seinen Auswirkungen abarbeiten. Der Parteienforscher Hans Herbert von Arnim listet immer wieder erhebliche Mängel des Rechtsstaats auf. Parteien agierten zu oft und nicht ausreichend kontrolliert im eigenen Interesse. Besonders ungehörig für ihn: Parteien können sich über ihre in den Bundestag gewählten Abgeordneten selbst Finanzierungen gewähren. Dabei geht es um die Diäten sowie üppige Zuweisungen an Fraktionsvertreter und parteinahe Stiftungen. Die Opposition falle im Regelfall als Kontrolleur aus, da es meist um Pläne gehe, von denen alle Parteien profitierten.[50]

Es soll hier gar nicht diskutiert werden, wieviel genau Abgeordnete verdienen sollten. Das Problem ist der fragwürdige Weg, dass sie *selbst* über ihre Entlohnung entscheiden können. Das macht die Diäten *per se* fragwürdig. Der Anspruch auf die „Diäten" folgt aus Art. 48 III GG.[51] Danach haben Abgeordnete einen Anspruch auf „angemessene Entschädigung". Nur was ist angemessen? Diäten klingt zwar nach Abnehmen, aber die Abgeordnetenentschädigungen, wie sie offiziell heißen, nehmen seit Jahrzehnten zu, manchmal auf einen Schlag erheblich. Seit Juli 2023 beträgt die zu versteuernde Abgeordnetenentschädigung für Bundestagsabgeordnete 10.591,70 Euro brutto.[52] Das ist die Basisausstattung. Hinzu kommt eine steuerfreie sogenannte Kostenpauschale in Höhe von derzeit 4.725,48 Euro[53], Amtsausstattungen[54] und eine beitragsfreie, aus Steuermitteln finanzierte Altersversorgung in Höhe von monatlich 2,5 Prozent der Abgeordnetenentschädigung, die mit jedem Jahr der Mitgliedschaft um 2,5 Prozent angehoben wird. Das bedeutet, dass Abgeordnete bereits nach sechs Jahren einen höheren Anspruch als die Durchschnittsrente (1.384 Euro) haben, wobei Arbeitnehmer dafür mindestens 35 Versicherungsjahre ableisten müssen. Dies ist selbst unter Abgeordneten unterschiedlicher Fraktionen nicht unumstritten.[55]

Summen und Mechanismen der Diätenberechnung werden von den Abgeordneten seit jeher selbst festgesetzt. Das soll laut einem Urteil des Bundesverfassungsgerichts von 1975 regelmäßig „vor den Augen der Öffentlichkeit" geschehen.[56] Dies gelang freilich nicht immer, wie etwa die Wahl des Wortes „Diätenanpassung" zum „Unwort des Jahres" 1995 gezeigt hat. Erhöhungen der Bezüge werden, wie 2014, auch schon mal per „Blitzgesetz" (von Arnim) in nur gut einer Woche durchgebracht.[57] Immer wieder gibt es Kontroversen: Zuletzt wurden die Diäten in zwei Stufen auf das Niveau von Bundesrichtern angehoben und gleichzeitig an die Entwicklung der Bruttogehälter deutscher Arbeitnehmer (sog. Nominallohnindex) angekoppelt und damit dynamisiert, was für Hans Herbert von Arnim nicht mit der Rechtsprechung des Bundesverfassungsgerichts vereinbar war. Es hätte laut ihm einer Grundgesetzänderung bedurft, und dieser bedürfe es wegen der fehlenden öffentlichen Kontrollmöglichkeit bis heute.[58] Die Folgen sind im Jahr 2024 erheblich: Ausgerechnet in einer Phase fehlenden politischen Vertrauens in die Politik kommt es aufgrund der um sechs Prozent gestiegenen Nominallohnentwicklung zu einer Rekord-Erhöhung allein der Basisausstattung um 635,50 Euro auf 11.227,20 Euro – und zwar automatisch ohne jegliche Aussprache im Bundestag. Ein Aufreger in zahlreichen Zeitungen. Der Bund der Steuerzahler beschreibt einen „nicht würdigen" Vollautomatismus.[59]

Von Seite der Abgeordneten wurde die Erhöhung mit den Empfehlungen der sogenannten Schmidt-Jortzig-Kommission aus 2013 begründet. Diese muss jedoch als befangen gelten, da sie aus Abgeordneten, Ministern, Parlamentarischen Staatssekretären und anderen dem Bundestag nahen Personen bestand.[60] Von Arnim kritisierte insbesondere auch die geradezu „schamlose Selbstbereicherung" der Abgeordneten im Berliner Rathaus mittels einer 58prozentigen Erhöhung der Bezüge im Jahr 2019.[61] Das Berliner Verwaltungsgericht hat die Erhöhung zwischenzeitlich für rechtmäßig erklärt.[62]

Was ist mit dem Grundsatz "Nemo iudex in sua causa"? Niemand darf in seiner eigenen Sache richten, bzw. kein Amtsträger, auch nicht die Parlamentarier, dürfen in eigener Sache entscheiden[63] - ein überflüssiges Gebot?

Hier ist entscheidend, ob der Grundsatz als Rechtsgrundsatz oder bloß als ethisches Postulat eingeordnet wird.[64] Im ersten Fall würde er die demokratische Legitimation "stechen", mit der solche "Selbstentscheidungen" bislang wie selbstverständlich gefällt werden. Im zweiten Fall käme es auf die Moral der Abgeordneten an. In einem Rechtsstaat reicht unethisches Verhalten nämlich nicht für ein Untersagen. Im Gegenteil können sich Abgeordnete darauf berufen, dass sie demokratisch legitimiert und daher rechtlich zu solchen Entscheidungen befugt sind. Der Streit braucht nicht weiter ausgeführt zu werden, denn Wissenschaftler sind sich immerhin an dem Punkt weitgehend einig, dass in Bezug auf das Parlament ein *verfassungswidriges "strukturelles Kontrolldefizit"* vorliegt. [65]

Tatsächlich ist das Bundesverfassungsgericht bei Entscheidungen in eigener Sache zumeist außen vor, selbst wenn es 1992 Obergrenzen für die Parteienfinanzierung festlegte. [66] Im Grundsatz gilt: Wo kein Kläger, da keine Prüfung und kein Urteil. [67] Finanzierungsgesetze werden da schon mal während einer Fußball-WM durchgebracht, wenn Tore gerade öffentlich mehr zählen sollen als Transparenz. [68] Zwar hatten Grüne, Liberale und Linke ausnahmsweise mal im Jahr 2019 vor dem Bundesverfassungsgericht geklagt und vier Jahre später sogar Recht bekommen, da die GroKo ihren Begründungspflichten für die Erhöhung nicht ausreichend nachgekommen war. [69] Die Begründung wurde dann im Bundestag auch nachgeholt, indem die Erhöhung mit erheblich gestiegenen Kosten für Digitalisierung und innerparteiliche Beteiligung erläutert wurden. Die absolute Obergrenze wurde dann trotzdem rückwirkend auf 184,7 Millionen Euro angehoben, was nur 5,3 Millionen Euro unter der von der GroKo ursprünglich versuchten Erhöhung lag. [70] Viel Rauch um nichts. Bezeichnenderweise kam es nicht zu der zeitweise im Raum stehenden Option einer von den Parteien losgelösten Kommission. [71] Kritiker monierten, dass das Ganze erneut ein Fall für Karlsruhe werden könnte, weil auf einmal Sachverhalte einberechnet wurden, die sich nach dem Stichjahr 2018 ereignet hatten. [72] Aber dazu kam es nicht, denn, wie gesagt, hat im Grundsatz keine Partei ein Interesse daran, sich selbst den Geldhahn zuzudrehen.

Besonders weidlich nutzen die Parteien laut von Arnim das Schlupfloch der „Ersatzparteien". Dabei handele es sich um indirekte, bzw. *verdeckte Parteienfinanzierung* in großem Maße:

„„Die politische Klasse legt nicht nur das eigene Einkommen fest, sondern auch die Finanzierung der eigenen Hilfskräfte und Organisationen: der Abgeordnetenmitarbeiter, der Parteien, der Parlamentsfraktionen und der Parteistiftungen."[73]

Über diese sogenannten „Ersatzparteien" – Stiftungen, Fraktionen und Mitarbeiter – sind die faktischen Zahlungen an die Parteien bei Einbeziehung der Länder auf rund 900 Mio. Euro jährlich angewachsen. Das ist das Vierfache (!) der direkten Zuwendungen an die Parteien. Insgesamt seien die Zahlungen für die Alternativen zur herkömmlichen Parteienfinanzierung zwischen 1968 und 2015 stark verdreißigfacht worden.[74] Die Parteienfinanzierung ist *in Summe* also entgegen der Vorgabe der Eltern des Grundgesetzes in immense Höhen geschossen.

Verfassungswidrig und dreist, so bezeichnet von Arnim sogenannte Funktionszulagen für eine breite Zahl von Fraktionsvertretern (stellvertretende Fraktionsvorsitzende, Arbeitsgruppensprecher, Landesgruppensprecher und Sprecher sozialer Gruppen). Denn sie verstießen gegen das sogenannte zweite Diäten-Urteil des Bundesverfassungsgerichts aus dem Jahr 2000. Dieses hatte – wenn auch in Bezug nur auf Thüringen – klargestellt, dass Zulagen *nur an Fraktionsvorsitzende* zu zahlen seien, niemanden sonst. [75] Das Bundesverfassungsgericht hatte allerdings später mehrfach betont, „allgemeine Maßstäbe" für Parlamente auf allen Ebenen aufgestellt zu haben, selbst wenn das Urteil konkret nur zu einem Bundesland gefallen sei.[76] Damit sind Zahlungen dieser Art, die in Bund und Ländern jährlich zusammen über 5 Mio. Euro betragen, höchst fragwürdig, werden aber stur weitergeleistet. Verteidigern der Praxis wirft von Arnim persönliche Befangenheit vor:

„Die Autoren, die anderer Auffassung sind, sind regelmäßig Angestellte oder sonstige Bedienstete von Parlament oder Fraktionen oder sie machen Gutachten für sie und verdanken den Parteien auch sonst einiges."[77]

Auch bei der Finanzierung der Fraktionen gibt es laut von Arnim Schnittmengen, griffen doch die Bundestagsfraktionen ihren Parteien widerrechtlich durch intensive Öffentlichkeitsarbeit unter die Arme und ersparten ihnen so Ausgaben. Die Bürger unterschieden nun einmal kaum zwischen Parteien und Fraktionen.[78] Die Finanzierung der Fraktionen seien gesetzlich nur oberflächlich geregelt (vgl. § 58 Abgeordnetengesetz). Es fehle fatalerweise die klare Regelung der Höhe der Zuschüsse.[79]

Erwähnt sei noch die Grauzone, ob Abgeordnete ihre Mitarbeiter statt nur für Parlaments- auch für Wahlkampfarbeit einsetzen können. Ein unerlaubter Wahlkampfeinsatz lasse sich nur schwer nachweisen, so das Bundesverfassungsgericht, das damit vor der Situation kapitulierte, dass Mitarbeiter einfach behaupteten, in ihrer Freizeit am Wahlkampfstand gestanden zu haben.[80] Regelungsversuche der Bundestags-Fraktionen inklusive Ordnungsgeldern sind – wenig verwunderlich – bislang weitgehend ins Leere gelaufen.[81]

Was wiederum die parteinahen Stiftungen angeht, die übrigens mit Ausnahme der Friedrich-Naumann-Stiftung eigentlich Vereine sind[82], ging der Trick bis letztes Jahr so: Während bei Erhöhungen von Parteizuschüssen aufwendig das Parteiengesetz geändert werden müsste und Verhandlungen über das Ob und die Höhe offen geführt werden müssten, wurden Zuwendungen für sie ohne Gesetz beschlossen und einfach im *Haushaltsplan* versteckt.[83] Ein lukratives Modell, wurden doch den Stiftungen zuletzt jährliche Globalzuschüsse in Höhe von 116 Mio. Euro bewilligt, zu denen noch rund 340 Mio. Euro für teils im Ausland angesiedelte Projekte kommen. Von Arnim hatte schon lange darauf hingewiesen, dass das Modell verfassungswidrig sei.[84] Diese Sicht bestätigte im Februar 2023 schließlich das Bundesverfassungsgericht.[85] Es fehlten bei der letzten Erhöhung der *gesetzliche* Grund und eine Regelung zur Höhe.

Das Pikante: Es bedurfte ausgerechnet einer Klage der AfD, die ebenfalls für die ihr nahestehende Desiderius-Erasmus-Stiftung von den üppigen Zuschüssen profitieren wollte, die ihr von den anderen Fraktionen nicht gewährt worden waren. Sodann bereitete sie der unwürdigen Praxis mit einem Organstreitverfahren vor dem Bundesverfassungsgericht ein Ende, in dem sie eine gesetzliche Regelung in Form eines Stiftungsfinanzierungsgesetzes forderte. Das Urteil war eine deftige Ohrfeige für die anderen Parteien.[86] Diskutiert wurde nach dem Urteil freilich über ganz anderes als deren offengelegten Trick. Es dürfte den Parteien sehr recht gewesen sein, dass der Fokus sich ganz hin verschob. Denn es stellt sich bis heute die weitere Frage, ob die AfD Anspruch auf hohe staatliche Zuschüsse für "ihre" Stiftung hat, wo sie doch im Verdacht steht, verfassungsfeindlich zu sein?[87] Eine wichtige und richtige Diskussion, die zu Recht durch einen Passus im Urteil befeuert worden ist, wonach Parteien von der Stiftungsfinanzierung auszuschließen seien, die sich gegen die freiheitlich-demokratische Grundordnung richten.[88] Diese Bedingung steht nun auch im Ende 2023 gegen die Stimmen der AfD verabschiedeten Stiftungsfinanzierungsgesetz. Außerdem wurde im Gesetz verankert, dass Parteien dreimal hintereinander in Fraktionsstärke in den Bundestag gewählt worden sein müssen, um den Anspruch auf Stiftungsgelder zu haben, was bei der AfD bislang noch nicht der Fall ist. Beide gesetzliche Voraussetzungen richten sich ganz offensichtlich gegen die AfD, die nun erneut ihr Heil in Karlsruhe suchen wird. Profitiert sie bei den Wahlen womöglich als Märtyrer?[89]

Ob die vom Europarat kritisierte deutsche Parteispendenpraxis oder die Praxis des Sponsorings – es gibt noch weitere nicht konsequent kontrollbedürftige Finanzierungsbereiche, auf die hier nicht weiter eingegangen werden soll.

Ein weiterer Befangenheitsbereich, für den die Fraktionen im Bundestag zuständig sind, ist das *Wahlrecht*.[90] Die per Wahl demokratisch legitimierten Abgeordneten sollen Gesetze für das

Gemeinwohl machen, nutzen aber *de facto* die Möglichkeit, es zu eigenen Gunsten zu konzipieren, was eine fragwürdige Art institutionalisierter Befangenheit ist. Das Wahlrecht ist nämlich hochpolitisiert, was sich etwa an den letzten beiden Reformen sehr deutlich zeigte. Klar ist: Die schon vor der Wahl 2017 völlig überdimensionierte Zahl von 709 Sitzen wurde trotz eines „Wahlreförmchens" kurz vor der Wahl 2021 nochmals getoppt. Der Bundestag hat seither 736 Sitze, sollte aber eigentlich 598 Sitze haben. [91]

Besonderer Ausdruck parteipolitischer Befangenheit, bzw. eines strukturellen Kontrolldefizits, war zuletzt die *Wahlrechtsreform* der Ampel im Jahr 2023, bei der es zur Verkleinerung des Bundestags insbesondere um die Kappung bislang sicherer Direktmandate (bei Wegfall der Ausgleichs-und Überhangmandate) und dazu die Streichung der sogenannten Grundmandatsklausel ging. Letztere wurde vom Bundesverfassungsgericht Ende Juli 2024 gekippt. [92] Die Streichung der Grundmandatsklausel hatte CSU und Linke vorübergehend in gewisse Existenzängste gebracht. Die Klausel wirkte zuvor noch als Ausgleich zur Fünf-Prozent-Sperrklausel (§ 4 II S. 2 Nr. 2 BWahlG), indem sie solchen Parteien Sitze im Bundestag in Fraktionsstärke zusicherte, die unter der Sperrklausel bleiben, aber mindestens drei Direktmandate in den Wahlkreisen erlangen. Diese Regelung rettete die Linke im Jahr 2021 knapp vor der Bedeutungslosigkeit und hätte sich auch für der CSU als Rettungsanker erweisen können, falls diese bei der Bundestagswahl 2025 bundesweit unter der Fünf-Prozent-Sperrklausel geblieben wäre. Die Karlsruher Richter betonten, dass drei Wahlkreisgewinne "Indizien" dafür seien, dass die Parteien "besondere Anliegen" aufgegriffen hätten, die eine Repräsentation im Parlament rechtfertigten. [93]

Ernüchternd war im zuvor die Analyse einer Sachverständigen-Anhörung aus dem Februar 2023 ausgefallen. Neun von zehn Experten lehnten den Entwurf der Ampel-Koalition ab. [94]

Beschlossen wurde er trotzdem.[95] Das Ganze wirft über das Urteil hinaus rechtspolitische Fragen auf. Im Fokus dabei: die Selbstverständlichkeit des Vorgehens der Ampel als Gesetzgeber "in eigener Sache". Diese hat durch Ausnutzung ihres verfassungsrechtlichen Spielraums nicht nur Recht verletzt, sondern auch ein gutes Stück weit die politische Kultur beschädigt. Die Abschaffung der Grundmandatsklausel war wurde letztlich als "parteiisch" entlarvt.[96] Schon im Vorfeld war der SPD das Kalkül unterstellt worden, die Linke durch die Reform „bundespolitisch bedeutungslos werden zu lassen"[97], ein Vorwurf, der auch gegen die anderen Ampelparteien erhoben werden kann. Kritiker sprachen gar von einem „Akt der politischen Gewalt" der Ampel gegen die kleineren Parteien[98], die selbst von „Manipulation" sprachen (so CSU-Chef Markus Söder). Manche Kritiker vergleichen die ihr Vorgehen mit dem amerikanischen „Gerrymandering", also dem bewussten Verschieben von Wahlkreisgrenzen zu eigenen Gunsten, sobald sich die Gelegenheit durch politische Macht ergibt.[99] Für die Reform sprach zwar die dadurch erreichte Verkleinerung des Bundestages. Dabei darf aber nicht vergessen werden, dass die Zahl von zuletzt 736 auf nur 630 Sitze reduziert worden ist, nicht auf die ursprüngliche Sollgröße von 598 Sitzen. Im Ergebnis liegt also tatsächlich eine schleichende Vergrößerung des Bundestags vor.[100]

Wie schon bei den Finanzfragen besteht beim Wahlrecht die Gefahr, dass die Akzeptanz der Demokratie durch allzu eigenmächtiges Vorgehen leidet. Man stelle sich nur die Situation vor, dass die CSU bei der nächsten Bundestagswahl zwar in 45 Wahlkreisen die meisten Stimmen erringt, aber bei nur 4,9 Prozent der Stimmen ohne Abgeordnetenmandate bliebe. Es muss auch zu denken geben, dass Wahlrechtsreformen gleich zweimal innerhalb kurzer Zeit in Karlsruhe landen, schlicht weil sich die demokratischen Parteien nicht einigen können.[101] Und was ist das für ein Zustand, dass das Wahlrecht jederzeit aufs Neue wieder geändert werden kann, sobald sich die Mehrheitsverhältnisse ändern?[102] Ein "Wahlfrieden" wird so absehbar nicht erreicht.

Ist das alles noch eines Rechtsstaats würdig, wenn das Wahlrecht zum Spielball parteipolitischer Interessen verkommt?

Zu einem weiteren Zankapfel: Lobbyismus. Zunächst dürfte wohl nur wenigen bekannt sein, dass gar nicht der Bundestag der Ort ist, wo die meisten Gesetze erarbeitet werden, die er beschließt. Tatsächlich stammen die mit Abstand meisten Gesetze nicht aus dem "Haus der Gesetzgebung", dem Bundestag, sondern haben ihren Ursprung in den Ministerialbürokratien, oft auch aus Anwaltskanzleien, jeweils im Auftrag der Regierung. Der ehemalige SPD-Bundestagsabgeordnete Marco Bülow erläutert eindrucksvoll, dass dies daran läge, dass das Parlament kaum Ressourcen habe, um gegen die schier übermächtig ausgestattete Ministerialbürokratie zu bestehen. Das Verhältnis von Exekutive und Legislative in deren ureigenen Bereich der Gesetzgebung beschreibt er als "Regierung Koch, Parlament Kellner". [103] Das sogenannte „Strucksche Gesetz", wonach kein Gesetz den Bundestag verlässt, wie es hineingekommen ist, ist für Kritiker eine „hohle Phrase". Es diene letztlich dem Kaschieren des Zustands, dass faktisch trotzdem die Bundesregierung der Gesetzgeber ist. [104]

Hier liegt also bereits eine Verzerrung vor. Hinzu kommt,, dass es in den Ministerien viele weitgehend unbemerkte Einflüsse von Lobbyisten gibt. Es soll sogar eigens eingerichtete Schreibtische für Lobbyisten geben, die schon mal wie selbstverständlich "in das Tagesgeschäft integriert" werden und bei Gesetzesentwürfen "beratend und sachverständig" tätig werden. [105] Der Einfluss der Lobbyisten, die nach den Medien als vierte schon mal als "fünfte Gewalt" bezeichnet werden [106], ist aufgrund geringer Transparenz kaum zu kontrollieren.

Das gilt auch für das Lobbying von Abgeordneten selbst: Denn zwar gibt es seit der Amthor-Affäre und den sogenannten Masken-Deals im Jahr 2022 erstmals ein Lobbyregister für den Bundestag, das auf Transparenz setzt. [107] Wenn aber nicht einmal der Auslöser für das Gesetz, also der CDU-Bundestagsabgeordnete Philipp Amthor, im Wiederholungsfall davon erfasst wäre, muss etwas falsch gelaufen sein. Das Lobbyregister stellt Transparenzregeln tatsächlich nur für die Einflussnahme *von außen* auf, nicht von innen, von Seiten der Abgeordneten selbst – eine offensichtliche Regelungslücke.[108] Sehr fragwürdig, aber kaum eine Überraschung, haben die Abgeordneten das sie betreffende Gesetz doch selbst verabschiedet.

Zwar wurde das Lobbyregister im Oktober 2023 nachgeschärft[109], aber wieder mit Schwächen. So müssen seither zwar Kontakte von Lobbyisten zu Referatsleitern, nicht aber zu Referenten offengelegt werden, obwohl letzteres ausdrücklich im Koalitionsvertrag vorgesehen war.[110] Außerdem bestehen Ausnahmen für Arbeitgeberverbände und Gewerkschaften sowie für die Kirchen. Kritiker sehen zwar eine Verbesserung, aber die verbliebenen Mängel zeigen, wo nach außen kolportierte aktive Selbstbeschränkung an ihre Grenzen stößt.

Auch hier die Frage: Warum muss Lobbyismus von denen geregelt werden, die von ihm beeinflusst werden können?

Ein weiterer Bereich, über den (Regierungs-)Parteien Einfluss auf die Exekutive nehmen, sind die politischen Beamten. Diese werden zuhauf vor und nach einem Regierungswechsel von der jeweiligen Regierung an die Spitze von Ministerien und auch einigen Behörden gesetzt[111], wobei letzteres Fragen aufwirft. Denn die rege betriebene "Politik der Köpfe" findet eben auch oft in Behörden statt, die in "unpolitischen Gefilden" tätig sind.[112]

Es gehört zur Praxis der Parteien, dass sie langjährige Weggefährten in Dankbarkeit in Posten bringen und sich dadurch zugleich an den Schnittstellen der Macht behaupten, auch wenn hier die Exekutive als Gewalt stark parteipolitisch beeinflusst wird.

Schon der Begriff politischer Beamter ist ein Paradox, wo doch die Verwaltung unabhängig und neutral, ja eher ein Korrektiv der Regierung sein sollte. Beamte sollten *per se* Staatsdiener und nicht Staatspolitiker sein. Eine politische Verbeamtung sichert wiederum der Regierung Loyalität und den politischen Beamten, die üblicherweise Parteimitglieder oder zumindest parteinah sind, gleichzeitig ein gut dotiertes Auskommen.[113] Immer wieder kocht Kritik an der Praxis hoch, wo überall politische Beamte eingesetzt werden. Manche Verfassungsrechtler wie der Rechtsprofessor Josef Franz Lindner sprechen von Missbrauch, ja gar von einem "Systemfehler", weil die parteipolitisch korrekte Umsetzung der Regierungspolitik kein Wert an sich sei.[114] Marianne Czisnik hat zudem darauf hingewiesen, dass hier ein "Apparat an Gefolgsleuten" produziert wird, der seine Basis in der Monarchie hat. Der von Befürwortern schon mal zitierte "hergebrachte Grundsatz des politischen Beamtentums" sei historisch betrachtet kein gutes Argument. Ihr niederschmetternder Befund: Im Gegenteil verletze die gegenwärtig ausufernde Praxis nach heutigen Rechtsmaßstäben die Gewaltenteilung. Es lägen sowohl Verstöße gegen das Gleichheitsgebot nach Art. 3 III und das Leistungsprinzip nach Art. 33 II GG vor, als auch das beamtenrechtliche Neutralitätsgebot und das Lebenszeitprinzip.[115] Nebenbei zeigen Studien, dass auch die Qualität der Arbeit politischer Beamter generell erheblich zu wünschen übriglasse.[116] Auch Hans Herbert von Arnim schlägt in die Kerbe der Neutralitätsverletzung und konstatiert „Parteipolitisierung" oder „Ämterpatronage" durch politische Beamte.[117]

Rückenwind bekamen die Gegner der Praxis durch ein Urteil des Bundesverfassungsgerichts aus dem Jahr 2008 zu Nordrhein-Westfalen, wonach nur in den Rang eines politischen Beamten gehoben werden darf, wer im "engsten Kreis unmittelbarer Berater der Träger politischer Ämter" tätig ist.[118] Dazu zählen laut Lindner: der Büroleiter des Ministerpräsidenten, parlamentarische

Staatssekretäre, persönliche Referenten sowie Pressesprecher, aber nur, wenn sie in der Besoldungsstufe B9 oder 11 sind.[119] Alle weiteren Fälle hält Lindner für verfassungswidrig, ohne dabei Gehör in der Praxis zu finden. Dazu gehört eine Vielzahl von Stellen: Ministerialdirektoren (also Abteilungsleiter im Ministerium), leitende Beamte nachgeordneter Behörden, der Generalbundesanwalt beim BGH[120], der Bundesbeauftragte für den Zivildienst, der Präsident des Bundeskriminalamts und die Präsidenten des Bundespolizeipräsidiums und der Generalzolldirektion. Diese sind derzeit allesamt politische Beamte, trotz augenscheinlich eher unpolitischer polizeilicher und staatsanwaltlicher Aufgaben.[121]

Gerade hat das Bundesverfassungsgericht den mahnenden Finger der beiden Professoren in Bezug auf den nordrhein-westfälischen Polizeipräsidenten bestätigt.[122] Doch eine Läuterung und Änderung der Praxis ist nicht zu erwarten. Manchmal führt selbst das erfolgreiche Beschreiten des Rechtswegs mit klaren daraus abzulesenden, gerichtlich wiederholten Standards halt nur zu einem winzigen Schritt. Immerhin scheint sich nun eine „neue Generation" von Wissenschaftlern berufen zu fühlen, das Thema kritisch zu begleiten. Dabei wird ausdrücklich auf die Gefahren hingewiesen, die die zu weite Lesart des Instruments des politischen Beamten entfalten kann, wenn nach einer Wahl – wie etwa in Thüringen – Kräfte mit einer kritischen oder gar feindlichen Einstellung zur freiheitlich-demokratischen Grundordnung die Hände an die Hebel der Macht bekommen. Dann könnten missliebige politische Beamte – etwa der Polizeipräsident oder der Präsident des Verfassungsschutzes – ausgetauscht werden.[123]

Auch bei den Beauftragten-Stellen ist ein regelrechter, scheinbar nicht aufzuhaltender "Wildwuchs" zu beobachten. Mehr als 40 Beauftragte für alle möglichen Politikfelder gibt es, Tendenz steigend. Interessant ist, wofür es *keine* gibt: Es gibt keinen Demokratie-Beauftragten, auch keinen Gewaltenteilungs-Beauftragten, obwohl beides Posten mit Potenzial wären.

Aber der Gewalten-"Schmu", den manche Wissenschaftler kritisieren, müsste doch eine Sache für die Judikative als kontrollierende Gewalt sein, oder?

Wie gesagt führen Urteile manchmal nur zu Trippelschritten, weil nicht ihre Gesamtbedeutung anerkannt wird. Urteile werden schon mal als angebliche Landessache kleingeredet und nicht auf den Bund gemünzt. So funktioniert der Durchgriff des Bundesverfassungsgerichts trotz vermeintlich deutlicher Urteile in manchen Fragen nur bedingt. Es kommt hinzu, dass viele Befangenheiten oder Verschränkungen gar nicht erst in Karlsruhe landen, weil nicht geklagt wird. Es kann in Deutschland nicht einfach jeder Bürger in Karlsruhe klagen, da neben der Verfassungsbeschwerde keine weitere Klagebefugnis besteht.

Apropos Bundesverfassungsgericht: Die Kritik an mangelnder Gewaltenteilung macht auch vor der Judikative selbst nicht halt. Klar ruft eine solche These in einem Rechtsstaat, dessen höchstes Gericht großes Ansehen genießt, starke Abwehrreaktionen hervor. Ein Kronzeuge ist der Verwaltungsrichter Udo Hochschild, der seine Dissertation über die fehlende Gewaltenteilung in der Justiz verfasst hat. Er bedauert, dass das Ziel der Gewaltenteilung von Anfang an aufgrund vorherrschender parteipolitischer Interessen zugunsten einer faktischen Gewaltenverschränkung zerredet worden sei. Der Begriff Gewaltenverschränkung sei noch dazu eine „inhaltsarme Worthülse", die selbst zur Beschreibung der Strukturen eines wenig demokratischen und rechtsstaatsfernen Staates nicht tauge. [124] Laut Hochschild gibt es in Deutschland keine Gewaltenteilung, sondern es regiere das „Hoffnungsprinzip".

Das gilt für ihn auch für das höchste deutsche Gericht, das Bundesverfassungsgericht, insbesondere mit Blick auf seine Zusammensetzung. Was wohl nicht jeder weiß: Die Richter agieren zwar laut Grundgesetz unabhängig, aber sie reisen sehr wohl auf einem "Parteiticket" nach Karlsruhe, als ob es nicht anders ginge als mit diesem für ein solches Amt mit Verlaub unwürdigen Schein parteipolitischer Beeinflussbarkeit. Konkret wird die eine Hälfte der 16 Richter vom Bundestag, die andere vom Bundesrat als mitwirkendem Gesetzgebungsorgan gewählt, vgl. Art. 94 I S. 2 GG und § 5 BVerfGG. Im Bundestag gibt es einen Wahlausschuss, im Bundesrat eine sogenannte Findungskommission. Die Vorschläge kommen im Bundestag von der Legislative und im Bundesrat üblicherweise von den Ministerpräsidenten, also der Exekutive (!). Eine öffentliche Ausschreibung erfolgt nicht.[125]

Auch bei der Wahl der Verfassungsrichter greift der grundgesetzliche Gedanke der demokratischen Legitimationskette, der freilich nicht zum Gedanken der Gewaltenteilung passen mag: Das Volk wählt das Parlament, das Parlament, bzw. der Bundesrat als Kammer gewählter Landesregierungen wählen die Richter. Das bedeutet *de facto* eine von den Eltern des Grundgesetzes gewollte parteipolitische Aufladung des höchsten deutschen Gerichts. Bundestag und Bundesrat bestimmen abwechselnd auch die Präsidenten und Vizepräsidenten (§ 9 BVerfGG), die traditionell im Wechsel von der Union und der SPD vorgeschlagen werden. Das Verfahren läuft seit 2018 nach einer ausgeklügelten Proporzformel: 3-3-1-1. In jedem der beiden Senate des Verfassungsgerichts, bestehend aus 8 Richtern, sollen danach 3 Richter auf Vorschlag von CDU und SPD und je einer von Grünen und FDP sitzen.[126] Der Proporz ist ein parteipolitisches Konstrukt *par excellence*. Ein ganz entscheidendes Kriterium für die Wahl ist also, dass die Richter die Mehrheiten im Bundestag spiegeln. Man kann auch sagen: Hervorragende Eignung unumgänglich, aber ohne Unterstützung einer Partei keine Chance auf die große Karriere. Kritiker sehen in den herausgehobenen Richterstellen faktische „Erbhöfe" der Parteien.

Beispielhaft für ein solches parteigeleitetes „Aufstiegsverfahren" war die Wahl des Richters Holger Wöckel durch den

Bundesrat. [127] Offiziell wurde er von Hessens Ministerpräsidenten Boris Rhein (CDU) vorgeschlagen. Tatsächlich handelte es sich bei der Personalie jedoch um ein „längerfristiges Projekt" von Sachsens Ministerpräsident Michael Kretschmer (CDU). Kretschmer habe sich zwischenzeitlich bei Bundesverfassungsgerichtspräsident Stephan Harbarth (CDU) nach Wöckels Eignung erkundigt, war zu vernehmen. Die habe dieser bestätigt, da Wöckel zuvor schon als wissenschaftlicher Mitarbeiter in seinem Dezernat in Karlsruhe gearbeitet hatte. Dorthin sei Wöckel wiederum gekommen, weil ihn ein enger Vertrauter Angela Merkels empfohlen hatte. Am Ende stand also die demokratische Legitimation eines Kandidaten, die exemplarisch durch Parteilegitimation hergestellt worden war.

Dass ferner Bundesverfassungsrichter schon mal abends zum Essen und zum informellen Austausch mit Impulsvorträgen zur Corona-Notbremse ins Kanzleramt eingeladen werden, mag den Sinn eines Dialogs haben, sorgte aber im Sommer 2021 angesichts des laufenden Verfahrens für Nachfragen der Presse, da sich gewisse Merkwürdigkeiten aneinanderreihten. Klar wollten Journalisten später wissen, was an dem Abend besprochen wurde, an dem sich zwei Gewalten, Exekutive und Judikative, direkt miteinander austauschten. Eine Journalistin bekam auf ihre Fragen von der Pressestelle des Bundesverfassungsgerichts allerdings nur floskelhafte Antworten und erhielt Auskünften erst nach einer erfolgreichen Klage vor dem Verwaltungsgericht Karlsruhe. Unter anderem hieß es dann, ein Brief von Verfassungsgerichtspräsident Stephan Harbarth an Bundeskanzlerin Angela Merkel habe sich nicht in den Handakten befunden, da er aufgrund eines Büroversehens falsch einsortiert worden sei. [128] Für weitere Furore sorgte dann noch die Höhe der Anwaltskosten des Bundesverfassungsgerichts: Diese betrugen 35.528 Euro, das Siebenfache der Anwaltskosten der Klägerin. [129] Und natürlich bleibt als Nachgeschmack, dass hier über ein Gespräch zwischen Judikative mit Exekutive sozusagen der „Mantel des Schweigens" gehüllt werden sollte. Misstrauen sei völlig unangebracht, hieß es vom Bundesverfassungsgericht. Kritiker meinen, dass solche Gespräche zwischen zwei Gewalten vom positiven Recht nicht vorgesehen seien und daher aus Sicht der Gewaltenteilung maximale Transparenz bräuchten, bzw. am besten gar nicht stattfinden sollten. Das Bundesverfassungsgericht habe mit gutem Grund den Dienstsitz Karlsruhe und nicht Berlin. [130]

Ich erzähle diese Details, weil sich am Ende jeder selber seine Gedanken über die Zusammensetzung und Rolle des Bundesverfassungsgerichts machen sollte. Ganz freisagen vom Anschein möglichen politischen Einflusses kann es sich aufgrund des Ernennungsverfahrens jedenfalls nicht. Festzuhalten ist mit von Arnim, dass das Bundesverfassungsgericht „faktisch nicht völlig unabhängig" sei, da ausgerechnet die Parteien selbst die „Herren" des Verfahrens der Wahl der Verfassungsrichter sind. Das hat laut von Arnim etwa die Folge, dass es außerparlamentarische Parteien im Klagefall regelmäßig mit einem Gremium zu tun bekommen, das vollständig von der politischen Gegnerschaft, den etablierten Parteien, besetzt worden ist. [131] Aus rechtsstaatlicher Sicht wäre mehr Distanz zwischen Judikative und den anderen beiden Gewalten vonnöten. Und was ist eigentlich mit den vielen hochqualifizierten Richtern, deren fehlende Parteinähe, also Neutralität, sich für sie nicht zum Vor-, sondern zum Nachteil auswirkt? Ist das nicht ein unfairer Ausschluss guter und geeigneter Kandidaten?

Warum muss das so sein, stehen die Verfassungsrichter doch für eine neutrale Auslegung des Verfassungsrechts? Warum entscheidet nicht allein die Eignung?

Wie gesagt hat nicht das Volk diese formelle Fragwürdigkeit einmal so entschieden, sondern der Parlamentarische Rat und die Landtage – im Namen des Volkes. Immerhin kann gewisse Entwarnung gegeben werden. Die Spruchpraxis des Bundesverfassungsgerichts ist weithin anerkannt. Denn es ist

Usus, bzw. politische Kultur, dass die Richter, erstmal im Amt, generell Unabhängigkeit von der sie nominierenden Partei ausstrahlen, was natürlich auch nicht anders sein dürfte.[132] Der Respekt vor dem Amt ist in der Praxis augenscheinlich höherrangig als Dankbarkeit und politische Treue. Das Einsetzungsverfahren funktioniert insofern im Ergebnis gut. *Zum Glück* muss man sagen. Es bleibt der Beigeschmack potenzieller Befangenheitsvorwürfe.

Aktuell wird aber nicht über diese Lücken öffentlich diskutiert, sondern angesichts der bevorstehenden Landtagswahlen in drei ostdeutschen Bundesländern und hoher Umfragewerte für die AfD über andere Lücken, die erst jetzt aufgefallen und in der Tat nicht von der Hand zu weisen sind. Es geht um die Abwehr möglicher Zugriffsversuche auf die dritte Gewalt von Landesverbänden, die teils als rechtsextrem gelten, sowie von der Bundes-AfD nach der nächsten Bundestagswahl 2025. So ist beispielsweise das konkrete Verfahren der Verfassungsrichterwahl, inklusive der notwendigen Zweidrittelmehrheit, nur *einfachgesetzlich* geregelt. Es ist nicht im Grundgesetz abgesichert, vgl. Art. 94 II GG, §§ 6 I, 7 BVerfGG. Damit besteht die Gefahr, dass die derzeit stabilisierende, da gemäßigte Kandidaten bevorzugende Zweidrittelmehrheit relativ einfach durch eine neue Regierung geändert und das höchste Gericht so vereinnahmt werden könnte.[133] Möglich wäre auch die Schaffung eines neuen dritten Senats, der sich allein um die staatsorganisatorischen und hochpolitischen Fragen kümmern würde.[134] Ebenfalls effektiv könnte sich eine wie in Ungarn und Polen unter der PiS-Regierung vorgenommene Absenkung des Pensionsalters erweisen, so dass vermehrt „Gesinnungsgenossen" in die Judikative geschleust werden könnten.[135] Die Bundesverfassungsrichterin Astrid Wallrabenstein sprach offen über die Gefahr, dass ein extremistischer Richter, der sich als „Systemsprenger" verstehe, jede Kammer-Entscheidung blockieren, den entsprechenden Senat überlasten und insgesamt die Beratungskultur des Bundesverfassungsgerichts beeinträchtigen könne.[136] Nach Meinung vieler Wissenschaftler und Praktiker bietet es sich daher als Maßnahme zur Verteidigung von Demokratie und Rechtsprechung an, wesentliche Regeln zum Bundesverfassungsgericht im Grundgesetz abzusichern, dieses „wetterfest" zu machen.[137] Der Druck, tätig zu werden, steigt zusehends auch aufgrund von Entwicklungen in anderen Bundesländern: Erst im Januar 2024 sind zwei Kandidaten der AfD *en bloc* und ohne Debatte mit den Stimmen der CSU und der Freien Wähler als ehrenamtliche Richter in den Bayerischen Verfassungsgerichtshof gewählt worden.[138]

Obwohl der Handlungsbedarf unstrittig ist, gab es zuletzt Streit zwischen Ampel und Union. Die Union brach die Gespräche ab, nahm sie später aber wieder auf.[139] Grundlage der Verhandlungen sind derzeit ein Gesetzentwurf der Justizministerkonferenz[140] und ein weniger weitgreifender Arbeitsentwurf des Bundesjustizministeriums. Dabei spricht wohl mehr für die Änderungen des Ländervorschlags. Vorgesehen sind darin als Mehr zu den verfassungsrechtlichen Absicherungen u.a. ein „Blockadelösungs-Mechanismus" (indem bei andauernden Patt-, bzw. Blockadesituationen das jeweils andere Wahlorgans Bundestag oder Bundesrat eingeschaltet wird) und Regeln, wonach Änderungen des Gesetzes über das Bundesverfassungsgericht auch die Zustimmung des Bundesrates benötigen.[141]

Es ist zu ahnen, dass nicht wenige AfD-Wähler in Frage stellen, dass das Bundesverfassungsgericht und die anderen obersten Gerichte des Landes seit Jahrzehnten von Seite der „etablierten Parteien" zusammengesetzt werden. Das nun geplante Schaffen eines „Bollwerks gegen rechts" wird die Spaltung im Land nicht aufheben, im Gegenteil.

Nicht nur deshalb stellt sich die Frage, wie es bei der Gelegenheit der anstehenden Reform mit einer noch größeren Reform wäre? Mit Blick auf das Prinzip der Gewaltenteilung bietet es sich an, das Richterwahlverfahren weitestmöglich parteipolitisch zu neutralisieren, was im Abschnitt über die Bürgerräte noch konkretisiert wird. Mit Sicherheit würde die Bekanntmachung dieses Schritts gegen die verbreitete Parteienverdrossenheit wirken, das Vertrauen in den Rechtsstaat stärken und damit – das ist der Clou – auf ziemlich einfache Weise durch Aufgabe des Ernennungsprivilegs weniger Stimmen für die AfD bedeuten.

Übrigens heißt es, dass das Bundesverfassungsgericht noch das am wenigsten politisierte Bundesgericht ist. Über die Berufung der Richter der anderen Bundesgerichte – vom Bundesverwaltungsgericht über das Bundessozialgericht hin zum Bundesfinanzhof – entscheidet laut Art. 95 II GG der Bundesjustizminister gemeinsam mit einem 32köpfigen Richterwahlausschuss, der je zur Hälfte aus den für das jeweilige Sachgebiet zuständigen Ministern der Länder und vom Bundestag gewählten Mitgliedern zusammengesetzt ist.[142] Auch hier findet keine öffentliche Ausschreibung statt.[143] Wichtig: Die Absegnung durch den zuständigen Bundesminister ist *erforderlich*. Die Exekutive nimmt hier also ganz entscheidend Einfluss auf die Richterernennung, was wahrlich einer Gewaltenverschränkung näherkommt als einer Gewaltenteilung. Es kommt hinzu, dass aus dem so parteipolitisch vorgefilterten Kreis der Bundesrichter wiederum viele Bundesverfassungsrichter hervorgehen.

Erschwerend kommt die straffe Hierarchie in der Justiz hinzu. Die Justiz ist laut Carsten Löbbert von der Neuen Richtervereinigung, der Gerichtspräsident in Lübeck ist, regelrecht in den "Schoß" von Regierung und Verwaltung "eingebettet". Der Kontrollierte kontrolliere faktisch den Kontrolleur. Laut Löbbert könnte es zum großen Problem werden, wenn Justizminister neu gewählter Regierungsparteien sie zum "Durchregieren" nutzen würde, was aufgrund der Strukturen weitgehend möglich sei. Dabei sei zu beachten, dass die Hierarchie schon jetzt im Alltag der Richter ein Problem sei, da sie "Wohlverhalten" gegenüber den beamteten Gerichtspräsidenten fördern würde, um in der Hierarchie aufsteigen zu können. Löbbert zeichnet ein unerwartet verstörendes Bild des Richters:

„Letztlich beginnt die Unabhängigkeit des Richters faktisch erst auf seiner Epidermis im Gerichtssaal, wo er einzelne Fälle ohne äußere Einflüsse entscheidet."[144]

Wie parteipolitisch überlagert auch das Auswahlverfahren von *Staatsanwälten* ist, zeigte sich unter anderem in Berlin, wo der damals neue grüne Justizsenator Dirk Behrendt sich berufen fühlte, die von seinem Vorgänger nur mit CDU-Kräften besetzte Auswahlkommission für den Posten des Generalstaatsanwalts, komplett auszuwechseln, um seinerseits die grünennahe Kandidatin Margarete Koppers durchzubringen.[145]

Tatsächlich sind Staatsanwälte *weisungsabhängig* vom Justizminister, §§ 146, 147 GVG. Vom Grundgesetz werden nur Richter in ihrer Unabhängigkeit geschützt (Art. 92, 97 GG). Die Exekutive setzt die Staatsanwälte ein, die Beamte sind. Die jeweiligen Justizminister dürfen ihnen auch dienstliche Anweisungen erteilen. Warum? Weil es der deutsche Rechtsstaat eben so vorsieht. Es stammt bereits aus kaiserlicher und – in verschärfter Form – auch NS-Rechtsgeschichte. Staatsanwälte zählen seit jeher nicht zur rechtsprechenden Gewalt (Justiz), sondern sind Teil der Justiz*behörde*, also der Exekutive, obwohl sie funktional aufs Engste mit der Strafjustiz verbunden sind.[146] Das Bundesverfassungsgericht bezeichnet sie als „Wächter des Gesetzes" und Garanten der Rechtsstaatlichkeit, die der Objektivität (§ 160 II StPO) und der Legalität (§ 152 StPO) verpflichtet sind.[147] Dennoch ist die Weisungsabhängigkeit auf allen staatlichen Ebenen durchdekliniert: Der Bundesjustizminister hat die Aufsicht und Leitung über den Generalbundesanwalt und die weiteren Bundesanwälte (Nr. 1).[148] Den Landesjustizministern wiederum unterstehen die Staatsanwälte in ihren Ländern (Nr. 2). Die Staatsanwaltschaft ist also, obwohl sie „Herrin des Ermittlungsverfahrens"[149] ist, ein politisiertes Organ, was auch hier auf den ersten Blick der Idee der Gewaltenteilung widerspricht.[150] Kritiker sehen zwischen der Weisungsabhängigkeit und den vom

Bundesverfassungsgericht betonten Justizaufgaben der Staatsanwaltschaft einen „unauflöslichen Widerspruch".[151]

Beispiele für fragwürdiges Verhalten von Staatsanwaltschaften auf offensichtlichen „Druck von oben" fallen nicht regelmäßig auf, aber hie und da. Offensichtlich politisiert war zum Beispiel der Fall des Internet-Portals netzpolitik.org wegen angeblichen Landesverrats. Es entwickelte sich ein regelrechtes Ermittlungs-, Einstellungs- und Entlassungs-Tohuwabohu.[152] Nach außen heißt es in der Regel, solche Fälle seien sehr selten. Aber eine gewisse Dunkelziffer ist wohl schon deshalb anzunehmen, weil es nun einmal nicht groß auffällt, wenn einmal *nicht* ermittelt wird.

Sogar der Europäischen Gerichtshof hat Deutschland peinlicherweise dafür verurteilt, dass seine Staatsanwaltschaft nicht neutral sei. Seither dürfen keine Europäischen Haftbefehle mehr von deutschen Staatsanwälten ausgestellt werden.[153] Der Europäische Gerichtshof verlangt ausdrücklich die „völlige Autonomie" der Justiz, und definiert diese Unabhängigkeit wie folgt:

„(…) ohne mit irgendeiner Stelle hierarchisch verbunden oder ihr untergeordnet zu sein und ohne von irgendeiner Stelle Anordnungen oder Anweisungen zu erhalten, so dass sie auf diese Weise vor Interventionen oder Druck von außen geschützt ist, die die Unabhängigkeit des Urteils ihrer Mitglieder gefährden und deren Entscheidungen beeinflussen könnten."[154]

Bei Europäischen Haftbefehlen muss in Deutschland seit dieser Ohrfeige aus Brüssel immer ein unabhängiger Richter gegenzeichnen. Tausende Haftbefehle mussten ersetzt werden! Die Richter des EuGH setzten sogar noch einen drauf: Auch bei der Vollstreckung eines Europäischen Haftbefehls in Deutschland dürfe nicht die weisungsabhängige Staatsanwaltschaft, sondern müsse eine unabhängige Justizbehörde tätig werden.[155] Auch die EU-

Kommission sprach in ihrem Rechtsstaatlichkeitsbericht 2020 das politische Weisungsrecht gegenüber Staatsanwälten in Strafverfahren an.[156]

Da dies nur in Bezug auf den Europäischen Haftbefehl konkrete Folgen hatte, sprechen Kritiker weiter von einem „parteipolitischen Einfallstor" in die Justiz und einer großen „strukturellen Schwachstelle" des demokratischen Rechtsstaats.[157] Bittere Schlussfolgerung von Journalist und Ex-Staatsanwalt Heribert Prantl, der von einem beschämenden „Hammer"-Urteil spricht:

„Wenn Deutschland nicht schon Kernland der EU wäre, wäre es ein problematischer Beitrittskandidat."[158]

Beide Richterverbände, der eher konservative Deutsche Richterbund (DRB) und die eher linksorientierte Neue Richtervereinigung (NRV), fordern seit langem erfolglos die Unabhängigkeit der Staatsanwälte, um Missbrauch vorzubeugen.[159] „Allein der böse Anschein, dass die Justizminister der Bundesländer Strafverfahren in die eine oder andere Richtung lenken könnten, beschädigt das Vertrauen in die Unabhängigkeit der deutschen Strafjustiz", äußerte sich der DRB-Bundesgeschäftsführer Sven Rebehn.[160] Kritiker fordern, dass die Unabhängigkeit der Staatsanwälte in Art. 92 GG zusammen mit der der Richter installiert werden sollte.[161] Sie fordern auch eine Reform der Richterwahlen.

Wie kann all das sein, deutsche Justiz? Wo sind die Lösungen?

Die Judikative müsse jegliche Abhängigkeit abschütteln, brauche Selbstverwaltung, um ihrer vorgesehenen Rolle als unabhängiger Kontrolleur nachzukommen, so die Richterverbände. Die Justiz sollte sich selbst verwalten und dabei über ein eigenverwaltetes Budget verfügen, wie das in anderen europäischen Staaten schon üblich sei. Offensichtlich gelänge es den Justizministern nie, ausreichend Geld für die dritte Gewalt im Haushalt herauszuschlagen, wodurch deren Arbeit nicht im verfassungsrechtlichen Sinne möglich sei.

Tatsächlich ist die Justiz seit Jahrzehnten unterfinanziert, was sehr unschöne Blüten trägt: Zu wenig Personal, sich türmende Aktenberge, langsame Verfahren und on top die sogenannten "Deals". Das sind zeitsparende, illegale Absprachen in Strafverfahren, die im laufenden Prozess mit Angeklagten getroffen werden, denen gegen ein Geständnis niedrigere Strafen (oft Bewährungsstrafen) in Aussicht gestellt werden. Es gibt in Folge eines Urteils des Bundesverfassungsgerichts aus dem Jahr 2013 mittlerweile ganz offiziell die sogenannten "Verständigungen" als gesetzlich geregelte Fälle solcher Absprachen. Das Gericht hatte aber gefordert, dass Absprachen transparent sein müssten, Geständnisse „zwingend" zu überprüfen seien und Strafen nur in einem bestimmten Korridor liegen und nicht präzise im Vorfeld kommuniziert werden dürften. Nur wird dagegen laut einer Studie des Bundesjustizministeriums, an der 1500 Richter, Staatsanwälte und Strafverteidiger anonym teilnahmen, in Deutschlands Gerichten in ziemlich massiver Weise weiter verstoßen.[162] Das Ergebnis der Verständigungen kommt vielen zudem ungerecht vor: Denn die Wahrheit, zumindest Teile davon, bleiben im Gerichtssaal schon mal auf der Strecke, wenn eine vereinfachte Lösung gesucht wird. Und davon profitieren vor allem Wirtschaftsstraftäter, denen bei einem Geständnis schon mal Haft und die öffentliche Häme eines langen Prozesses erspart bleibt. Passt zu dem Spruch: "Die Kleinen hängt man, die Großen lässt man laufen."[163]

Hat der hoch gelobte Rechtsstaat etwa nicht einmal die Note ausreichend verdient?

Der Rechtsstaat ist definitiv nicht schlecht, aber nach allem schlechter als sein Ruf. Er könnte besser sein, wenn die Strukturen andere wären, also die Parteien sich qua Wahl nicht Entscheidungen über praktisch jedes Politikfeld rausnehmen könnten, auch wie selbstverständlich die, die sie direkt angehen. Diese Problematik anzugehen, bedürfte Abgeordneten, die ihre Macht selbst per Gesetzes- oder auch Grundgesetzänderungen beschneiden, was eher illusorisch ist. Es gibt zig Aufsätze hervorragender Wissenschaftler, die die rechtsstaatlichen Ansatzpunkte im Detail beschreiben und kritisieren. *Systemische Fragen*, also Fragen zu den Ursachen und Änderungen des großen Ganzen, stellt praktisch niemand, und so werden sie auch kaum diskutiert. Wer aber immer nur im Kleinen "herumdoktert", und selbst dort nicht vorankommt, wird für die Republik, die das Streben nach dem Gemeinwohl glaubhaft verkörpern sollte, nichts ändern.

Will sagen: Das Thema bessere rechtsstaatliche Kontrolle durch mehr Gewaltenteilung sollte zentrales Thema des öffentlichen Diskurses werden. Offensichtlich braucht es zum Angehen dieses Vorhabens rechtliche, ja grundgesetzliche Änderungen. Im Kern bedarf es dafür wiederum eine bessere Demokratie und Mitbestimmung, auf dessen Verwirklichung dieser Essay abzielt. Wir kommen noch zur Wechselwirkung zwischen rechtsstaatlichen und demokratischen Faktoren zurück. Festzustellen ist, dass sich die erforderliche *bürgernähere Demokratie* mit deutlich stärkeren Partizipationsrechten der Bürger nur langsam durchsetzen wird, auch wenn es in Theorie und Praxis vielversprechende neue Ansätze gibt. Das bedeutet aber nicht, dass nicht genau *jetzt* ein hervorragender Startpunkt für den Wandel ist.

Ein großer Lichtblick: Der aktuelle "Hype" um Bürgerräte macht Hoffnung auf mehr Rechtsstaat und mehr Demokratie.

Bürgerräte, die kein neues Konzept in Deutschland sind, sind in den letzten Jahren als neues demokratisches Instrument auf Bundesebene sichtbar geworden. Zuletzt wurde im Jahr 2023 sogar erstmals ein Bürgerrat offiziell vom Bundestag veranstaltet:

der Bürgerrat "Ernährung im Wandel". Durchgeführt wurde er vom Verein Mehr Demokratie zusammen mit den Beteiligungsinstituten Nexus und ifok und dem Institut für Partizipatives Gestalten, weil diese Partner schon viel Erfahrungen mit vorherigen bundesweiten Bürgerräten gesammelt hatten. Grundlage für den Politikwechsel war eine Absichtserklärung im Koalitionsvertrag der Ampel, die auf den Erfolg zweier früherer bundesweiter Bürgerräte (Bürgerrat Demokratie und Bürgerrat Deutschlands Rolle in der Welt) und den jahrzehntelangen Erfolgen von Bürgerräten in Deutschland seit den 70er Jahren aufsetzte.[164] Dabei wurde ausdrücklich betont, dass Bürgerräte unverbindlich bleiben müssten:

„Wir wollen die Entscheidungsfindung verbessern, indem wir neue Formen des Bürgerdialogs wie etwa Bürgerräte nutzen, ohne das Prinzip der Repräsentation aufzugeben. Wir werden Bürgerräte zu konkreten Fragestellungen durch den Bundestag einsetzen und organisieren. Dabei werden wir auf gleichberechtigte Teilhabe achten. Eine Befassung des Bundestages mit den Ergebnissen wird sichergestellt."[165]

Das Ergebnis war der Bürgerrat Ernährung, in den als eine Art "Mini-Deutschland" 160 Bürger nach bewährtem Muster gelost worden waren. Diese wurden nach den üblichen Kriterien eines Bürgerrats wie Geschlecht, Alter, regionale Herkunft und Bildungsgrad gelost, so dass die Gelosten bestmöglich die Gesellschaft abbildeten. Es wurde in diesem Fall zudem explizit darauf geachtet, dass die Vegetarier- und Veganer-Seite prozentual ausreichend vertreten war. Teil der Symbolik war, dass Bundestagspräsidentin Bärbel Bas, eine Befürworterin der Bürgerräte, eine sogenannte "Bürgerlotterie" veranstaltete, bei der sie selbst die Losnummern zog, aus denen sich die Zusammensetzung des Bürgerrats ergab. Der Bürgerrat Ernährung legte Anfang 2024 neun konkrete Empfehlungen vor.[166]

Kann ein solcher Bürgerrat wirklich vernünftige Empfehlungen erarbeiten?

Ja, das kann er. Wie üblich wurde der Bürgerrat Ernährung von professionellen, neutralen Moderatoren und von Experten begleitet. Letztere wurden von einem Wissenschaftlichen Beirat aus 11 renommierten Wissenschaftlern vorgeschlagen und berieten die Losbürger jeweils themenspezifisch in großer Breite und Tiefe. Die Bürger kamen dreimal in Präsenz zusammen und sechsmal in abendlichen Online-Sitzungen. Das Ergebnis wurde in fünf Monaten in jeweils moderierten Plenar- und Kleingruppen-Sitzungen in geschützten Räumen erarbeitet. Der "Bürgerrat Ernährung" gab unter anderem folgende Empfehlungen: kostenlose Mittagessen für Schulkinder, ein verpflichtendes staatliches Label für bewusstes Einkaufen, verpflichtende Weitergabe von genießbaren Lebensmittel durch den Einzelhandel, eine Tierwohlabgabe und eine Altersgrenze für Energydrinks. Das waren – wie oft bei Bürgerräten - Empfehlungen, die nicht unbekannt waren, aber für die bisher kein Geld vom Bundestag zur Verfügung gestellt wurde. Oder aber Abgeordnete konnten sich aus anderen Gründen (z.B. Lobbying) nicht durchringen, sie umzusetzen. Der Bürgerrat Ernährung hat nicht das ganze Spektrum dieses riesigen Themas abarbeiten können, hat aber sehr wohl sinnvolle, differenzierte Vorschläge zu den genannten Schwerpunkten erarbeitet. Überraschend für den einen oder anderen "Unkenrufer" im Vorfeld gab es keine "linksgrünen" Ergebnisse inklusive Schnitzelverbot. Dafür ist der Querschnitt in einem Bürgerrat offensichtlich nicht zu haben. Polemik verbietet sich generell angesichts der sehr sachorientierten und ausgewogenen Arbeit, die Bürgerräten üblicherweise eigen ist. Es tagen darin weder 160 geloste Reichsbürger noch 160 geloste Linksradikale, sondern schlicht die Mitte der Gesellschaft. Damit lässt sich in der Demokratie arbeiten: Eigentlich ...

Die Aussprache im Bundestag über das Bürgergutachten am 14. März 2024 hat klar aufgezeigt, wo die Unterstützer und wo die kategorischen Ablehner von Bürgerräten in den Fraktionen sitzen.[167] Hier ein Überblick der Debatte:

Für die Union sagte Philipp Amthor als Fachsprecher für Staatsorganisation und Staatsmodernisierung (!), dass das Grundgesetz seit 75 Jahren bereits einen "materiell super legitimierten Bürgerrat" habe, und das sei der Deutsche Bundestag. Dabei überging er, dass der Bundestag selbst mit seinen gewählten Abgeordneten den Bürgerrat eingesetzt hatte, wenn auch gegen die Stimmen seiner Partei. Seine Fraktionskollegin Christina Stumpp zog den Vergleich anders, aber ebenso ablehnend: "Mein Wahlkreis ist mein Bürgerrat." Die Ampel habe durch die Einsetzung ihr "tiefes Misstrauen gegenüber der repräsentativen Demokratie zum Ausdruck gebracht."[168] Die Grüne Renate Künast drehte den Spieß um und lobte den damaligen Bundestagspräsidenten Wolfgang Schäuble (CDU) für dessen konstruktive Vorarbeit für Bürgerräte.[169] Marianne Schieder von der SPD wies auf einen offensichtlichen Wandel der Unions-Position hin, habe doch der Abgeordnete Stefan Müller bei früheren Veranstaltungen Bürgerräte viel positiver gesehen. Außerdem ersetzten Bürgerräte weder den parlamentarischen Auftrag, noch schwächten sie ihn. Gerade als es fachlich wurde, sprach die Union nicht mehr mit einer Stimme: So hob Artur Auernhammer hervor, dass die Bürger sich erfreulicherweise gegen Verbote ausgesprochen hätten, also keine (angeblich) grüne Politik mitmachen würden.

Peter Felser von der AfD stellte sich dagegen mit seiner Meinung fast schon klassenkämpferisch gegen die Hauptforderung des Bürgerrats und warf ihm den Vorschlag einer Ernährung "nach Zweiklassenprinzip" vor, da die armen Steuerzahler für die Kinder der Reichen mitzahlen sollten. Genau dies sei doch aber ganz *bewusst* vom Bürgerrat Ernährung berücksichtigt worden, konterte

Nadine Heselhaus von der SPD. Und ihr Kollege Matthias Miersch wies darauf hin, dass dies gut und gerecht sei, solange die Wohlhabenden im Gegenzug angemessen hohe Steuern zahlen müssen.

Felser forderte stattdessen "echte Beteiligung" durch direkte Demokratie. Sein AfD-Kollege Stephan Protschka versuchte Bürgerräte populistisch schon vom Namen her zu diskreditieren, indem er eine linksextremistische Gefahr beschwor. "Alle Macht den Räten", also Sowjets, habe schon Lenin gefordert, was nur zu Gewalt und Terror geführt habe. Dass die Arbeiter- und Soldatenräte der Sowjetunion und die der Anfänge der Weimarer Republik außer dem Namensteil "–räte" schon von der Zusammensetzung her *nichts* mit gelosten Bürgerräten zu tun haben, blendete er aus. Auch überging er, dass es in der Nachkriegszeit tatsächlich "Bürgerräte" im Deutschen Reich gab. Diese waren allerdings konterrevolutionäre, teils bewaffnete Verbände *aus dem rechten Spektrum*, die örtlich Widerstand gegen die linksextremen Arbeiter- und Soldatenräte leisteten.[170] Protschka war auch sonst fern von Fakten: Die Behauptung, dass es sich bei Mehr Demokratie um eine "grüne NGO" handelt, deren Vorstand "fast nur aus Grünenpolitikern" besteht, ist falsch, da es im neunköpfigen Vorstand – Stand 2024 - nur ein grünes Parteimitglied gibt.[171] Der Vorwurf, dass eine ehemalige Grünen-Bundestagskandidatin als Moderatorin fungierte, ist sicherlich auf den ersten Blick zu hinterfragen, aber diese als "ideologisch handverlesen" zu bezeichnen und dem ganzen Prozess der Bürgerräte pauschal eine "grüne Diskussionsmanipulation" nachzusagen, überzieht im inakzeptablem Maße. Gegen diese allzu effektheischende Darstellung spricht auch, dass alle Bürgerräte evaluiert werden. In diesem Fall wurde im Vorbericht der Evaluation die "unparteiische, zugewandte und strukturierende Moderation" ausdrücklich gelobt.[172]

Wenn auch Ampelmitglied stellt sich Gero Clemens Hocker von der FDP ebenfalls auf die ablehnende Seite. Das Parlament sei sehr wohl in der Lage, Lösungen zu finden. Die Empfehlungen der Bürger als Nicht-Experten läsen sich wie ein "Wünsch Dir was". Auch er stellte dabei letzlich seine inhaltliche Meinung über die des Bürgerrats und kritisierte etwa, dass der Bürgerrat beim Punkt Wegwerfverbot abgelaufener Lebensmittel verkannt habe, dass nicht der Einzelhandel das Hauptproblem sei, sondern die Bürger selbst, die in ihren privaten Haushalten das Gros der Lebensmittel wegwürfen. Damit respektierte er die im Bürgerrat erfolgte abgewogene Beschlussfassung nicht, dennoch bei den Einzelhändlern mit Verpflichtungen anzusetzen.

Klare Unterstützung für die Empfehlungen gab es dagegen von Renate Künast, die sich die Umsetzung eines "Gutteils" der Maßnahmen wünschte und die Erhöhung der Mehrwertsteuer auf Zucker "brillant" nannte. Ähnlich freute sich die SPD-Abgeordnete Peggy Schierenbeck über den "Auftrag" des Bürgerrats. Petra Nicolaisen (CDU) betonte dagegen das "Preisschild" für die Kommunen und beklagte eine "sündhaft teure Nachhilfestunde" durch die Bürger (die Kosten des Bürgerrats betrugen etwas über 3 Millionen Euro). Es gab allerdings auch Stimmen, die sich noch deutlich "radikalere Empfehlungen" gewünscht hätten wie die von Gökay Akbulut von der Gruppe der Linken. Auch die BSW-Gruppe (Amira Mohamed Ali) unterstützte den Bürgerrat.

Unter dem Strich stellen die Empfehlungen einen weitgehend konsensualen Querschnitt der Bevölkerung dar. Das Besondere war, dass es im Bürgerrat durch seine viel längeren ausführlichen Debatten als im Bundestag gelang, widerstreitende oder gar ideologische Meinungen sachspezifisch so zu einen, dass klare Mehrheiten hinter den einzelnen Empfehlungen standen, was Union, FDP und AfD unter Verweis auf das Primat des Bundestags allerdings nicht honorierten. Eine Bürgerrätin kommentierte den Schlagabtausch der Parteipolitiker im Bundestag mit Unverständnis:

Es bleibt abzuwarten, was von den offen und *überparteilich* ausgehandelten Vorschlägen des Bürgerrats Ernährung umgesetzt wird. Der Bundestag hat die Empfehlungen zunächst in die Ausschüsse überwiesen. Danach könnten sie wieder ins Plenum. Nur welche Aufmerksamkeit werden sie bekommen? Nicht ausgeschlossen, dass manche Fraktionen darauf abzielen, dass Empfehlungen der Bürgerräte nicht zu viel Qualität beigemessen und zuviel Aufmerksamkeit zuteil wird. Auf der Befürworterseite besteht die Sorge, dass die Idee und das Potenzial der Bürgerräte in diesem Präzedenzfall kleingeredet wird und letztlich im üblicherweise aufgeregten medialen Umfeld untergeht. Beispiel für letzteres: Bundeslandwirtschaftsminister Cem Özdemir hatte sich kurz nach der Bekanntgabe der Empfehlungen im Januar 2024 die Idee der Tierwohlabgabe zu eigen gemacht. Die Idee war nicht gänzlich neu. Aber ob jeder, der das Thema verfolgt hat, auch mitbekommen hatte, dass der thematische Anstoß kurz vorher eindringlich vom Bürgerrat ausgegangen war, ist fraglich.[174] Es besteht insofern die Gefahr, dass die gute Arbeit von Bürgerräten nicht nur wegen angeblich fehlender nicht ausreichender Legitimation schlechtgemacht wird, sondern zudem mangels Quellenangaben verpufft.

Die Idee, geloste und zu einem Thema "aufgeschlaute" Bürger stellvertretend für alle Bürger debattieren und Lösungsvorschläge erarbeiten zu lassen, ist dabei im Grunde genial. Denn hier kommen über das Instrument der Bürgerräte immens wichtige Faktoren wie der "gesunde Menschenverstand" und die Neutralität ins Spiel, die in der Politik oft fehlen. Bürgerräte schaffen nicht nur Kommunikations- und Begegnungsräume, sondern bringen bewusst Bürger aus völlig unterschiedlichen Hintergründen mit dem Ziel der Konsensfindung zusammen, wo sonst das übliche Verharren in "Blasen" und das Verschanzen unter Seinesgleichen eher zur Verhärtung von Positionen führt.

Außerdem konzentrieren sie sich auf Einzelfragen und damit eine beherrschbare Thematik.

Der Bürgerrat Demokratie sprach sich im Jahr 2019 mit großer Mehrheit im Kern für mehr Bürgerräte und mehr direkte Demokratie aus. Die Teilnehmer, die froh waren, überhaupt einmal zum Thema Demokratie befragt zu werden, wollten ganz klar das Wählen durch neue demokratische Methoden ergänzt sehen.[175] Der danach von Mehr Demokratie und der Initiative "Es geht LOS" initiierte Bürgerrat "Deutschlands Rolle in der Welt" hat dann in den Jahren 2020/21 gezeigt, dass wir Bürger in der Lage sind, auch komplexe Sachverhalte miteinander zu bearbeiten. Das Thema war im wahrsten Sinne des Wortes vom Ältestenrat des Bundestags "global" und höchst schwierig gestellt worden. Aber es zeigte sich, dass durch das Ausdifferenzieren von Themen immer noch vergleichsweise gute Ergebnisse zu erzielen waren.[176] Diese waren zweimal auf der Tagesordnung des Ältestenrats und Thema in drei Ausschüssen, in den Fraktionen und in persönlichen Treffen mit dem damaligen Außenminister Heiko Maas. Aber die klarsten Lehren wurden wohl in Bezug auf die *technische* Vorgehensweise gezogen. Das Thema darf nicht zu breit gefasst werden und es ist besser, sich auf einige zentrale Empfehlungen (etwa neun) zu konzentrieren wie es dann auch im Bürgerrat Ernährung umgesetzt wurde. Bürgerräte sind für sich immer noch auch Lernprozesse.

Vor allem aber stellt sich die Frage der Themensetzung im Bundestag. So war etwa das Klimathema intern unter den Fraktionen bislang nicht konsensfähig. Zu grün. Eine Partei hätte sich mit ihrem Hauptthema in den Vordergrund schieben können. Schon wieder das Befangenheitsthema also, das hier einer vernünftigen Themenwahl und damit insgesamt dem Bürgerrats-Konzept im Wege steht. Denn wer würde bezweifeln, dass Klimaschutz ein Top-Thema für einen bundesweiten Bürgerrat, ja ein ganzes Bündel, wäre? Natürlich besteht bei Abgeordneten im Bundestag außerdem die Sorge, dass Bürgerräte irgendwann aufgrund qualitativ sehr guter Arbeit nach Verbindlichkeit drängen könnten. [177] Schwierig wäre es für die Repräsentanten schon, wenn es punktuell zu einzelnen Themen von Bürgerräten immer wieder differenzierte Kompromissvorschläge gäbe, die dem üblichen Parteienzoff erfolgreich konstruktive Lösungen entgegensetzen. Nicht auszuschließen, dass es daher weiter zu *strukturbedingtem Abwehrverhalten* kommen wird, selbst wenn es gegen ein Instrument geht, das den Souverän offensichtlich stärkt.

Tatsächlich sind Bürgerräte als demokratisches Aufbruchssignal mittlerweile von vielen Bürgern erkannt. Der lang kaum für möglich gehaltene Gedanke macht sich breit, dass es auch anders gehen kann als in der bislang rein repräsentativen Demokratie. Ihr vielleicht größter Vorzug: Es wird *miteinander geredet*, nicht gegeneinander, was einen probaten Lösungsansatz für die zunehmend unversöhnliche, geradezu "identitäre" Spaltung des Landes anbietet, die laut Beobachtern nur über einen "humanistischen Pragmatismus" gelöst werden kann.[178] Bürgerräte können einen, wo die Politik spaltet. Kooperation statt Kampf – das klingt nicht nur nach kulturellem Neuanfang, das ist einer, der nicht zerredet werden darf. Denn Achtung: Bürgerräte beschließen ihre Empfehlungen üblicherweise mit großer Mehrheit, nahezu Konsens, einfach weil konstruktiv zusammengearbeitet wird und ausdrücklich Ziele *für alle* (d.h. auch kommende Generationen!) gesucht werden, *was Minderheiten bestmöglich einschließt*. Man sitzt beim Bürgerrat sprichwörtlich an einem Tisch und bewirft sich nicht mit verbalem Schmutz, nur weil schon wieder die nächste Wahl ansteht.

Bürgerräte sind eine "Waffe der Harmonie" gegen Abgrenzung und Polarisierung, die in der öffentlichen Debatte durch Unterstützung im konstruktiven Journalismus noch verstärkt werden könnte. Weniger der Streit, denn die Lösungssuche regieren in Bürgerräten. Sehr schön hat es Christina Lafont beschrieben: Sie stünden für die "Herrschaft der wohlüberlegten Meinung".[179] Wenn das keine anstrebenswerte Konkretisierung der vagen Volkssouveränität ist? Denn in Bürgerräten agiert das Volk klug, vernünftig, ausgewogen, verhältnismäßig, nachhaltig, letztlich optimal zu einem Sachthema. Es sind einzelne Bürger, die zusammen nach vorn schauen, nicht auf eigene Interessen oder Interessen der eigenen Gruppe, sondern tatsächlich bestmöglich auf das Gemeinwohl. Dies ist die Basis von Bürgerräten. Dies sollte auch das Ziel der Arbeit der Abgeordneten sein. Aber wir wissen, dass es so gerade nicht immer im Bundestag funktioniert. Irgendwie menschlich. Irgendwie verbesserbar.

Und nun Losen?

Die Technik der Bürgerräte mit einer Zufallsauswahl klingt zunächst tatsächlich absurd. Aber genau durch das Losen wird Gleichheit gewährleistet. Nachgeholfen wird bei den Faktoren, die einzuhalten sind, um möglichst repräsentativ zu werden. Es gilt in Bürgerräten zum Beispiel Parität zwischen Männern und Frauen, im Bundestag nicht. Das politische Losen hat eine fantastische Vorgeschichte, die kaum jemand kennt und daher hier kurz erzählt werden muss.

Wer kennt schon die Demokratie des klassischen Athens? Tun Sie es?

Eben. Wohl leider nicht. Nicht nur liegt die athenische Demokratie als Schulstoff weit zurück. Bei mir war es die siebte Klasse Gymnasium. In meinem alten Schulheft Geschichte habe ich gerade mal eine einzige Seite gefunden, auf der ich mir Notizen zu diesem Thema aufgeschrieben hatte. Auffällig: Gar kein Wort zum Losen, das doch so zentral für die athenische Demokratie war! Und damit habe ich womöglich immer noch mehr Lernstoff zum klassischen Athen aufgenommen als viele Schüler heute. Die Inhalte der athenischen Demokratie dürfen Schülern nicht vorenthalten werden. Sie sind die Basis "der" Demokratie und auch die repräsentative Demokratie *muss* sich daran messen lassen.

Wohlgemerkt war die athenische Demokratie auf das *Losen* aufgebaut.[180] Es gab einen Rat der 500 (Boule) als eine Art vorbereitendes Gesetzgebungsgremium, in den Bürger aus den Regionen (Phylen) nicht gewählt, sondern bewusst *gelost* wurden. Bürger konnten bei ihm Gesetzesvorschläge einreichen oder die Gelosten konnten selbst welche ausarbeiten. Diese wurden dann in den für alle athenischen Bürgern zugänglichen Volksversammlungen, die gut vierzig Mal im Jahr stattfanden, besprochen, manchmal geändert und meist im Konsens per Handheben beschlossen oder auch abgelehnt. Es gab also zwei Schritte: *Erst die Vorschläge der gelosten Bürger, dann Abstimmung aller darüber.* Üblicherweise waren rund 6.000 Athener bei den Volksversammlungen anwesend. Das war ein Mix aus partizipativer und direkter Demokratie, eine letztlich unmittelbare Demokratie im Gegensatz zur heute modernen repräsentativen Demokratie. Tatsächlich haben die Athener nicht nur die Demokratie erfunden, sie haben sie als *unmittelbare* Demokratie erdacht und entwickelt!

Keine Frage: Die athenische Polis war illiberal und ungerecht. Es gab massive Unterdrückung von Menschen. Grundrechte gab es nicht. Von der Demokratie profitierte nur ein Viertel der Bevölkerung: die rund 30.000 bis 40.000 volljährigen (mindestens 18 Jahre alten) Männer, deren Eltern zudem ab 461 v. Chr. aus Athen stammen mussten. Frauen waren politisch rechtlos, ebenso wie Metöken (zugezogene Fremde oft griechischer Herkunft) und natürlich die zahllosen Sklaven, die den Wohlstand sicherten. Aber es soll bei der Betrachtung nicht um die tatsächlich miserable rechtsstaatliche Situation gehen, sondern die geradezu geniale demokratische. Mit sehr ausgetüftelter Finesse wurden alle Bürger in den Dienst der Polis einbezogen und durch das Verteilen von Macht auf unzählige Schultern eine erneute Tyrannenherrschaft ausgeschlossen. Das war in der damaligen Zeit nicht nur sehr erfolgreich. Das ist ein zivilisatorischer Schatz.

Und warum sollte der in den Schulklassen übergangen werden?

Darf er nicht. Er muss zum Bildungskanon gehören, unbedingt auch in den Oberstufen. Gelost wurden übrigens nicht nur die Vorbereiter der Gesetzgebung, sondern die allermeisten Ämter, vor allem täglich Richter in sehr großer Zahl. Dafür wurde sogar eigens eine Losmaschine entwickelt: das Kleroterion. Nicht nur das: Die Ärmeren verdienten sich mit der Übernahme öffentlicher Ämter ihren Lebensunterhalt, konnten Anträge bei der Boule einreichen und in der Volksversammlung zudem direkt über das Gemeinwohl abstimmen - und es funktionierte! Das System war weitgehend stabil und überdauerte trotz Skepsis manch aristokratisch gesinnter Philosophen eineinhalb Jahrhunderte. Erst dann fiel es kriegerischen Auseinandersetzungen zum Opfer.

Nur selten findet sich in historischen Berichten, dass es mal politische Intrigen gab. Als Grund führen Althistoriker genau die Möglichkeit an, dass die Bürger *direkten* Einfluss auf die Gesetzgebung nehmen, *aktiv partizipieren* konnten. Sie gaben sich selbst die Gesetze, denen sie sich gleichzeitig unterwarfen, eine Idee, die Kant viel später als Ideal formulierte.[181] Es gab keine Repräsentanten und Parteien. Dafür gab es eine spezielle philosophische Grundlage, mit der die athenische Demokratie unsere heutige übertrifft. Diese wurde von den damaligen Philosophen noch nicht explizit herausgearbeitet, womöglich weil sie strahlend und selbstverständlich immer da war, ohne ausdrücklich genannt werden zu müssen.

Die Rede ist von der *"Bürgerwürde"*. Der schon erwähnte amerikanische Althistoriker Josiah Ober hat den Begriff ("civic dignity") in seinem Buch "Demopolis" in Bezug auf die athenische Polis verwendet.[182] Weitere Wissenschaftler nutzen ähnliche Begriffe. Francis Fukuyama, ebenfalls von der renommierten Stanford-Universität, nennt aktive Teilhabe zentral für die Entfaltung der Würde und Identität. Es gäbe viele verletzte

Sehnsüchte, gehört, gesehen und wertgeschätzt zu werden. Diese seien eine Bedrohung für die Demokratie.[183] Der neuseeländische Philosoph Jeremy Waldron spricht mit Bezug auf Kant von der "Würde der Bürgerschaft ("dignity of citizenship"), die er nicht als bloßen Wert, sondern als normativen Status und Ausgangspunkt für weitere Bürgerrechte beschreibt.[184]

Diese Spur ist hochinteressant. Sie erschließt philosophisches und letztlich juristisches Neuland. Denn bei der Bürgerwürde geht es nicht um die Menschenwürde, sondern um die *politische Würde*, die Würde in *öffentlichen* Angelegenheiten aktiv mitgestalten zu können, weil wir Bürger, was nicht in Vergessenheit geraten darf, die eigentlichen, offiziellen Verfassungsbegründer (Waldron: "makers of the constitutional structures"[185]) sind. Es ist allerdings ein Begriff, der im Grundgesetz fehlt und nur wenig in der politischen Philosophie diskutiert wird. Rezensenten, die manch kritische Frage angesichts eines noch nicht elaborierten Konzepts stellen, nennen Waldron immerhin unbedingt lesenswert, da er einen "essentiellen, neuen gedanklichen Raum" betrete, der dringend weiter erforscht werden müsse.[186] Waldron selbst bemängelt, dass die Rechtsphilosophie sich nicht um die Würde der Bürger kümmere und weit hinter der politischen Theorie zurückbliebe. Wie Ober, der sich mit dem Wissen des Althistorikers über die griechische Antike die Freiheit herausnimmt, weit über das Wahlrecht als politisches Minimalrecht hinaus zu argumentieren, beschreibt Waldron einen Bereich der Würde des Bürgers „der sich nicht im Wahlrecht erschöpft".[187]

Für die Zwecke dieses Essays ist es sehr hilfreich, den Begriff der Bürgerwürde klar abgrenzend zur Menschenwürde nutzen, da so ein starkes Licht auf einen bislang völlig unterbelichteten Bereich der Würde-Interpretation geworfen wird. Es geht bei genauer Betrachtung darum, Menschen- und Bürgerwürde wie auch Menschen- und Bürgerrechte *zwei unterschiedlichen Sphären* zuzuordnen: dem freiheitlich-grundrechtlichen Teil des Bourgeois und dem politisch-staatlichen Bereich des Citoyens.[188] Die Bürgerwürde kann in der Folge als *Ergänzung* der Menschenwürde in der staatlichen Sphäre gesehen werden. Sie steht für die besondere politische Autonomie und Vernunftfähigkeit des Bürgers, der sich, so schon Rousseau und Kant, *selbst* die Gesetze geben können muss, denen er sich dann freiwillig unterwirft, was nur als Teil der Gemeinschaft passieren kann.[189] Rousseau sprach von der „bürgerlichen Freiheit", die ihre Beschränkung durch den (von ihm allerdings zu homogen angenommenen) Gemeinwillen erfährt. Er sprach zudem von der "sittlichen Freiheit", die Citoyens durch das "selbstgestiftete Gesetz" erlangen könnten. Die *Selbstgesetzgebung* macht nach allem die Bürgerwürde aus.

Aber ist nicht Bürgerwürde Teil der Menschenwürde?

Tatsächlich könnte das, was hier Bürgerwürde genannt wird, philosophisch gesehen auch Teil der Menschenwürde sein. Grundgesetzlich ist dies jedoch nicht der Fall und es wäre auch systematisch unlogisch. Erstens folgt aus der Menschenwürde laut Bundesverfassungsgericht bislang kein starkes Partizipationsrecht. Sonst wäre dieses längst aufgefallen. Als demokratisches Kombinations-Grundrecht zum „Aufladen" hat Karlsruhe bislang das in Art. 38 GG hinterlegte Wahlrecht genutzt, dadurch aber nicht ansatzweise die Wirkung einer starken Bürgerwürde erzielt.[190] Zweitens ist es augenscheinlich ein systematischer Widerspruch des Bundesverfassungsgerichts, das Wahlrecht als *Deutschenrecht* (es gilt ausdrücklich nur für deutsche Staatsbürger) in die zur Menschenwürde gehörende freiheitliche Sphäre zu rechnen[191], da die Menschenwürde ein *Jedermannrecht* ist. In der Konsequenz müssten eigentlich auch Kinder und Ausländer das Wahlrecht für sich beanspruchen müssen.[192] Es spricht insofern vieles dafür, das Wahlrecht in die staatlich-politische Sphäre einzuordnen, die nur Rechte für Staatsbürger beinhaltet. Konsequent muss es dann individualrechtlich allerdings auf eine andere Würdeform, bzw. andere Basis zurückgeführt werden als die Menschenwürde: eben die Bürgerwürde.[193] Wichtig: Die Einfügung der Bürgerwürde könnte das Wahlrecht rechtfertigen, aber darüberhinaus nach der hier vertretenen Auffassung noch weitere Partizipationsrechte bedingen.

Die Annahme des Konzepts einer Bürgerwürde mögen sicher nicht gleich alle nachvollziehen. Aber es gilt: Politische Autonomie ist eine Definitionssache. Definiert wurde bislang im Grundgesetz nach den Vorarbeiten des Parlamentarischen Rats "nur" das Wahlrecht als demokratisches Hauptstaatsbürgerrecht. Das Recht auf politische Partizipation könnte vom selbstbestimmt handelnden Souverän (hier: die Staatsbürger) idealerweise über den Bundestag allerdings neu vertraglich definiert und dabei zu einer Frage der Würde gemacht werden. Ob neue starke Partizipationsrechte aus einer Bürgerwürde, dem Status einer demokratischen Staatsbürgerschaft oder einem demokratischen Ethos abgeleitet werden, wäre im Ergebnis wohl egal. Festzuhalten ist aber, dass aus der hier vertretenen Bürgerwürde aktive politische Partizipation im bestmöglichen Umfang für jeden Bürger *zwingend* abgeleitet werden muss, aus einer demokratischen Staatsbürgerschaft oder einem Ethos nicht. "Alle stehen groß", drückt Josiah Ober diesen individuellen Anspruch auf maximal weite Partizipationsrechte aus.[194] Waldron unterstreicht, dass jeder Bürger hohes Ansehen von den anderen genießen, also respektiert und gewürdigt werden müsse.[195] "Wir sind alle Häuptlinge, es gibt keine Indianer", so Waldron. Ein Bürger gehöre in den "Grafenstand", nicht den Status eines "Primitivlings":

"(E)s ist eher der Status einer mündigen Person als der Status eines Untertans, der jemanden braucht, der für ihn spricht; es ist eher der Status eines Trägers von Rechten – Träger sogar eines beeindruckenden Spektrums an Rechten – als der Status von jemandem, der sich unter Pflichten abrackert; es ist der Status von jemandem, der fordern kann, dass ihm zugehört und dass seine

Meinung berücksichtigt wird; es ist eher der Status von jemandem, der Befehle erteilt, denn desjenigen, der sie nur befolgt."[196]

Waldron und Ober zeichnen ein sehr optimistisches Ideal des Bürgerstatus, als würden wir schon in einem anderen Zeitalter leben. Das Bild ist jedoch nicht neu, eher unterdrückt. Es ist definitiv anzustreben, wenn neben privater auch politische Autonomie und Selbstverwirklichung umgesetzt werden sollen, was vollständig nie im Alleingang zu schaffen ist. Wer die Bürgerwürde als *zusätzlich gedachte* politische Würde ins Spiel bringt (oder als neue, sehr weite Interpretation der Menschenwürde), muss zu dem Ergebnis kommen, dass das Wahlrecht zwar auch als Ausfluss von Bürgerwürde gesehen werden kann, aber nur als äußerst schwacher! Bürgerwürde als rechtsphilosophisches Konzept vervollkommnet gewissermaßen die dem Grundgesetz bislang zugrundeliegende (Menschen-)Würde. Sie bedeutet eine eigene *weite politische* Würde, aus der ein eigenes weitreichendes *Partizipationsrecht* der Bürger abgeleitet werden kann[197], das über das Wahlrecht hinausgeht und daher einen eigenen Platz im Grundgesetz braucht und verdient, falls nicht das Bundesverfassungsgericht nach 75 Jahren doch noch eine solch weite Interpretation aus der Menschenwürde liest, was unwahrscheinlich ist. Anzusetzen ist folglich wohl am Text des Grundgesetzes, nicht seiner gefestigten Würdeinterpretation.

Da die Bürgerwürde – anders als die Menschenwürde – den Staat verpflichtet, seinen Bürgern umfassende politische *Partizipationsrechte* einzuräumen[198], gerät ein sehr sensibler Bereich des Grundgesetzes in den Fokus[199]: Handelt es sich beim Recht auf Selbstgesetzgebung konsequent um eine *persönliche Würde* jedes Einzelnen, müsste die Bürgerwürde klar in Art. 1 GG zum Ausdruck gebracht werden. Die Ergänzung der Bürgerwürde als *zweite Teilwürde* würde anerkennen, dass Bürgerpartizipation mehr als Wählen bedeutet.[200] Damit würde vollzogen, was demokratietheoretisch lange erforderlich ist: die Aufwertung der *staatsbürgerlichen* Freiheit neben der *privaten* Freiheit.[201] *Die Pointe ist, dass ultimativ wir Bürger uns als Verfassungsgeber selbst in diesen höheren politischen Rang heben dürfen.*[202] Das mag ungewöhnlich klingen, wäre aber nicht verboten, sondern ein überfälliger Entwicklungsschritt. Bürger- und Menschenwürde wären in diesem Konzept „Töchter" einer *Gesamt-Würde*, die erst das wirklich freie Individuum ausmacht: *als Mensch und Citoyen.*

Bürgerwürde und Grundgesetz – passt das zusammen oder nicht?

Ja, schon, aber aufgrund der bisherigen Auslegung des Bundesverfassungsgerichts wohl eben nur nach einer Grundgesetzänderung: Anders als die Menschenwürde verlangt die Bürgerwürde vom Staat für die Bürger kompromisslos ein *Optimum an aktiver Mitwirkung* an der staatlichen Gestaltung. Das ist weniger ein Auftrag an die Richter, die nur geltendes Recht auslegen, sondern eben an die politischen Entscheider.

Richtig verstanden können Bürger mit Bürgerwürde keine Bourgeois sein, bzw. bleiben. Das Wahlrecht alle vier oder fünf Jahre ist für Citoyens nach diesem Verständnis zu wenig, um demokratisch würdevoll zu leben.[203] Da hilft auch die starke freiheitliche Menschenwürde nicht mehr, wenn diese sich in der Praxis mit dem Wahlrecht als "dem" politischem Recht zufriedengibt.

Genau hier unterscheiden sich die athenische Demokratie und die moderne rein repräsentative Demokratie.[204] Die eine (Athen) ist von Anfang an und konsequent für Bürger mit starker Bürgerwürde gemacht, die andere (Grundgesetz) in erster Linie für Menschen mit "bloßer" Menschenwürde. Wichtig ist, dass verstanden wird, dass der Würdebegriff erweitert werden sollte und es überhaupt so etwas wie Bürgerwürde gibt. Da kann ein eigener Begriff nutzen, um die Idee zu transportieren. Wichtig ist die Erkenntnis, dass unsere Demokratie deutlich weniger ausgereift ist als die des klassischen Athens. Während die damalige Demokratie als "Bürgersouveränität" mit starken Bürgern mit Bürgerwürde (allerdings ohne Menschenwürde) bezeichnet werden kann[205], gibt es heute eine Volkssouveränität aus weitgehend politisch inaktiven, anonymen Einzelnen mit starken Freiheitsrechten, aber ohne ausgeprägte Bürgerwürde. Diese Begrifflichkeiten mögen ungewohnt klingen. Es bedarf aber neuer Begriffe, um ein Umdenken einzuleiten.

Der Begriff "Bürgergeld" wiederum ist nach der hier vertretenen Auffassung ein Framing und gehört zu den auszurangierenden Begriffen. Der Empfang staatlicher Leistungen fördert den Bürgergriff nicht ausreichend. Man kann auch sagen, dass Bürger nicht am *Sein*, sondern am gesteigerten politischen *Bewusstsein* zu messen sind, eine gerechte Ordnung anzustreben.[206] Dieses wird nicht durch die (auch wichtige) Sicherung des sozialen Existenzminimums gesichert, sondern durch *Optimierung der Teilhabe* erreicht, was nicht primär eine finanzielle, eher eine demokratiepolitische Frage ist.[207]

Der sprichwörtliche "Kampf ums Recht", den der Jurist Rudolf von Jhering prägte[208], ist auch weiterhin für jeden Einzelnen nötig. Aber viel mehr noch geht es aktuell um den gemeinsamen "Kampf um die Demokratie", der diesen kongenial unterstützt. Er ist ein "Kampf um Anerkennung" jedes Einzelnen als Bürger mit breit verstandener Würde und Identität.[209] Gemeint ist insgesamt ein "Kampf der Befreiung" des "Ichs" und des "Wir"[210], ein Kampf um mehr Partizipation, der selbstverständlich nur mit friedlichen Mitteln geführt werden sollte. Lassen wir uns nicht einreden, dass er doch längst geführt worden ist. Nehmen wir die hart umkämpfte Erringung des Wahlrechts durch die Frauen im Jahr 1918 und die damit erreichte Gleichheit der Wahl. Das war wahrlich nicht der Schlusspunkt der Demokratie, dass alle wählen dürfen. Das Beschwören des "Endes der Geschichte" der Demokratie durch

Francis Fukuyama war voreilig.[211] Die vielen innenpolitischen Krisen – ob Klima, Rechtspopulismus oder auch Haushalt – zeigen doch klar: Es gibt Bedarf an besserer Demokratie, besseren Strukturen und im Ergebnis besseren Entscheidungen. Das klassische Athen braucht mit all seinen Missständen dafür nicht kopiert werden, aber die Rückschau sollte erlaubt sein.

Kann es eine deutsche Demokratie mit ganz viel Partizipation von allen für alle geben?

Unglaube und Ohnmachtsgefühle sind bei dieser Frage verständlich. Das Wahlrecht ist über Jahrzehnte eingeübt, in Fleisch und Blut übergegangenes Selbstwertgefühl, aber auch Selbstbeschränkung, die von Generation zu Generation weiter vererbt wird. Es war immer so, dass "nur" gewählt wurde. Das Wahlrecht ist *die* Stimme der Bürger. Sie kann zu Regierungswechseln führen. Hat es auch schon. Immerhin. Aber ist das genug?

Das Wahlrecht ist mit Verlaub vor dem Hintergrund der Bürgerwürde ein gewisser demokratischer Fake. Es sind keine Fake News, wenn ich sage, dass die repräsentative Demokratie nicht ansatzweise die Partizipation der Bürger in der athenischen Urdemokratie spiegelt. Es sind Fake News, wenn sich in unseren Köpfen durch ständige Übung und Überzeugungsarbeit festgesetzt hat, dass die repräsentative Demokratie "die" Demokratie sei, die es zu verteidigen gilt. Es ist die, die wir zum Glück haben. Aber es geht besser im Land der Denker und Ingenieure ...

Denken Sie darüber jemals nach?

Wissen Sie, dass im Grundgesetz Abstimmungen *gleichrangig* als demokratisches Mittel neben den Wahlen aufgeführt sind? Sind sie dennoch skeptisch, weil irgendwie alle skeptisch scheinen? Es laufe doch auch bei allen Schwierigkeiten, die die Politik uns beschert, ganz gut ohne Volksentscheide. Wer Abstimmungen auf

Bundesebene einführen wolle, der riskiere im Gegenteil Destabilisierung. Es habe doch schlechte Erfahrungen in der Weimarer Republik gegeben. Doch Achtung: Weder das Risiko-Argument noch das Weimar-Argument zählen. Historiker schreiben schon lange vom "Weimar-Märchen", das erzählt werde, um Volksentscheide zu diskreditieren. Tatsächlich gab es vor Hitlers Machtübernahme nur zwei Volksentscheide und beide scheiterten am nicht erreichten Teilnahmequorum.[212] Trotzdem sei das Volk bei Volksentscheiden verführbar, ist weiter zu vernehmen. Schon der spätere Bundespräsident Theodor Heuss (FDP) sprach im Parlamentarischen Rat von einer "Prämie für jeden Demagogen".[213] Dabei wird erstens regelmäßig unterschlagen, dass Heuss sich auf die damalige *Nachkriegssituation* der „Vermassung und Entwurzelung" bezog.[214] Vor allem aber kann die Aussage auch als Ablenkungsversuch vom eigenen Versagen gewertet werden. Denn es waren eben nicht Volksentscheide, sondern die Weimarer Parteien (mit Ausnahme von SPD und der verfolgten KPD), die das Ermächtigungsgesetz abgesegnet und so Adolf Hitler zur Macht verholfen hatten. Heuss selbst konnte sich da nicht ausnehmen und so mag es keine Überraschung sein, dass er im Parlamentarischen Rat umso lauter gegen Volkes Stimme wetterte, was unfair war, aber seiner Karriere keinen Abbruch tat.

Gern wird auch der Brexit als Argument gegen Abstimmungen zitiert. Allerdings war der Brexit ein von der britischen Regierung initiiertes Referendum, also eines "von oben", nicht "von unten".[215] Außerdem war es extrem schlecht vorbereitet. Das konnten Populisten wie Nigel Farage und Boris Johnson für teils hanebüchene Übertreibungen und Lügen nutzen. Der Brexit ist tatsächlich eine gute Vorlage dafür, wie Volksentscheide *keinesfalls* organisiert werden dürfen. Es darf zwischen gut und schlecht organisierten Volksabstimmungen unterschieden werden.

Ein Blick in die Schweiz reicht, um zu erkennen, dass Volksentscheide, die dort vielfach zwischen Wahlen stattfinden, auch routinemäßig gut ablaufen können.[216] Ausnahmen wie die Abstimmung über das Minarettverbot bestätigen die Regeln in einem Land, wo es kein spezielles Verfassungsgericht gibt. In der Schweiz äußern die Bürger große Zufriedenheit mit der intensiven Nutzung der direkten Demokratie.[217] Es gibt vor diesem Hintergrund viele Befürworter im wissenschaftlichen und zivilgesellschaftlichen Bereich, die in Abstimmungen großes Potenzial auch für Deutschland sehen. Hier fällt auch schon mal der Begriff der "demokratischen Nachhaltigkeit".[218]

Aber will nicht auch die AfD Volksentscheide? Sollte und darf man die dann fordern?

Zunächst sind die vielen genannten Wissenschaftler nicht AfD-nah. Mit Gertrude Lübbe-Wolff hat sich sogar eine ehemalige Bundesverfassungsrichterin mit Nachdruck in einer eigenen Untersuchung für Volksentscheide ausgesprochen. Grund für die Ablehnung, die typischerweise in Verallgemeinerungen ihren Ausdruck finden, seien oft "eigene politische Präferenzen". Tatsächlich handele sich bei den Vorbehalten ganz überwiegend um "mitgeschleppte ideologische Rückstände einer Demophobie". Es ginge um eine nur schwer zu beseitigende "Angst vor dem *demos*". Die Repräsentanten fürchteten, dass das Volk "ohne Vermittlung" ihrerseits agiere. Direkte Demokratie beschreibt sie zwar nicht als Allheilmittel. Nach eingehenden Recherchen sieht sie allerdings viel brachliegendes Potenzial:

"In der richtigen Ausgestaltung begünstigen sie aber eine stärker an den Interessen der Bürger orientierte Politik, eine Steigerung des Niveaus politischer Kommunikation, eine Zunahme von Bürgersinn und Bürgerkompetenz und größeres Vertrauen in die Institutionen und Akteure der repräsentativdemokratischen Politik."[219]

Die AfD wiederum fordert zwar Volksentscheide nach schweizerischem Vorbild. Die werden auch hier unterstützt, sind aber wie gesagt nicht optimal. Solange die AfD sie fordert und kein gesellschaftlicher Konsens auf anderem Weg hergestellt wird, wird es keine geben. Hauptbremsklotz ist vor allem, und das seit Jahrzehnten, die CDU.[220] Die AfD hat es durch ihr Auftreten sogar geschafft, dass mittlerweile Parteien, die ursprünglich für Volksentscheide eintraten, nämlich SPD und Grüne, offensichtlich vor allem deshalb Abstand vom Thema genommen haben, weil sie als zugeordnetes "AfD-Thema" gewissermaßen immer mehr "versudeln" und anders als früher nicht mehr tragbar scheinen.[221] Und wer garantiert, dass diese Partei, einmal an den Hebeln der Macht, wirklich das schweizerische Modell eins zu eins umsetzen würde? Wichtig auch: Volksentscheide gehen noch differenzierter, intelligenter und weniger spalterisch, wenn sie nämlich mit Bürgerräten kombiniert werden, was gleich noch eingehender erklärt wird. Nur will die AfD genau diese differenzierte Herangehensweise nicht. Sie stellt sich gegen Bürgerräte, auch wenn diese nun wirklich helfen können, "Volkes Stimme" zu formulieren. Aber offensichtlich gibt es generell im Bundestag keine Debatte über die Kombination beider Instrumente. Sie müsste wohl von uns Bürgern öffentlich aufgezwungen werden – falls der Gedanke überzeugt.

Unsere Zurückhaltung als Bürger ist verständlich. Die Schwelle zum Mitmachen ist groß. Millionen Deutsche strampeln täglich im Hamsterrad und konsumieren Politik als Nachrichten, fast schon Infotainment, mit den bekannten Politikern als Hauptdarstellern. Wir glauben schon gar nicht mehr, dass wir die Fähigkeiten haben, mitzuentscheiden. Wer hat wiederum schon die Zeit und die Lust, in eine Partei einzutreten, obwohl da durchaus Karrieren winken können, wenn man sich geschickt anstellt? Schon der frühere Bundespräsident und CDU-Politiker Richard von Weizsäcker beschrieb das Sich-Hochdienen in den Parteien sehr selbstkritisch und nicht gerade motivierend:

„Der Hauptaspekt des „erlernten" Berufs unserer Politiker besteht in der Unterstützung dessen, was die Partei will, damit sie einen nominiert, möglichst weit oben in den Listen und in der behutsamen Sicherung ihrer Gefolgschaft, wenn man oben ist. Man lernt, wie man die Konkurrenz der anderen Parteien abwehrt und sich gegen die Wettbewerber im eigenen Lager durchsetzt."[222]

Ein Kampf nicht nur der Parteien untereinander, sondern auch *in* den Parteien. Kämpfen wir nicht genug jeden Tag? Im Ergebnis opfert kaum jemand gern sein Ich, um die berühmte Ochsentour einzuschlagen. So kommt es, dass in Deutschland gerade mal 1,2 Millionen Menschen Mitglied in einer Partei sind, ob aus Ablehnung, Zeitmangel oder auch fehlendem politischem Interesse. Vor 30 Jahren war die Zahl noch doppelt so hoch.[223] Das durchschnittliche Parteimitglied ist über 55 Jahre alt, männlich und lebt in Westdeutschland. Nicht einmal die Posten, man kann auch sagen "Versorgungsposten", sind offenbar Anreiz genug für jüngere. Es ist dann irgendwie normal, wenn Parteigänger den Vorzug erhalten, wenn es mal wieder um einen Austausch an den Spitzen von Behörden und Institutionen geht. Eine gewisse Ehrfurcht vor denen, die dieses "politische Spiel" durchziehen, weil sie Machtpolitik „können", ist womöglich tief im Innern bei dem oder der anderen da. All das schafft allerdings eher Distanz zum eigenen Staat, wahrlich keine Bürgerwürde.

Und dann der Blick auf uns privat: Haus, Auto, Partner, Familie, Urlaubsreisen, Hobbys, viel Ablenkung wie Fußball, alles verstreut über mehrere Tage. Eingespannt, keine Zeit, keine Viertagewoche. Oder gar existenzielle Sorgen: Wie kommt morgen das Essen auf den Tisch? Wovon wird der neue Schulranzen finanziert? Über allem: Konsum von sozialen Medien. Sind wir fähig zur Bürgerwürde oder zum *Homo oeconomicus* degradiert?[224] Wieviel Fake schlucken wir? Und wieviel Platz hat in unserem Leben, in dem das Private herrscht, noch das Politische, der *Sinn für die Zusammenarbeit fürs Ganze*, mal abgesehen von ehrenamtlichen Tätigkeiten im Sportverein oder bei der Tafel, für die wir gern von

Politikern gelobt werden, stopfen viele von uns doch freiwillig die Lücken, an der "die" Demokratie scheitert, nachdem sie sie oft erst selber aufgerissen hat.

Verstehen wir eigentlich, dass Gemeinwohl nur aus gemeinsamer Anstrengung entstehen kann?

Nehmen wir das Thema Klima. Ist das nicht ein Thema, das uns alle braucht? Gemeinsam die Welt retten, klingt fast schon lächerlich. Wie soll das denn gehen? Genau. Der Weg fehlt leider völlig, ja sogar die Suche danach. Vertrauen in die Politik – nein, Pustekuchen. Wer schon beim Tempolimit einknickt, widerspricht sich mit 200 km/h selbst. Genau da stehen wir. Corona haben wir erkannt und überstanden, aber wir leiden als Gesellschaft unter einer ganz anderen Krankheit: dem Bourgeois-Virus. Es hat uns seit Generationen im Griff. Das Virus produziert keine täglichen Sondersendungen wie Corona, obwohl es grassiert. Vielleicht hat es uns schon zu sehr im Griff, als dass wir es überhaupt bemerken können. Impfen hilft nicht, Rückzug auch nicht, Schämen auch nicht[225], aber Nachdenken. Hermann Heller kritisierte in der Zeit der Weimarer Republik die Gruppe der Besitzstandswahrer als Bourgeois. Sie waren für ihn die größte Gefahr der Demokratie:

"(E)r ist der nur sich selbst wollende Mensch. (...) Die Enge seines gefühlsmäßigen und intellektuellen Horizonts, sein Mangel an Phantasie, seine Angst vor dem Abenteuer sowie vor allem die Kraftlosigkeit aller seiner Leidenschaften gestatten ihm kein andres Ideal wie die gesellschaftliche Sicherung seiner eigenen mesquinen Existenz."[226]

Das Tückische: Das Bourgois-Virus wirkt unauffällig. Es bringt niemanden auf die Intensivstation. Der Souverän verbringt im Gegenteil seine Zeit weitgehend träge auf der Hängematte, der von den Eltern des Grundgesetzes so gewollte Zustand.[227] Das Virus sorgt für eine Art angenehme politische Depression, bei der niemand husten muss, nur unbemerkt - wie nach Einnahme einer Huxleyschen Soma-Tablette, die hier Wahl genannt werden kann - zufrieden alleine vor sich hinsiecht.[228] Vielen tut diese 1949 "verschriebene" politische Kleingeistigkeit gut, weil sie nicht anstrengt und den inneren Gestaltungstrieb effektiv unterdrückt. Das wird nicht viel hinterfragt, das ist so. Christoph Menke nennt so etwas "Knechtschaft der Gewohnheit", von der man sich befreien müsse, um seine eigene Identität zu entdecken, was allerdings einen kollektiven politischen Akt voraussetzt, weil Individuen allein keine Umgestaltung bewirken könnten.[229] "Werde der, der Du bist" schreibt Menke. Befreiung von gewohnten bis gar nicht mehr bemerkten Beschränkungen durch Selbstverwirklichung ist sein Credo. Dazu zählen in dieser Betrachtung insbesondere der Einsatz für direkte politische Partizipationsmöglichkeiten, die sonst schlicht kein Thema werden dürften. Aber ist es nicht so, dass wir gern mal an Bürgerräten teilnehmen oder bei Volksentscheiden zu einem bestimmten Sachthema unsere Meinung abgeben würden?[230]

Nur ein Heilmittel kann hier helfen: Wir müssen die Existenz des Virus erkennen und die Augen öffnen. Wir müssen unser geistiges Immunsystem gegen den inneren Bourgeois, die chronische Selbstinfantilisierung, wenden. Es gilt, ganzheitlich und systemisch ranzugehen. Wir müssen offen für mehr Demokratie sein. Überlassen wir nicht die Kritik allein den Investigativjournalisten und politischen Magazinen, die in Einzelfällen wunderbar wichtige Fehler im System für uns aufdecken, so dass wir denken, dass nun alles gesagt ist und alles gut wird oder auch nicht, Hauptsache es ist mal gesagt. Ist es nicht ehrlicherweise so, dass wir den Lacher in einer Satiresendung geradezu brauchen, um Frust entfleuchen zu lassen? Nur ändert das auch nur einen Deut am Kritisierten oder können wir das Thema so einfach besser runterschlucken? Warum sich also nicht endlich auf die Bürgerwürde besinnen und zusammen vergewissern, dass wir Bürger als Millionen von Individuen die *Hauptgewalt, bzw. das höchste Staatsorgan* im politischen System sind?[231] Es liegt an uns, das Recht so zu ändern, dass wir selbst als gestaltende Bürger in den Mittelpunkt rücken. Will sagen: Bürgerwürde mag sich bei Waldron gut lesen, sie ist aber nicht angeboren! Was angeboren ist, ist das *Vermögen, sie zu realisieren,* wie auch immer genau. Hier wird im Folgenden nichts als ein *Vorschlag* unterbreitet. Es gibt viele andere Wege, Selbstverwirklichung in die Demokratie zu bringen. Die Bundesrepublik ist nach 75 Jahren Grundgesetz dabei definitiv ein hervorragender Ausgangspunkt für ein Mehr an Bürgerwürde.

Aber sind denn die Bürger nicht die Hauptgewalt im Grundgesetz?

Ja, das ist unbezweifelbar so. Das steht ausdrücklich in Art. 20 II S. 1 GG: "Die Staatsgewalt geht vom Volke aus." Schon ziemlich abgedroschen, da immer wieder zitiert, aber immer noch sehr passend fragte Bertolt Brecht in einem Gedicht in Bezug auf den gleichlautenden Art. 1 S. 2 der Weimarer Reichsverfassung: "Aber wo geht sie hin? Ja, wo geht sie wohl hin. Irgendwo geht sie doch hin!"[232] Tatsächlich delegiert das Grundgesetz nach Feststellung der Volkssouveränität die Staatsgewalt direkt im nächsten Satz über "Wahlen und Abstimmungen" an die Organe der drei Staatsgewalten Legislative, Exekutive und Judikative weiter und damit faktisch an die diese beherrschenden Parteien.[233] Damit sind wir erneut bei den Parteien und dem „Parteienstaat" und das, obwohl im Folgeartikel Art. 21 GG nur steht, dass die Parteien an der politischen Willensbildung "mitwirken" sollen. Mehr nicht. Zu Recht ist das angesichts der real sehr starken Rolle der Parteien "normativ eigentümlich schwach" genannt worden.[234] Art. 21 GG ist auch kein in Art. 79 III GG genannter Ewigkeitsartikel, könnte also theoretisch beseitigt werden. Nur wäre eine solche Streichung wegen der von Anfang an mitgedachten "Koordinierungsaufgaben" der Parteien in der repräsentativen Demokratie unrealistisch.[235] Und so sind es die Parteien, die über die Institutionen der repräsentativen Demokratie bestimmen und auch, was Bürgerwürde ist oder nicht, nicht die Grundrechtsträger selbst.

Die Politiker kümmern sich schon? Bürgerwürde, Partizipation - alles eh nur theoretische Gedankenspiele?

Es gibt es einen weiteren gern übersehenen Artikel im Grundgesetz, der den Souverän klar als die Hauptgewalt erwähnt. Bei dem geht sie nicht irgendwo hin. Sie zeigt sich präsent und mit Potenzial. Dieser ganz am Ende versteckte Artikel entblößt die vielleicht größte legitimatorische Schwäche des Grundgesetzes: nämlich, dass es nie von uns Bürgern direkt angenommen worden ist. Es handelt sich um den Schlussartikel des Grundgesetzes, Art. 146 GG:

„Dieses Grundgesetz, das nach Vollendung der Einheit und Freiheit Deutschlands für das gesamte deutsche Volk gilt, verliert seine Gültigkeit an dem Tage, an dem eine Verfassung in Kraft tritt, die von dem deutschen Volke in freier Entscheidung beschlossen worden ist.“

Eine Diskussion dieses Artikels ist für die Thesen dieses Buchs gewinnbringend: Das Grundgesetz muss danach nicht das letzte Wort sein. Es könnte auch Jahre nach der Wiedervereinigung immer noch eine neue Verfassung geben - *theoretisch*. Das liegt daran, dass Art. 146 GG das ursprüngliche Recht des Verfassungsgebers, also des deutschen Volkes, hervorhebt. Dieses könnte sich praktisch jederzeit eine neue Verfassung geben. Das in dem Schlussartikel zum Ausdruck gebrachte *Recht auf Verfassungsgebung* der Bürger steht in der juristischen Hierarchie ganz oben, noch höher als das Recht der Gesetzgebung, für das die Legislative (Bundestag) zuständig ist. Das ist in einer guten Demokratie selbstverständlich, wird aber kaum erörtert, weil schon das Hinterfragen des Grundgesetzes politisch inkorrekt wirkt, selbst wenn – wie hier – nur demokratische Reformen angemahnt werden. Art. 146 GG ist auch Ausdruck des völkerrechtlich garantierten Selbstbestimmungsrechts des Volkes.[236] Die Eltern des Grundgesetzes haben vor 75 Jahren ganz bewusst die potenzielle "Übermacht" des Verfassungsgebers eingeräumt. Sie haben mit Art. 146 GG für den Fall des Nichtgefallens sozusagen eine Hintertür offengelassen.

Sehr wichtig ist in dem Zusammenhang die Feststellung, dass die in diesem Essay verfolgte Demokratisierung des Grundgesetzes bei gleichzeitiger Bereinigung seiner rechtsstaatlichen Mängel nicht notwendig einer ganz neuen Verfassung bedürfte, weil das repräsentative System nicht gekippt, nur ergänzt wird. Nichtsdestotrotz bedarf es einer umfassenden Reform. Dies wird hier mit aller Vorsicht nach eingehender wissenschaftlicher Recherche gesagt. Wie immer gilt der geflügelte Spruch: Zwei Juristen, drei Meinungen. Da ist Kritik programmiert. Viele Rechtswissenschaftler agieren eben prononciert aus einer „bewahrenden Defensive"[237] und bei manchen liegt sogar nicht immer gleich ersichtliche Parteiaffinität vor. Gegner der hier vertretenen progressiven Linie aus dem politischen Raum dürften ihre erwartbare Kritik zudem aus naheliegenden Gründen auch schon mal überziehen.

Eine eingehende Beschäftigung mit Art. 146 GG ohne Scheuklappen ist letztlich schon deshalb angebracht, weil die eigentlich angebrachte Volksabstimmung über unsere Verfassung immer noch aussteht. Es könnte dadurch etwa das Grundgesetz angenommen werden. Ein Schritt zu einer anderen Verfassung über Art. 146 GG wäre laut Wissenschaftlern eine sogenannte „legale Revolution".[238] Am Ende könnte *in der Theorie* sogar eine „Totalrevision" des Grundgesetzes vorgenommen werden, also eine völlig neu formulierte Verfassung entstehen.[239] Nicht einmal die sogenannte „Ewigkeitsklausel" des Art. 79 III GG, wonach Menschenwürde (Art. 1 GG) und die zentralen Staatsprinzipien (Art. 20 GG) bei Grundgesetzänderungen nicht berührt werden dürfen, stünden in diesem Ausnahmefall im Weg[240], wohl aber die völkerrechtlich zu sichernden Menschenrechte. Dermaßen groß ist also *potenziell* die Macht der Bürger, dass besorgte Wissenschaftler nach der Wende fast schon panisch die Beseitigung des Art. 146 GG forderten und vor einer „Zeitbombe im Verfassungsgehäuse"[241] und einer „Sprengladung unter dem Fundament des Grundgesetzes"[242] warnten. Aber zum Glück setzten sie sich nicht mit ihren Forderungen nach Streichung durch. Es ist mittlerweile weitgehend Konsens, dass der Verfassungsgeber selbst das entscheidende Wort haben muss und nicht diejenigen, die das Grundgesetz heute als unabänderlichen demokratischen Goldstandard loben. Art. 146 GG mag völlig offenlassen, welches System der Souverän erarbeitet. Es könnte wie gesagt auch das Grundgesetz schlicht bestätigt werden, wie es aktuell insbesondere Linken-Politiker fordern, um in Krisenzeiten „das Bewusstsein über die Grundwerte unseres Gemeinwesens zu schärfen" (Petra Pau[243]).

Tatsächlich sollte Art. 146 GG zukunftsweisend verstanden werden. Er bringt indirekt die in gewisser Weise „gefesselte" Bürgerwürde der Vielen in unserem Land zum Ausdruck. Er kann als Wink für eine noch deutlich bessere Demokratie starker Aktivbürger verstanden werden. Denn auch wenn eine Verschlechterung des Grundgesetzes theoretisch möglich wäre, ist natürlich das Gegenteil das Ziel und die Herausforderung. Der philosophische Gehalt ist, dass die Bürger die Verfassungsgeber sind und immer bleiben. Darin liegt die Kraft des Schlussartikels, die ohne einen großen positiven gesellschaftlichen Dialog, der in einen Verfassungskonvent mündet, und auch erhebliche Bildungsanstrengungen freilich nicht realisiert werden kann. Demokratie, die ihrem Namen Ehre macht, gibt es halt nur, wenn wirklich alle bestmöglich mitmachen. Art. 146 steht diesbezüglich für einen friedlichen, geordneten Weg. Für den Fall der Fälle einer Verfassungsneugebung will der Artikel Chaos, Maßlosigkeit und Umsturz verhindern. Art. 146 ist so etwas wie der friedliche „Joker" des „Wir sind das Volk" oder „Wir sind die Bürger". Ihn zu kennen, heißt ausdrücklich nicht, ihn spielen zu müssen, aber man sollte ihn kennen. Er sollte uns Bürgern *Selbstbewusstsein* für Reformen geben. Die Eltern des Grundgesetzes hätten den Artikel auch schlicht weglassen können. Aber abgesehen davon, dass das "vorverfassungsrechtliche Recht" der Bürger auf Verfassungsgebung auch *ungeschrieben* (also ohne Art. 146 GG) existiert[244], hätten sie uns damit ziemlich barsch den Weg in eine (noch) bessere Demokratie verschlossen. Der so unscheinbare Art. 146 GG ist in gewisser Weise eine Verneigung des Grundgesetzes vor den Bürgern als verfassungsgebender Gewalt. Er benantwortet Brechts Frage so, dass die Staatsgewalt des Volkes als alles überragende *Verfassungsgewalt* schläft, aber immer noch da ist.

Interessant ist, dass laut Art. 146 eine neue Verfassung tatsächlich *nur* vom Souverän als „dem" Verfassungsgeber („pouvoir constituant") beschlossen werden kann, also nur von uns Bürgern. Friederike Eggert weist darauf hin, dass es in Verbindung mit Art. 38 I GG sogar ein ungeschriebenes, fundamentales *Recht auf Verfassungsablösung* gebe.[245] Dieses Recht sei in erster Linie ein konstruktives *Kollektivrecht* des Volkes, das nur von einer „erkennbaren" Mehrheit aller Bürger erfolgreich auf dem Verfassungsrechtsweg ausgeübt werden könnte.[246] Das Recht enthält das Recht zur Wahl eines Verfassungskonvents und der Teilnahme an einem Volksentscheid über die Annahme des Verfassungsentwurfs.[247] Eine solche demokratische Revolution vor Gericht ist natürlich ein komplett unwahrscheinliches Szenario, unterstreicht aber die potenzielle Macht des Art. 146 GG.

Kann das nicht alles in die Hose gehen, weil man das brandgefährliche Gedanken sind, die nur den Falschen in die Hände spielen? Sollte nicht Art. 146 GG besser ein Tabu sein, gerade jetzt, wo wir ein starkes Grundgesetz brauchen?

Zu betonen ist: Wir bewegen uns weiter im *theoretischen*, gedanklich sehr weitschweifenden Raum, weil daraus einiges gelernt werden kann. Und warum sollen wir nicht unsere grundlegenden Rechte kennen und diskutieren? Zum Beispiel wären Abgeordnete, Fraktionen und Parteien in einem Verfassungsgebungsprozess laut Kommentatoren weitgehend außen vor, wobei sie natürlich den Weg begleiten würden und der Bundestag auch zu „technischer Hilfe" aufgerufen wäre, wenn es denn soweit käme.[248] Eine neue Verfassung könnte aufgrund des offenen Wortlauts zwar auch durch eine *Nationalversammlung* ausgearbeitet und beschlossen werden. Für verfassungspolitisch wünschenswerter halten Staatsrechtler allerdings in deutlicher Mehrheit eine *Volksabstimmung* über die Verfassung.[249] Denn so könnten erstmals in Deutschland die Bürger selbst über ihren Gesellschaftsvertrag abstimmen und ihm die bestmögliche demokratische Legitimation geben. Das Thema wird in der Literatur längst ohne „Zeitbombenrhetorik" sachlich analysiert.

Hier zeigt sich ganz nebenbei, dass die Eltern des Grundgesetzes grundsätzlich kein Problem mit Volksabstimmungen hatten. Art. 146 GG ermöglicht den Bürgern sogar die Entscheidung über das große Ganze: die Verfassung. Das „schlägt" Skeptiker, die Volksabstimmungen auf Bundesebene prinzipiell und rigoros ablehnen, selbst wenn sie nur hie und da zu einzelnen Sachthemen stattfinden sollen. Der Parlamentarische Rat hat den eigentlichen Verfassungsgeber gesehen und ihm praktisch alles zugetraut, wenn er auch als sein provisorischer „Stellvertreter" die Abstimmungen zu gesetzlichen Einzelfragen erst einmal nur rudimentär im Grundgesetz verankerte und sich auch zu einem Gründungsplebiszit nicht durchringen konnte, was der historischen Situation vor 75 Jahren geschuldet war.[250]

Damit hat er die Rangordnung unterstrichen: Der Verfassungsgeber Volk steht am Ende eben doch über der gewählten Legislative als Gesetzgeber. Das Problem ist, dass die Entscheidung über mehr direkte Demokratie in Form von Volksentscheiden im Jahr 1949 vom Parlamentarischen Rat an den Gesetzgeber der repräsentativen Demokratie übergegangen ist.

Und hier liegt ganz klar Befangenheit vor! Es gibt eine grundgesetzlich eingebaute Ausbremsung des Verfassungsgebers, die letzterer bis heute nicht hochselbst abgesegnet hat und nicht einfach lösen kann. Das Dilemma, dass der Souverän nicht selbst Volksentscheide nachtragen kann, spiegelt sich in aktuellen Umfragen: Bei einer MDR-Umfrage im Januar 2024 wünschten sich in drei ostdeutschen Bundesländern immerhin 70 Prozent der Befragten Volksentscheide auf Bundesebene.[251] Nur geht über die Köpfe der Abgeordneten nichts, was für Unzufriedenheit sorgt. Statt über Bürgerräte, Volksentscheide und generell eine konstruktive Entwicklung der Demokratie wird gefühlt nur über den „Kampf gegen rechts" und die Verteidigung „der" Demokratie diskutiert.[252]

Wohlgemerkt erteilt Art. 146 GG keinen Auftrag, als „Verfassungsrevolutionär" tätig zu werden, im Gegenteil. Einem Missbrauch dieses Artikels sind wichtige Grenzen gesetzt.[253] So müsste eine neue Verfassung insbesondere die *völkerrechtlich* geltenden Menschenrechte achten.[254] Darunter fallen selbstverständlich rassistische Interpretationen des Volksbegriffs, also eine völkische Ideologie, und erst recht das Ziel der Deportation von Menschen (auch Deutschen) mit Migrationshintergrund wie sie allen Ernstes im Potsdamer „Geheimtreffen" besprochen worden sind.[255] Zum Glück sind solche komplett abwegigen und gefährlichen Ideen eh nicht ansatzweise mehrheitsfähig, was wie gesagt eine Voraussetzung einer neuen Verfassung wäre.

Die Idee einer Demokratisierung des Grundgesetzes könnte Verfassungsfeinden den Argumentationsboden nehmen, weil sie die Bürger direkt ansprechen würde. Art. 146 GG, der einen freien Beschluss des deutschen Volkes voraussetzt, weist den Weg in Richtung einer demokratischen *Evolution*. Eine Reform des Grundgesetzes oder gar eine neue Verfassung könnten und müssten schrittweise und unaufgeregt über Jahrzehnte entstehen, nicht ruckartig, nicht übergestülpt und schon gar in bürgerkriegsähnlichen Zuständen, die dadurch vermieden werden können.[256] Ganz wichtig: Das Ziel muss gerade nicht eine neue Verfassung sein, solange gute Ideen über eine *Reform des Grundgesetzes* umzusetzen sind, wobei hier möglicherweise Block für Block thematisch nachgebessert werden könnte. Allein dieses Wissen sollte helfen, gewisse Denkblockaden zu überwinden, die den demokratischen Status quo zementieren. Am Ende des Weges sollte mit einem *neuen Gesellschaftsvertrag* ein Projekt verfolgt werden, hinter dem sich die übergroße Mehrheit versammeln kann, was kaum ohne positive Erfahrungen mit der Kombination neuer demokratischer Instrumente funktionieren kann. Mit Bernhard Kempen ist eine Verfassung anzustreben, die symbolisch Einheit stiftet und diese Einheit über eine Ordnung gewährleistet, die instrumentell politische Macht begrenzt.[257] Dieses noch unvollendete Projekt kann *„Fairfassung"* genannt werden und es ist im Folgenden darzulegen, dass diese über eine Reform des Grundgesetzes erreicht werden kann. Eine eher symbolische Volksabstimmung über diese, die die Einigkeit feierlich besiegelt, könnte, ja sollte den krönenden Abschluss bilden.

Hier ist auf eine wunderschöne Ikonographie des klassischen Athens hinzuweisen: Eine Urkundenstele aus der späten athenischen Demokratie zeigt die die Verfassung symbolisierende Demokratia, die einen Kranz über den vor ihr sitzenden Demos hält. Die Verfassung zeichnet also das Volk aus und der Demos schaut dabei den Betrachter an, als ob dieser in einen Spiegel schaut und sich selbst sieht.[258]

Hand aufs Herz: Haben wir uns selbst je als von der Verfassung gekrönte Bürger gesehen?

Auch wenn viele hier abschätzig schmunzeln mögen: Diese Vision einer Bürgerverfassung sollte weiterentwickelt werden, weil sie der beste Weg für uns ist. Sie ist nicht ganz unrealistisch, wenn es gelingt, solche Selbstverständlichkeiten wie starke Bürgerrechte, staatliche Neutralität und Fairness untereinander als Leitbilder zu setzen, und alle sich dadurch mitgenommen fühlen![259] Wie dargestellt bliebe dabei die Menschenwürde als zentraler Ankerpunkt erhalten, würde ihr die Bürgerwürde an die Seite gestellt. Um das politische Wesen Bürger mit starken Partizipationsrechten auszustatten, könnten neue Strukturen gebildet werden, die alle ansprechen und hoffentlich auch von allen unterstützt werden.

Schon Aristoteles beschrieb die athenische Polis als Gemeinschaft von Bürgern einer Staatsverfassung (politeia). Im klassischen Athen gab es dabei nicht die eine formelle Verfassung. Strukturen und Befugnisse der Organe wurden immerhin in Gesetzen beschrieben. Laut Aristoteles waren es *die Bürger selbst*, die die Polis und die Staatsverfassung ausmachten. Entsprechend bedeutete „politeia" auch Bürgerrechte, politische Aktivität eines einzelnen Bürgers oder auch die gesamte Bürgerschaft.[260] Aristoteles, der nicht unbedingt ein Verfechter der athenischen Demokratie war, betonte, dass es keine „politisch Rechtlosen in Armut und großer Zahl" geben dürfe, sondern alle Bürger an Beratungen und Entscheidungen zu beteiligen seien, um sich keine Feinde im Staat zu schaffen.[261] Vor dem Hintergrund hob er den Bürgergedanken als Stärke der Demokratie hervor:

Die souveräne Gewalt des Staates liegt überall bei der Bürgerschicht, die Bürgerschicht ist daher geradezu die Verfassung. Ich meine: in den Demokratien ist der Demos der Souverän (...)."[262]

Warum nicht Aristoteles´ Gedanken folgen und die „Verfassung des Bürgersinns" als die anzustrebende, „wahre" Verfassung *der* Demokratie sehen? Genau auf die Herausbildung eines neuen „Wir" aus den vielen „Ichs" kommt es an, für Aristoteles eine Aufgabe vor allem für Geist und Intellekt.[263] Eine zentrale Option ist hier, dass sich die Bürgeridee in der Zukunft über die Bürgerrats-Idee verbreitet und in Kopf und Herzen ihren Platz findet.

Der italienische Philosoph Pico della Mirandola hat in der Renaissance etwas Schönes vorgeschlagen. Wir sollten uns als „frei entscheidende, schöpferische Bildhauer" vorstellen, die sich selbst zu der Gestalt formen, die sie bevorzugen.[264] In ähnlicher Weise spricht Stephan Kirste vom „demiurgos", dem erhabenen göttlichen Baumeister.[265] Gemeint ist von beiden die Schaffung des „Selbsts" im Sinne der Menschenwürde. Und in der Tat wird diese Selbstformung täglich in millionenfach kreativer Art und Weise in Deutschland umgesetzt, allerdings im privaten, deutlich weniger im *politischen* Bereich, wo sie aber auch wichtig wäre. Will sagen, wir müssen uns als Mensch *und* Bürger formen. Soweit reicht die Vorstellung bislang scheinbar nicht, dass ein Mensch nur im Umfeld anderer Menschen sein „Ich" verwirklichen kann.[266] In eine Verfassung gehört unbedingt der Gedanke, dass ein Mensch sich und seiner Würde nie allein genügen kann.

Es ist daher Zeit, den Kompass unserer Verfassung zu zücken und zu eichen. Es gilt, den „Demokratieweg" zu finden. Er ist nicht identisch mit dem Rechtsweg, überkreuzt diesen manchmal und kann jedenfalls nicht allein gegangen werden. Ein Schlüssel könnte die generelle Etablierung von Bürgerräten in Quantität und Qualität auf allen gesellschaftlichen Ebenen sein. Liegt Vertrauen in dieses neue Instrument vor und werden sie von Gegnern nicht aus offensichtlichen Gründen „kleingemacht", könnte ein Wandel gelingen.

Wie finde Ich zum „Demokratieweg"? Wie finde ich das „Wir", Kooperationspartner, die mitgehen?

Stellen wir uns die Schaffung des „Wir" nicht als Ego-Skulptur, sondern als *Hausbau* für viele vor. Dabei geht es im Grundsatz nach fertiger Planung um das Fundament, einen Eingang, die Wände, zahlreiche funktionelle und kreative bauliche Details bis hin zum Dach. Alles muss stabil sein und zum Wohlfühlen. Das Haus, in dem wir jetzt leben, ist das Grundgesetz. Das 1949 fertig gebaute politische Haus ist vom Parlamentarischen Rat, also 65 von den

Landesparlamenten gewählten Mitgliedern (vier davon Frauen), erarbeitet und von den Landtagen abgesegnet worden. Der Souverän, um dessen Haus es geht, war weder Architekt, noch Bauherr. Er ist in der turbulenten Nachkriegszeit beim Grundgesetz nicht selbst tätig geworden und wohnt auch nicht im Haus, das so konstruiert worden ist, dass Delegierte dort wohnen und die Gesetze verabschieden. Bei den Repräsentanten handelt es sich um Abgeordnete, die regelmäßig Vertreter von Parteien sind, die vor Wahlen meist bereits über Listen abgesichert sind. [267]

Es stellt sich die Frage, ob diese *rein* repräsentative Demokratie aus „architektonischen" Gesichtspunkten trotz 75 Jahren Stabilität heute noch ausreichend ist. Machen die Repräsentanten wirklich bessere Arbeit ganz ohne die Bürger? Oder ist eine Renovierung des Hauses nötig? Nicht zu vergessen: Das Grundgesetz war als Provisorium gedacht. Warum also nicht den Mut aufbringen, ein neues demokratischeres Haus zu planen, das die Bürger einlädt? Einen besseren Gesellschaftsvertrag noch als das Grundgesetz? Einen Abkömmling davon, mit nachgebesserten Prinzipien, noch besserer struktureller Wirkkraft und noch überzeugenderer Identitätsbildung für alle.

War es nicht oft so, dass erst unrealistisch scheinende Ideen doch irgendwann ihren Weg in die Gesellschaft gefunden haben?

Es ist kein Unrecht, das Grundgesetz beim Wort zu nehmen und mit Blick auf Art. 146 GG und die Grundrechte Wissenschafts- und Meinungsfreiheit mit dem Ziel einer besseren Gesellschaft zu nutzen. Es wird kaum jemand bestreiten, dass es nicht optimal in der Bundesrepublik läuft. Also her mit dem Skizzenblatt für das neue Haus.

Dies ist nur der Aufschlag eines Einzelnen. Selbstverständlich muss eine Reform des Grundgesetzes nicht nur von vielen, sondern von praktisch allen im Grundsatz getragen werden, was ein extrem hoher Anspruch ist. Es macht Hoffnung, dass wie nie zuvor nach dem „Geheimtreffen von Potsdam" wie durch einen lauten Weckruf die schweigende Mehrheit Anfang 2024 in vielen deutschen Städten auf Massendemos zu sehen war. Die braune Fratze unter uns: bitterböse entlarvt. Die Selbstvergewisserung, das „Wir", der neue Trumpf.[268] Dass derartiger Rassismus in der heutigen Zeit noch möglich ist, ist in der Tat eine Schande für Deutschland. Umso großartiger die „Demos des Demos" gegen die AfD. Die Frage ist nur, wie lange die Empörung anhält.[269] Schade auch, dass viele das *Symptom* mit der Ursache gleichsetzen. Da wird für „die" Demokratie eingetreten, mit Bannern und Reden. Motto: Wir müssen „die" Demokratie verteidigen.[270] Und da wir keine andere kennen, schwingen sich schon mal bekannte Politiker als Vorredner auf und nutzen den AfD-Blitzableiter, um selbst besser, demokratisch dazustehen. Bitte nicht übersehen: Die AfD ist nicht im luftleeren Raum entstanden, sondern in unserer Demokratie durch nicht wirklich immer gute, alle mitnehmende Politik. Das Haus, welches wir brauchen, darf nicht verschlossen, zerstritten und unfair bleiben, denn genau dann schaffen wir Motive für unerwünschte rechtspopulistische, ja sogar rechtsextreme Unruhestifter!

Wenn nicht runterdrücken und bekämpfen, was hilft dann noch gegen rechts?

Was wir brauchen, ist die Austrocknung des extremistischen Nährbodens: ein *demokratischeres Fundament*. Es geht darum, die Demokratie neben dem liberalen Rechtsstaat von unten zu *entwickeln*. Die erwähnte MDR-Umfrage zu den Anti-AfD-Demos erbrachte interessante Details: Danach wünschen sich nämlich 86 Prozent der Befragten generell mehr Teilhabe und Mitwirkungsmöglichkeiten in der Demokratie.[271] Konkret wünschten sich 70 Prozent Volksentscheide auf Bundesebene, 65 Prozent mehr kommunale Bürgerentscheide und 32 Prozent mehr Bürgerräte als für viele wohl noch unbekanntes Instrument.[272] Bemerkenswert: Parteiarbeit hielten nur 21 Prozent der Befragten für wirksam. Für wirkungsvoller wurde es mit 40 Prozent sogar gehalten, seine Meinung auf Demonstrationen kundzutun. Diese Umfrage stellte in seltener Weise mal nicht nur thematische oder personelle Fragen, sondern welche nach den demokratischen Wünschen der Bürger.

Politische Mitwirkung – das soll helfen?

Ein demokratischeres Haus wird also mit gewisser Sicherheit von einer großen Zahl von Menschen in Deutschland befürwortet. Es kann hier nur grob skizziert werden. Es kann problemlos auf dem Bauplatz des Grundgesetzes entstehen. Es baut nämlich auf dessen Ideen und Prinzipien auf. Zu den wichtigsten Neuheiten kann die schon beschriebene Bürgerwürde gezählt werden. Sie würde zusammen mit der Menschenwürde in das Fundament gegossen. Wie Josiah Ober schreibt: *„Bürgerwürde braucht kein Menschenwürde-Konzept, aber sie ko-existiert ohne weiteres mit ihm."*[273] Menschen- und Bürgerwürde *ergänzen* sich also, treten nicht in Konkurrenz, sondern verstärken sich gegenseitig. Es ist doch auch klar: Wo es mehr Bürgerwürde gibt, wird mehr Menschenwürde umgesetzt. Tatsächlich gibt es die heutige Menschenwürde im Osten der Republik wegen der in der Wendezeit stark ausgeübten Bürgerwürde: „Wir sind das Volk". Wo es wiederum ausgereifte Menschenwürde gibt, kann auch Bürgerwürde gedeihen. Das Würdekonzept sollte insofern neu betrachtet werden und in dem Zusammenhang der Begriff des Citoyens. Der stammt nicht von ungefähr von Cité für (Innen-)Stadt ab und bezieht sich also auf die athenische Polis, was schon Rousseau unterstrich.[274] Von Rousseau, der auch bereits zwischen Mensch („homme") und Bürger („citoyen") unterschied[275] und die Republik als Pendant der Polis zum Ziel ausgab, stammt dieser Satz:

„Wir haben Physiker, Geometer, Chemiker, Astronomen, Poeten, Musiker, Maler, aber wir haben keine Citoyens mehr."[276]

Das ist heute, mit Verlaub, gar nicht so anders, obwohl ganz viele, wie die MDR-Umfrage gezeigt hat, sicherlich innerlich danach streben, Citoyens zu sein. Gern wollen sie aktiv und politisch am Gemeinwesen teilnehmen statt nur an einer „Publikumsdemokratie".[277]

Nur wie??

Wir müssen umdenken und uminterpretieren. Wenn heute Menschenwürde das Fundament unseres Grundgesetzes ist, sind wir zu Recht andächtig und ehrfurchtsvoll. Wenn aus dieser Würde aber „nur" das Wahlrecht als „der" demokratische Baustoff abgeleitet wird[278], dann sind das keine idealen, keine ausreichenden Voraussetzungen für wachsende, hehre demokratische Wünsche, die es nach 75 Jahren erkennbar gibt. Es gibt Bedürfnisse über die rein repräsentative Demokratie hinaus. Das sollte nicht nur das politische Berlin verstehen, sondern das sollten wir zuallererst uns selbst klarmachen ...

Wir sollten auch verstehen, dass der Citoyen nicht als rein altruistischer Gemeinwohltäter verstanden werden darf. Er fühlt sich zwar für das Gemeinwohl verantwortlich, aber er ist nicht selbstlos, wie manche behaupten (und Rousseau es sich aufgrund der Entäußerung des Willens an einen „Gemeinwillen" scheinbar wünschte). Der Citoyen erkennt etwas ganz Logisches: dass er gewissermaßen über die Bande des Respekts und die Anerkennung der anderen Citoyens durch Kooperation mit ihnen in Würde einen Staat für alle schaffen kann, *von dem auch er profitiert.* Entscheidend ist allerdings, dass er Teil der gemeinsamen Verfassungs- und Gesetzgebung ist. Diese kennzeichnet eine gerechte Gesellschaft, mehr als der gewohnte Rechtsstaat, an dem er praktisch nicht mitwirken darf.[279] Es ist die zusammen *selbstgestiftete* Verfassung und es sind die zusammen selbstgestifteten Gesetze, die der mündige Bürger akzeptiert, weil er genau durch diese Selbstgesetzgebung kombiniert mit freiwilliger Selbstbeschränkung *Freiheit* erfährt. Dabei handelt es sich nicht um ein von außen verliehenes Partizipationsrecht, sondern eine in offener, konstruktiver Diskussion erarbeitete und qua Gesellschaftsvertrag *gegenseitig verliehene* neue Würde. Jeremy Waldron schreibt: „Alles weniger als das wäre beleidigend".[280]

Dafür bedarf es im staatlichen Fundament augenscheinlich der Bürgerwürde als politischer Freiheit *neben* ihrer Schwester Menschenwürde, die vornehmlich für die private Freiheit steht und in der „Grundrechtsrepublik" vor allem als *Abwehr*recht wirkt.[281] Bürgerwürde bedeutet dagegen forsch bestmöglich *aktive Partizipation* an der Gestaltung des Gemeinwesens. Wer sie trägt, muss in die Lage versetzt werden, seine Eigeninteressen dadurch verwirklicht zu bekommen, dass er sie so umfangreich wie möglich mit den anderen Bürgern im Wege eines konsensorientierten Verfahrens austarieren und über die Ergebnisse mitentscheiden darf.[282] Dabei entstehen als Ausdruck *kollektiver* Bürgerwürde Ergebnisse, die auf einer höheren qualitativen, moralischen und rechtlichen Stufe angesiedelt sind als das einzelne persönliche Begehren und auch viele Parlamentsbeschlüsse, die sich rein an Mehrheits- und Koalitionsverhältnissen ausrichten. Diese Ergebnisse sind nicht vorherbestimmt. Sie konzentrieren sich auf einzelne Sachthemen und müssen von Fall zu Fall gemeinsam über die Anwendung neuer „Fairfahren" entwickelt werden.[283]

Das mag erstmal theoretisch klingen. Klar sollte sein: Die Bürgerwürde ist ein fehlendes, sehr wichtiges philosophisches Mosaikstück. Der Gedanke, der sich aus ihr ableitet, ist der schon genannte: dass wir alle Menschen *und* Bürger sind.[284] Nur gibt es sehr viel Nachholbedarf für die Bürger. Das neue Selbstverständnis von uns als freiheitlicher Grundrechtsträger plus demokratischer Souverän eignet sich als fundamental neues Prinzip. Wenn laut Ober wie erwähnt alle athenischen Bürger als Citoyens „groß standen", können wir das auch auf dem stabilen Fundament einer neu verstandenen Würde tun.

Normalerweise fällt das Nicht-Citoyen-Dasein eher in undemokratischen Umständen auf. Es gibt unzählige Beispiele, die die Existenz von Bürgerwürde verdeutlicht haben: Die Französische Revolution, Mahatma Gandhi, Nelson Mandela, der Euromaidan-Aufstand, der tunesische Markthändler Mohammed Bouazizi, der sich verzweifelt verbrannte und die Revolution in seinem Land und den Arabischen Frühling auslöste, die stolzen Frauen, die im Iran ihre Kopftücher abgenommen haben und als Bürgerinnen aufbegehrten, und – unvergessen – Martin Luther King, der Menschen- und Bürgerrechte gleichermaßen einforderte. [285]: Nicht nur rief er „I have a dream", sondern er rief im Kampf um die Würde zum friedlichen, würdevollen Protest auf, wie es sich für Citoyens ziemt:

„Versuchen wir nicht, unseren Durst nach Freiheit zufriedenzustellen, indem wir vom Becher der Bitterkeit und des Hasses trinken. Wir müssen unseren Kampf immer auf der hohen Ebene der Würde und Disziplin führen. Wir dürfen nicht erlauben, dass unser kreativer Protest in physische Gewalt degeneriert. Wir müssen uns immer wieder zu den majestätischen Höhen erheben und physische Gewalt mit der Macht der Seele konfrontieren." [286]

Interessanterweise hat es in Südafrika ein Urteil des Verfassungsgerichts gegeben, das sich ausdrücklich auf die Idee der Bürgerwürde bezog. Diese wurde in progressiver Auslegung dem Art. 25 UN-Zivilpakt (Internationaler Pakt für bürgerliche und politische Rechte) entnommen, der vorsichtig in diese Richtung weist. Er lautet:

"Jeder Staatsbürger hat das Recht und die Möglichkeit, ohne Unterschied nach den in Artikel 2 genannten Merkmalen und ohne unangemessene Einschränkungen
a) an der Gestaltung der öffentlichen Angelegenheiten unmittelbar oder durch frei gewählte Vertreter teilzunehmen; (...)"

Hier ist es das kleine Wort „oder", welches die Gelegenheit bietet, dass sich Staaten für das rein repräsentative System anstelle etwa eines direktdemokratischen Systems entscheiden. Südafrika war vergleichsweise progressiv, indem es bestimmte Partizipationsrechte der Bürger in seiner gemischt repräsentativ-partizipativen Verfassung niedergelegt hat. Es gibt in Südafrika repräsentative Staatsorgane und partizipative Rechte an diesen. In den Abschnitten 1 a) und 10 der Verfassung ist von „Menschenwürde" die Rede, in Abschnitt 3 von „Bürgern" („citizens"). Dieser wird wegen des Bezugs auf Rechte und Pflichten von Kommentatoren so interpretiert, dass diese geradezu ein „Amt" im südafrikanischen Staat ausübten.[287] Bemerkenswert ist insbesondere Abschnitt 72 I a), wonach der Nationalrat der Provinzen angehalten ist, „öffentliche Beteiligung in parlamentarischen und sonstigen Verfahren des Rates und seiner Ausschüsse zu fördern" („to facilitate public involvement in the legislative and other processes of the Council and its committees").[288] Das südafrikanische Verfassungsgericht hat in seiner bahnbrechenden „Doctors for Life"-Entscheidung im Jahr 2006 festgestellt, dass sich beide Prinzipien – Repräsentation und Partizipation – ausdrücklich ergänzen. Hier lohnt sich ein längerer Ausschnitt aus dem „Doctors for Life"-Urteil:

„Die kontinuierliche Partizipation der Öffentlichkeit verschafft der repräsentativen Demokratie Lebendigkeit. Sie ermutigt Bürger, sich aktiv in öffentlichen Angelegenheiten zu engagieren, sich mit den Regierungsinstitutionen zu identifizieren und mit den Gesetzen zu beschäftigen, während sie gemacht werden. Sie stärkt die Bürgerwürde derjenigen, die mitgestalten, indem sie ihre Stimmen hörbar macht und dafür sorgt, dass sie berücksichtigt werden. Sie fördert einen Geist demokratischen und pluralistischen Ausgleichs, der das Ziel hat, Gesetze zu produzieren, die voraussichtlich weite Akzeptanz finden und in der Praxis effektiv sein werden. Sie stärkt die Legitimität der Gesetzgebung in den Augen der Öffentlichkeit. Schließlich wirkt sie wegen ihres öffentlichen

Charakters als Gegengewicht zu geheimem Lobbyismus und geheimer Vorteilsgewährung. Partizipative Demokratie ist für diejenigen besonders wichtig, die relativ machtlos in einem Land wie unserem leben, in dem große Ungleichheiten in Bezug auf Reichtum und Macht existieren."[289] (Übersetzung durch den Autor)

Hintergrund für die Interpretation einer „Bürgerwürde" („civic dignity") in die Verfassung war die Apartheid-Vergangenheit. Südafrika ging ganz anders als Deutschland nach dem Zweiten Weltkrieg offen mit seiner schweren Vergangenheit um und suchte beim Übergang in die Demokratie Versöhnung, die ihren Ausdruck in der 1996 von Nelson Mandela eingesetzten Wahrheits- und Versöhnungskommission und teils direkten Aufeinandertreffen von Opfern und Tätern fand.[290] Die Opfer wurden dabei nicht nur als „Menschen mit einer Story" gehört, sondern als „Menschen, deren Storys öffentliche Anerkennung verdienen".[291] Auf diese Weise wurden in Form des Dialogs tausende Verbrechen geklärt, was individuellen und öffentlichen Schmerz verursachte, aber im Ergebnis als konstruktive Aufarbeitung nach allgemeiner Auffassung für die Gesellschaft heilsam war.

In Deutschland wurde nach der Wende kein ähnlich offensiver Ausgleichsversuch unternommen. Wer wollte, konnte seine Stasi-Akte einsehen. Direkte Gespräche mit Stasi-Informanten fanden nicht statt. Das südafrikanische Verfassungsgericht hat seine partizipationsfreundlichen Ausführungen dagegen damit begründet, dass der stolze Umgang miteinander nach der Apartheid Teil der Rechtskultur geworden sei. Es ist also auch eine Kulturfrage.

Der Begriff Bürgerwürde ist hierzulande tatsächlich mehr oder weniger unbekannt. Wer im Internet nach „Bürgerwürde" sucht, bekommt nur bei intensiver Suche Kommentare, die ansatzweise in die Richtung seiner hier vertretenen Bedeutung gehen.[292] Und doch gehört sie ins Fundament, ob Bürgerwürde nun Teil der Gesamt-Würde ist oder Teil der Menschenwürde. Das spielt nämlich keine Rolle, solange die entscheidende Konsequenz ist, dass sie deutlich mehr als nur Wahlrecht bedeutet und Bürger nicht entgegen ihrer Fähigkeiten und Bedürfnisse politisch infantilisiert werden.[293] Festzuhalten bleibt: Bürger sind „Polis-Tiere" und finden nach der altgriechischen Philosophie nur als solche ihre Bestimmung.[294] Anzumerken ist, dass Citoyens dabei keinesfalls als „Daueraktivisten" ständig Politik betreiben müssen.[295] Das wäre völlig unrealistisch. Sie sollten aber dann und wann auf dem Boden des neuen demokratischen Estrichs die Gelegenheit erhalten, an Bürgerräten und auch immer mal wieder an Abstimmungen teilnehmen zu können, so wie die Schweiz es rege vormacht, ohne dass ihr Staat dadurch zusammengebrochen ist, im Gegenteil.

Kommen wir zum Rohbau. Der jetzige ist in keinem guten Zustand mehr: Bei aller anzunehmenden Stabilität ist die Renovierungsbedürftigkeit offensichtlich, auch wenn zahlreiche offizielle Bauprüfer zum Jubiläum allenfalls kleine Risse in der geschlossen repräsentativ wirkenden Fassade ausmachen dürften. Vorzuschlagen ist eine offene Bauweise. Als Baustoff bietet sich Nachhaltigkeit an.[296] Das neue Torhaus stünde dann auf der Bürgerwürde und bestünde aus Nachhaltigkeit und somit aus Materialien, die bislang nicht im Grundgesetz stehen – ein erheblicher Wandel, der durch den Einsatz lange verkümmerter Ressourcen überzeugt! Das Eingangsportal sollte von sechs Säulen gesäumt werden, wie das Brandenburger Tor.

Warum sechs Säulen?

Weil Nachhaltigkeit durch sechs Säulen hergestellt werden kann. Das setzt eine Neuinterpretation des sogenannten Drei-Säulen-Modells voraus, das bisher als internationaler Standard für die Umsetzung nachhaltiger Entwicklung herangezogen wird. Danach gibt es die Vorstellung, dass nachhaltige Entwicklung nur durch das gleichzeitige und gleichberechtigte Umsetzen von drei Säulen, nämlich den umweltbezogenen, wirtschaftlichen und sozialen, erreicht werden kann. Dabei scheint allerdings die Wichtigkeit von Demokratie und Rechtsstaat als zu optimierenden Nachhaltigkeitszielen nicht ausreichend gewürdigt. In puncto nachhaltiger Gesellschaft („sustainable society") sollten drei Säulen ergänzt werden: zwei demokratische, der Stabilität wegen jeweils außen, und eine rechtsstaatliche. Eine der demokratischen Säulen könnte für die etablierte repräsentative Demokratie stehen, die andere für die auf Bundesebene neu zu errichtende partizipative Demokratie, die für die aktive Mitgestaltung der Bürger steht. Denn wie schon eine vom Bundestag in den 90er Jahren eingesetzte Enquete-Kommission zur Nachhaltigkeit erarbeitet hat, bedarf Nachhaltigkeit der Erweiterung von Mitbestimmungsmöglichkeiten.[297] Es bedarf laut ihr sogar eines völlig neuen *prozeduralen, politischen und integrativen Nachhaltigkeitskonzepts.*[298] Während die Kommission mit ihrer noch recht groben Idee von mehr Dialog und Partizipation, Konsensfindung und Win-Win-Szenarien allerdings innerhalb der hergebrachten Idee der drei Säulen blieb, ist eine neue Betrachtung geboten. Es macht Sinn, partizipative und direkte Demokratie als entscheidende Nachhaltigkeitsfaktoren weithin sichtbar als Teil der Architektur eines neuen demokratischen Hauses herauszustellen. Will sagen: Beim gewohnten demokratischen Rechtsstaat gehört konsequent die Elle einer neuen demokratischen Nachhaltigkeit angelegt. Das Eingangsportal des neuen Torhauses stünde dabei für einen Bedeutungswandel. Darüber stünde *„rechtsstaatliche Demokratie",* denn die, nicht der oft geheiligte „demokratische Rechtsstaat", ist die theoretisch bestmögliche gesellschaftliche Ordnung. Als nachhaltige Demokratie würde sie an die Stelle des bisher gelebten „demokratischen Rechtsstaats" treten. Diese gedankliche Drehung ist logisch, wenn wir in erster Linie die Demokratie, also die Volkssouveränität, auch die politische Form der Gerechtigkeit genannt[299], und damit Bürgerwürde zur Entfaltung bringen wollen, nicht primär den Rechtsstaat im Fokus haben.[300] Da das Ziel sein sollte, den Demos, also uns Bürger als politische Subjekte, zufriedener zu machen, nicht abstraktes Recht zu entwickeln, macht das direkt Sinn. Anna Christmann, Abgeordnete von den Grünen, hat es in ihrer Dissertation auf den Punkt gebracht: Die rechtsstaatliche Demokratie basiert auf einer starken Volkssouveränität, der demokratische Rechtsstaat auf einer starken Judikative.[301] Der Rechtsstaat ist trotzdem *essentiell*. In einer rechtsstaatlichen Demokratie kann und *muss* die Rechtsabsicherung bestmöglich stark sein, wovon zum Beispiel in der Bundesrepublik mit seinem bereits existenten starken Rechtsstaat auszugehen ist. Daher wäre hier auch Mut angebracht, durch das Zulassen von mehr Demokratie ein neues Gleichgewicht zwischen Demokratie und Rechtsstaat auf hoher Ebene zu schaffen.[302] Der in Deutschland schon ausgebaute Rechtsstaat kann das entscheidende Werkzeug auf dem Weg zum „Gerechtigkeitsstaat", zur optimalen Demokratie, sein. Verstanden werden sollte, dass es in erster Linie darum gehen sollte, den Rechtsstaat zur Einhegung demokratischer Macht zu nutzen, nicht andersherum mit der Demokratie weiter nur den Rechtsstaat qualifizieren oder legitimieren zu wollen.[303] Dabei schafft eine rechtsstaatlich „gecheckte" Demokratie für jeden ein Mehr an Freiheit. Mit den Worten des schweizerischen Sozialdemokraten Richard Bäumlin bilden Rechtsstaat und Demokratie eine „Schicksalsgemeinschaft". Sie seien nicht allein zu denken. Dabei sei der Rechtsstaat die „funktionelle Grundlage" der Demokratie, die erst deren Atmosphäre der Sicherheit und ihre soziale Grundlage schafft.[304] Denn soviel ist klar: Eine Demokratie *ohne* Rechtsstaat führt in Anarchie oder eine Tyrannei der Mehrheit.

Bei diesem architektonischen Gedankenspiel ergeben sich viele neue Blickwinkel. Denn das Eingangsportal unseres neuen Hauses ist wie dargestellt eine Variation des Brandenburger Tors. Das wiederum wurde nach dem Vorbild der Propyläen errichtet, dem Eingangstor zur Akropolis in Athen. Bauherr des Brandenburger Tors war in der Zeit der Französischen Revolution der preußische König Friedrich Wilhelm II., der sich mittels des majestätischen

Bauwerks mit Perikles vergleichen wollte, den er allerdings nur als starken Herrscher, Feldherrn und klugen Bündnispolitiker wahrnahm.[305] Dass Perikles auch ein angesehener Staatsmann war, der sich für eine starke *Bürgerdemokratie* einsetzte, wurde von dem absolutistischen Herrscher komplett ignoriert, wenn er den eigentlichen Hintergrund denn überhaupt kannte. Teils entstand das Tor dem Vernehmen nach auch, um auf Forderungen des zunehmend im Sinne der Aufklärung gebildeten Berliner Bürgertums einzugehen. Das Brandenburger Tor repräsentierte also in mehrfacher Hinsicht die *würdevolle Strahlkraft der Bürger*. Jürgen Reiche schreibt denn auch, dass die königliche Residenz Berlin als geistiges und kulturelles Zentrum eine „würdevolle Ausstattung" erhalten sollte.[306]

Mit diesem Wissen ist es erlaubt, ja durchaus geboten, das offen gestaltete Brandenburger Tor nicht nur als Einfahrt für Kriegstriumphatoren zu verstehen, sondern auch die basisdemokratisch organisierte athenische Demokratie in seiner Architektur zu erblicken. Ein ganz neuer Blick auf den Mittelpunkt Berlins also! Das Brandenburger Tor mit seiner wechselhaften Geschichte nicht nur als Symbol vergangener preußischer Macht und für langersehnte Einheit, sondern für die Möglichkeit der *Einigkeit* der Bürger, denn die hat die Wende nicht gebracht. Wenn es auch nie so konzipiert war, kann im Brandenburger Tor ein Statement für eine partizipativ-direkte Demokratie nach klassischem athenischem Vorbild gesehen werden, welche die repräsentative Demokratie vervollständigt.

Nun kann man diese Interpretation eine Verdrehung nennen, völlig abwegig zum Motiv Friedrich II. Und, ja, auch unter Perikles wurde Blut vergossen. Sie ist aber eben nicht falsch, wenn man sich die Ära des Perikles vor Augen führt.[307] Dieser war eben nicht nur ein äußerst erfolgreicher Feldherr, sondern auch ein hochangesehener Demokrat mit starken rhetorischen Fähigkeiten, der die athenische Demokratie zu ihrer Blüte, zu fast vollständiger Selbstregierung, trieb.[308] Er baute das Losverfahren in der Polis aus und er war es, der dafür sorgte, dass geloste öffentlich Bedienstete, insbesondere Richter, Diäten für ihre Tätigkeit für das Gemeinwohl erhielten, und dass sich damit nach und nach weniger Betuchte - Bauern, Handwerker, Handelsleute oder Tagelöhner - ihren Lebensunterhalt mit der Demokratie verdienen konnten, sich "aristokratisierten". Symptomatisch verbreitete sich in seiner Zeit immer mehr das Tragen vornehmer Tracht.[309] Gleichzeitig fügten sich die Wohlhabenden in die Situation und sahen sich aufgefordert, das Gemeinwohl aktiv zu unterstützen.[310] Perikles schaffte es laut dem Althistoriker Jochen Bleicken, dass ein Gefühl bei der großen Mehrheit herrschte, dass alle "an einem Strang ziehen".[311] In seiner berühmten Totenrede mahnte Perikles, niemand dürfe still und unnütz sein, sonst sei er ein „schlechter" Bürger.[312] Damit meinte er, kein Bürger dürfe jemals im Streben um das Gemeinwohl nachlassen. Jeder müsse sich einbringen. Die Politik dürfe nicht den „Experten" überlassen werden, da wirklich jeder eigene Urteile einbringen könne. Apathie sei ausgeschlossen. Es sind auffällig oft Altertumsforscher, die die damalige Zeit mit der heutigen vergleichen, weil sie es können, und dabei die Vorzüge der athenischen Demokratie preisen. Jochen Bleicken etwa zeichnete folgendes im antiken Athen undenkbare Szenario als sarkastischen Seitenhieb auf die heutige Bourgeoisie:

„Als Schreckgespenst taucht eine Ordnung auf, in der die Masse sich träge vom Staat als von einer seelenlosen Maschine durch-füttern lässt, um für die so erkaufte Sättigung und Ruhe das politische Geschäft einer mehr oder weniger unsichtbaren Elite zu überlassen und dabei alle politischen Ideale aufzugeben."[313]

Wieder sind wir bei der Bürgerwürde: Jeder Mensch, jeder einzelne Bürger Athens gilt laut Aristoteles als „zoon politikon", als politisches Wesen. Laut Perikles ist er zugleich Privatmann (idiotes) mit Eigeninteresse und Staatsmann (politikos) mit Gemeinschaftsinteresse.[314] Die Sorge um das eigene Haus beinhalte notwendig immer auch die Sorge um die Stadt, also die

Polis, als Ganzes, so Perikles, womit alle zu politischem Engagement aufgerufen seien.[315] Insofern sind wir streng genommen nicht aufgerufen, an einem Haus zu bauen, sondern an einer *Stadt*. Die Propyläen sind das offene Torhaus davor. Wer durch das monumentale Entrée geht, sollte Freiheit und Demokratie atmen und eine Vorstellung davon bekommen, wie es war, in der antiken Polis mit den anderen als Citoyen zu interagieren. Ihren Ausdruck fand diese ausgeprägte Bürger-Identität[316] nicht zuletzt in der vielfältigen und anspruchsvollen Kultur und im blühenden Theaterleben.

Ist es uns heute, gut zweieinhalb Jahrtausende später, überhaupt ansatzweise bewusst, was die alten Griechen damals geschafft haben?

Nein, das ist es nicht, trotz ihrer unfassbar weit entwickelten demokratischen Ideen. Diese werden verkannt oder ignoriert. Angeblich soll es in der Polis auch noch nicht die Idee der Gewaltenteilung gegeben haben. Der Begriff an sich mag unbekannt gewesen sein, korrekt, aber das ist ein weitverbreiteter Irrtum. Tatsächlich hat die Polis gezielt einen "gewaltenteilenden Institutionenorganismus" herausgebildet.[317] Es gab die schon erwähnten verschiedenen Institutionen, an die staatliche Aufgaben und Zuständigkeiten verteilt waren mit dem primären Ziel, erneuten Missbrauch politischer Macht wie in vorangegangenen tyrannischen Zeiten schon im Ansatz zu verhindern. Es gab unter ihnen teils Zusammenarbeit, teils Kontrolle. Teils wurde beraten, teils entschieden, teils vollzogen, bzw. ausgeführt und es gab auch das Richten, so dass die drei Staatsgewalten durchaus vorhanden waren. Wenn das nicht Gewaltenteilung, bzw. „rechtsstaatliche" Einhegung der Demokratie war?[318] Durch das Losen wurde die Trennung der Institutionen geradezu genial manifestiert, was die erfolgreiche Praxis bewies. Auch durch das Fehlen von Parteien und die Trennung von Gesetzesvorbereitung und –beschluss wurde eher Gewaltenteilung, denn Gewaltenverschränkung institutionalisiert.

Klar, die Volksversammlung entschied praktisch autonom, allerdings am Ende des Demokratiewegs auch direkt im Namen des Volkes als Souverän.[319] Es sollte auch nicht übersehen werden, dass im klassischen Athen nach der Zeit des Perikles das Recht eingeführt wurde, Beschlüsse der Volksversammlung vor Gericht auf ihre Gesetzmäßigkeit überprüfen zu lassen (graphe paranomon).[320] Selbst die Gesetzgebungsmacht des Volkes wurde also im Laufe der Zeit rechtsstaatsähnlichen „Checks" unterworfen. Außerdem wurde die Macht der Volksversammlung ab 403 v. Chr. dadurch etwas beschränkt, dass diese zwar für den Erlass neuer Gesetze und von Dekreten zuständig blieb, aber für die meist von Bürgern beantragte Änderung bestehender Gesetze sogenannte Nomotheten eingesetzt wurden.[321] Die athenische Demokratie war also in ständiger Entwicklung, auch was Gewaltenteilung anging. Selbst der Gedanke der Gewaltenteilung durch Losen findet also seinen Ausdruck in den majestätischen Proypläen.

Weitgehend unbemerkt haben Wissenschaftler angesehener Universitäten den athenischen Losgedanken schon in den 80er Jahren in Utopien auf die Spitze getrieben. Angetrieben von reiner Logik und Misstrauen gegenüber repräsentativer Herrschaft haben zum Beispiel der Altphilologe Maurice Pope (Oxford) und der Philosoph John Burnheim (Sydney) - offenbar unabhängig voneinander - mehr oder weniger *pure Losregimes* als Gedankenexperimente entwickelt.[322] In Popes Buch „Die Schlüssel zur Demokratie", das die Vision eines „demokratischen Utopia" (nach einem fiktiven Nuklearschlag in der einzig verschonten Antarktis) enthält, werden die Vertreter der drei Gewalten gelost. In Burnheims „Demarchie" verhandeln Bürgerräte miteinander um die besten politischen Lösungen. Pope bezeichnete das Losen hoffnungsvoll als den „Schlüssel zur Demokratie":

„Es sind nicht edle Schäfer, die sich unter einer Eiche versammeln, oder Griechen, die sich gegenseitig kennen und jede

öffentliche Angelegenheit in offener Versammlung diskutieren. Im Gegenteil ist es die anspruchsvollste Form einer Verfassung, die für größere Gemeinschaften besser geeignet ist als für kleine. Diese Logik ist für die größte Gemeinschaft von allen, die Welt als Ganzes, anwendbar, für die Losen die einzig sichtbare Chance bietet, selbst wenn sie unbeschreiblich weit weg von politischer Einheit ist."[323]

Pope war ein angesehener Altphilologe, der sein Utopia auf der altgriechischen Geschichte zeichnete. Es dürfte kein Zufall sein, dass hier nach Josiah Ober ein weiterer Altertumsforscher Vorschläge aus der athenischen Demokratie für heute ableitete. Er zeichnete das Bild der Regierung als eines Rudels von Wölfen, die in einem repräsentativen System das Recht hätten oder sich nähmen, selbst die Gesetze in Bezug auf die Schafe zu verabschieden. Regierungswechsel würden wiederum regelmäßig viel zu starke Kurswechsel in der Politik nach sich ziehen, was laut Pope kein Navigationsoffizier auf einem Schiff gutheißen würde. Besser sei es, so Pope, den Kurs einmal festzulegen und einzuhalten, was mit Bürgerräten im Grundsatz funktioniere.[324] Bürgerräte sah er nicht nur als Gesetzgeber, sondern auch als notwendige „Watchdogs".[325] Diese sollten also sowohl demokratische als auch rechtsstaatliche Aufgaben haben. Während Pope sich völlig vom Parteienstaat löste[326], reduzierte Burnheim die Funktion der Parteien auf die Mobilisierung der öffentlichen Meinung[327], ähnlich wie es in Art. 21 GG niedergelegt ist. Wie aus seinem obigen Zitat ersichtlich ließ Pope nicht einmal das Größenargument gegen das Losen gelten, also das Argument, dass Losdemokratien nur in kleinen, überschaubaren Territorien funktionieren könnten, wie es noch Jean-Jacques Rousseau vertrat.[328] Mit seinen grundlegenden Thesen und auch der optimistischen Sicht der Durchführbarkeit einer „großflächigen" Losdemokratie ist Pope durchaus in guter wissenschaftlicher Gesellschaft.[329] Das ist nur zum Teil eine Folge der Digitalisierung, die die Welt fraglos „kleiner" gemacht und die Kommunikation stark vereinfacht hat. Die Politikwissenschaftlerin

Melissa Mahoney Smith sieht in dem Größenargument freilich auch ein gern von Kritikern bewusst vorgeschobenes Argument. Der häufig anzutreffende große „entfernte, keine Rechenschaft schuldige Staat" sei genau der Grund für Politikverdrossenheit und Verlust von Würde. Durch das Losen könne er den Bürgern bestmöglich zugänglich gemacht werden, was alle denkbaren Überlegungen und Anstrengungen erfordere statt mit Größendiskussionen zu torpedieren. [330]

Man muss Pope und auch Burnheim und anderen Utopisten nicht in aller Konsequenz folgen, aber sehr wohl ihrem grundsätzlichen Optimismus, dass durch das Losen und damit neutrales und konstruktives Filtern von Meinungen Demokratie deutlich bürgernäher geht. Insofern ist das Losen ein wichtiger Schlüssel zur Demokratie und zu unserem Haus. Es dürfte mehr eine Frage des Willens, denn der genauen Details der Anwendung dieser altbewährten Gesellschaftstechnik sein.

Interessanterweise bekam Pope sein Werk im Jahr 1988 übrigens nicht verlegt, weil er bei den Verlegern gegen eine „unüberwindliche Mauer des Widerstands" anrannte, wie sein Sohn Hugh es beschreibt, der das Buch post mortem 2023 veröffentlicht hat. Die Verleger waren uneinsichtig, skeptisch: Zu radikal, zu abstrakt, zu unrealistisch, zu ungewöhnlich schien ihnen das Buch mit seinem das Wählen hinterfragenden Gedankengebäude. Pope legte seinen Entwurf tief unten im Regal ab, wo er erst nach seinem Tod im Jahr 2019 gefunden wurde. [331] Heute ist sein Schlüssel für die demokratische Zukunft wiederentdeckt. Popes Buch gilt, jedenfalls bei Befürwortern einer stärker losbasierten Demokratie, als „visionär, leuchtend, breit gefächert und zutiefst humanistisch". [332] Pope war übrigens ehrlich mit sich selbst. Seine Idee aus dem Elfenbeinturm war für ihn nicht auf einen Schlag umsetzbar. Sie musste, um irgendeinen Nutzen zu haben, an die existierenden Umstände „angepasst" werden. Er war, wie auch Burnheim, offen für einen längeren, *schrittweisen*

Prozess der Umgestaltung.[333] So oder so sind beide Utopien Leitbilder von besonderem Wert in einer Zeit, in der das Losen wie Phoenix aus der Asche gestiegen ist und sich zu einem der zentralen Themen der neuen politischen Theorie entwickeln kann.[334]

Wie kann eine Fortentwicklung der Demokratie schrittweise geschehen?

Das Grundgesetz trägt sehr wohl manchen Hinweis in sich, dass es ihm um stetige Verbesserung geht. Relevant sind hier insbesondere die Staatsstrukturprinzipien des Grundgesetzes, vor allem das Demokratie- und das Rechtsstaatsprinzip. In beiden schlummert große, noch nicht ausreichend genutzte Kraft. Gemeint ist das *Optimierungsgebot*, das Gebot, ständig bemüht zu sein, Demokratie und Rechtsstaat nicht nur zu verwirklichen, sondern bestmöglich zu verbessern.[335] Auf einem ähnlichen Pfad bewegte sich der Philosoph Sir Karl Popper mit seinen Falsifikations- und Stückwerktheorien. Inspiriert durch Einsteins Relativitätstheorie meinte Popper, dass wissenschaftliche Hypothesen ständig zu überprüfen seien, um immer aufs Neue bessere Thesen aufzustellen.[336] Er lehnte Utopien als gefährlich ab und verfolgte das erkenntnistheoretische Prinzip von „Versuch und Irrtum". Einer seiner Kernsätze sollte zu denken geben:

„Ein empirisch-wissenschaftliches System muss an der Erfahrung scheitern können."[337]

Das gilt nämlich auch für die rein repräsentative Demokratie in der Bundesrepublik. Jede praktische Entwicklung, jeder neue Stand der Wissenschaft, jedes Anziehen einer Schraube in der Demokratie ist nach diesem Gedanken zwar ein Fortschritt, sollte aber nicht der letzte Versuch einer Annäherung an das Optimum gewesen sein. Es kann immer noch weiter verbessert werden.[338] Und dass noch viel Potenzial in der deutschen Demokratie steckt, ist wohl kaum zu leugnen. Von vielen Seiten wird völlig zu Recht bestritten, dass die rein repräsentative Demokratie, die auf wiederkehrende Wahlen und damit nicht immer das Wohl künftiger Generationen ausgerichtet ist, dem Optimierungsgebot gerecht wird.[339] Es fehlen sogar Versuche der Demokratisierung. Entsprechend wird in diesem Essay als *Leitlinie* der Demokratie *möglichst direkte Selbstgesetzgebung* verstanden, nicht indirekte Wahldemokratie. Dieses Ideal findet sich im Grundgesetz bislang gerade mal im Ansatz in dem noch nicht verwirklichten Recht auf Abstimmungen, vgl. Art. 20 II S. 2, 2. Alt. GG.

Die für das Erreichen des Optimums fehlende Nachhaltigkeit wird schon dadurch verstärkt, dass das Nachhaltigkeitsprinzip nicht mal im Grundgesetz steht, wenn man von seiner indirekten Erwähnung in Art. 20a GG (Staatsziel Klimaschutz) absieht. Nachhaltigkeit muss als *Oberprinzip* der Staatsprinzipien erkannt, ausgebaut und gelebt werden. Dazu gehört auch das Streben nach der schon erwähnten *rechtsstaatlichen und demokratischen Nachhaltigkeit*.[340] Soviel ist klar: Nur nachhaltige strukturelle Rahmenbedingungen machen eine gute „Fairfassung" aus, die wiederum notwendige Basis für gute nachhaltige Gesetze ist.

Nicht jeder Vertreter der rein repräsentativen Lehre mag das gern hören. Aber bildlich gesprochen sind die Säulen des Hauses der rein repräsentativen Demokratie nicht beständig genug. Ein neuer Generationenvertrag ist imminent wichtig, übrigens nicht nur wegen der Klimakrise, wegen der aber besonders. Umweltschützer werden ansonsten bei nicht ausreichend *vorsorgeorientierter* Klimapolitik weiter zum Gang nach Karlsruhe gezwungen, um dort Fehler wettzumachen, die in einem nachhaltig demokratischen System wohl gar nicht erst entstanden wären. Schauen wir uns nur an, wie die Ampel im Fall des Klimaschutzgesetzes nach dem Karlsruher Urteil zu dem Trick griff, die Emissionen so zu generalisieren, dass die Hauptemittenten Verkehr und Gebäude entlastet und die Gesamtbilanz geschönt wurden. Brauchen wir wirklich solche Tricks oder sollten wir endlich fair und vorausschauend miteinander umgehen?

Festzuhalten ist: Nur demokratische Nachhaltigkeit, und zwar zusammen mit rechtsstaatlicher Nachhaltigkeit, schafft *gesellschaftliche Nachhaltigkeit* inklusive sozialer, wirtschaftlicher und ökologischer Nachhaltigkeit. Nur wird eben die wesentliche Bedeutung der Säulen Demokratie und Rechtsstaat im öffentlichen Diskurs praktisch nie debattiert. Die Strukturen stehen, seit 75 Jahren, Punkt. Sie werden nicht hinterfragt, auch wohl eher selten von denen, die auf der Straße gegen rechts und für die Verteidigung „der" Demokratie einstehen. Nur wenige, dazu gehört der Verein „Mehr Demokratie", in dem der Autor (passives) Mitglied ist[341], haken nach, wollen Strukturen verbessern.

Wo sind die aktiven, fordernden Suchbewegungen nach einer besseren Gesellschaft? Wo ist die fragende Öffentlichkeit und wo die Wissenschaft als „Agent der Gerechtigkeit" (Kant)?

Es lohnt der detaillierte Blick hinter die Fassade. Zunächst zur *rechtsstaatlichen Säule*: Recht steht theoretisch der Politik vor, ist aber selbst geronnene Politik, das Ergebnis eines einst politisch beschlossenen Verfahrens. Das sollte nie vergessen werden. Es darf auch nicht dem Irrtum aufgesessen werden, dass Recht gleich Gerechtigkeit ist, was schon die Bürgerrechtlerin Bärbel Bohley ziemlich frustriert nach Ankunft im Land des Grundgesetzes feststellen musste.

„Wir wollten Gerechtigkeit, und bekamen den Rechtsstaat."[342]

Recht kann nur aus gerechten Verfahren ansatzweise gerecht entstehen. Tatsächlich gibt es einen ständigen politischen Kampf um seine Gestaltung. Als „verarbeitete" politische Wirklichkeit[343], die – eben wegen der zugrundeliegenden Verfahren – nicht immer als gerecht wahrgenommen wird, kann es ziemlich ernüchternd wirken. Insbesondere die geschilderte Befangenheitsproblematik, die nicht adäquat durch rechtsstaatliche Verfahren eingedämmt wird, sorgt bei vielen für Unzufriedenheit bis Zynismus.

Zur Einordnung: "Law and Order"-Parolen und das Beschwören der Gerichte sind legitime Forderungen nach dem Rechtsstaat, gerade wenn sie gegen Neonazis und Rechtsextreme gerichtet sind. Aber nochmal: Der Rechtsstaat steht neben dem Schutz der Grundrechte eben auch für die schon angesprochene *Gewaltenteilung*. Wir haben gelernt, dass diese *optimal* durchgesetzt werden müsste, wenn man das rechtsstaatliche Prinzip ernst nimmt.[344] Problem nur: Mit derselben Verve wie gegen rechts vorgegangen wird, wird sie nicht verfolgt. Die Strukturen sind halt starre Gewohnheit. Hinzu kommt, dass denen, die am ehesten im Sinne einer Selbstverbesserung tätig werden könnten, das Interesse an einer genauen Prüfung fehlt. Dabei ist das Prinzip der Gewaltenteilung wahrlich nicht trivial.

Die Wissenschaft war in womöglich gewisser Selbstbeschränkung bislang nicht in der Lage, ein fundiertes stärkeres Gewaltenteilungskonzept zu erarbeiten.[345] Eine differenzierte Betrachtung scheint nötig. Denn ob man es aus dem Blickwinkel der Gewaltenteilung oder der Gewaltenverschränkung betrachtet: Aus dem Rechtsstaatsprinzip folgt auf den ersten Blick, dass *Befangenheiten und faktische Insich-Geschäfte komplett auszuschließen* sind. Es sticht hier der allgemeine Rechtsgrundsatz „Nemo iudex in causa sua" und wie dargestellt gibt es auf jeden Fall inakzeptable strukturelle Kontrolldefizite. Will sagen: Niemand darf Richter in eigener Sache sein, bzw. kein Machthaber darf seine eigene Sache regeln *können*. Es soll hier nicht auf letzte juristische Feinheiten eingegangen werden, um die wissenschaftlich gestritten wird. Die Verfassungswidrigkeit bestimmter Regelungsbereiche wie der Abgeordnetenfinanzierung ist wie dargestellt im Ergebnis unstrittig. Der Schritt zur Besserung wäre mit Einsicht und gutem Willen sicherlich über geeignete faire Verfahren relativ *problemlos* möglich. Doch gab und gibt es dazu wie gesagt kaum klare Vorstellungen. Die Anordnung der Gewalten und ihre Rechte sind daher seit 1949 im Kern unverändert nicht ausreichend kontrolliert.

Manche Defizite wurden bereits erwähnt: Strukturelle Überschneidungen, Lobbyismus, politische Beamte, Parteienfinanzierung, Diäten, Stiftungsgelder, usw. Der ehemalige Kanzleramtschef Albrecht Müller (unter Willy Brandt) attestiert deutschen Regierungspolitikern in Anlehnung an Montesquieu geradeheraus „Machtwahn" und meint damit nicht zuletzt die aus seiner Sicht allzu große Selbstverständlichkeit von Selbstbegünstigungen.[346] Ähnlich scharf wie Müller kritisiert Parteienforscher und Verfassungsrechtler Hans Herbert von Arnim die, so wörtlich, „politische Klasse" und das „System", insbesondere wegen inakzeptabler Gewaltenvermengung.[347] Wer mit solchen Worten austeilt, bekommt auch deftig Kontra. Da heißt es schon mal, von Arnim sei ein „wütender alter Mann", der „mit den immer gleichen Thesen über den wuchernden Parteienstaat immer noch große Auflagen mache".[348]

Allerdings ist das argumentativ nicht sehr stark und hat von Arnim wie dargestellt mehrfach Recht vor Gericht bekommen. Wenn er es nicht bekommen hat, hat er trotzdem den Finger in die Wunde offensichtlich fehlender Rechtsstaatlichkeit und Moral gelegt. Für ihn gibt es zwei mögliche Auswege für Gesetzesbeschlüsse im Eigeninteresse: Diese dürften entweder erst in der nachfolgenden Legislaturperiode gültig werden, wodurch die Parteienfinanzierung zum Wahlkampfthema würde, oder aber - diese Lösung ist ihm wohl die liebste -, es müsste im Wege der direkten Demokratie über Maß oder Übermaß von „Selbstbewilligungen" abgestimmt werden.[349] Im neuen „Zeitalter der Bürgerräte" ergeben sich darüberhinaus weitere Möglichkeiten, wie der Rechtsstaat konsequent in den genannten Bereichen durchgesetzt werden kann.

Wie wäre es im Sinne rechtsstaatlicher Optimierung über Kommissionen nachzudenken, in denen geloste Bürger als Kontrolleure sitzen?

Das ist ein Gedanke *rechtsstaatlicher Nachhaltigkeit*: die Kombination demokratischer Elemente mit rechtsstaatlichen. Wenn wir Befangenheit beseitigen wollen und dafür auch demokratische Legitimation brauchen, dann führt fast kein Weg daran vorbei, uns als Bürger und *übergreifende Hauptgewalt* in den Rechtsstaat "einzuschalten", nicht genau, aber doch ähnlich wie es die athenische Polis vorgemacht hat. Wir Bürger stehen als Verfassungsgeber über den drei dieser Bürgerherrschaft *dienenden* Gewalten Exekutive, Legislative und Judikative, wiewohl diese wegen ihres Zwecks der Freiheitsherstellung notwendigerweise "Staatswürden" (Kant) sind.[350] Wir dürfen Ansprüche an sie haben und diese nicht einfach tun, wie ihnen beliebt, wenn es aus Sicht des Gemeinwohls offensichtlich irrational und parteiisch ist. Wir können und sollten unseren Rechtsstaat mit anderen Worten vor unnützen und theoretisch leicht zu beseitigenden Befangenheiten schützen.[351] Rechtsstaatsprinzip sticht genau an der Stelle Demokratieprinzip. Hier kommt dem Souverän eine Doppelrolle zu: Er agiert nicht „bloß" als demokratischer Souverän im Hinterfeld, sondern auch als rechtsstaatlicher Kontrolleur seiner beauftragten Stellvertreter. Er muss verstehen, dass er „seine" Demokratie selbst aktiv rechtsstaatlich absichern muss und dem Gemeinwesen schadet, wenn er es nicht tut.

Wie kann das genau geschehen?

Bürgerräte könnten Lösungsvorschläge erarbeiten. "Befangenheitshemen" sind geradezu klassische Themen für Bürgerräte. Sie könnten in den genannten Bereichen möglichst neutrale "Fairfahren" ausarbeiten, etwa durch Gründung von Kommissionen. Damit könnten Bürgerräte als demokratische Instrumente helfen, nach und nach effektive rechtsstaatliche Instrumente zu entwickeln. Damit würden sie selbst zu *rechtsstaatlichen Meta-Instrumenten*.

Voraussetzung ist natürlich, der Bundestag beauftragt solche Bürgerräte und nimmt die Empfehlungen im Anschluss an, was womöglich schwieriger sein dürfte als in den Bürgerräten zu guten Ergebnissen zu kommen. Wir müssen uns da nichts vormachen: Ein Demokratiewandel hin zu einer starken, partizipativen Bürgerschaft ist sicherlich kein Lieblingsthema im politischen Berlin und *gerade daher* so wichtig. Denn genau bei den "Befangenheitsthemen" (und auch bei den Zukunftsthemen) zeigt sich, ob eine Demokratie primär für das Gemeinwesen da ist.

Nehmen wir das Thema Finanzierung, das wie dargestellt viele Facetten hat. Es bieten sich hier unterschiedliche Kommissionen an: zur Festsetzung von Diäten, der Höhe der Parteienfinanzierung und auch sonstiger Finanzierungen für die Parteien und parteinahen Stiftungen.[352] Solche Kommissionen könnten mal nur, mal zur Hälfte, mal zum Teil oder auch nur als Beobachter aus Bürgern bestehen. Eine Beobachterrolle wäre wohl vor allem bei stark fachlich orientierten Kommissionen angebracht. Wichtig ist, dass die Bürger darauf achten, dass die neu vereinbarten Fairfahren eingehalten werden und strikte Neutralität Einzug hält. Insgesamt könnte sich so, dort wo es angebracht ist, eine neue Qualität der Gewaltenteilung ergeben. Mit solchen Kommissionen würde effektiver Kontrolle erreicht werden als mit einer allgemeinen, nicht mit Bürgern besetzten Enquete-Kommission oder einer reinen Sachverständigenkommission, da sich bei beiden konsequenterweise die Frage der Besetzung durch Politiker stellt.[353] Kritiker bemängeln denn auch, dass die Ergebnisse letzterer bei den genannten „sensiblen" Themen eher schwach ausfielen oder Gefahr laufen, nicht umgesetzt zu werden.[354]

Richtungsweisend war zuletzt ein Bürgerrat in Belgien zur Parteienfinanzierung, der allerdings von privater Seite finanziert und durchgeführt wurde.[355] Solche Bürgerräte zu den genannten Befangenheitsthemen sollten auch in Deutschland, und zwar unbedingt vom Bundestag, durchgeführt werden. Dafür sprechen

Demokratie, Rechtsstaatlichkeit und die Notwendigkeit eines Zeichens der Vertrauensbildung in verdrossenen Zeiten.

Doch bei bisherigen Vorschlägen von Kommissionen waren die Bürger immer außen vor. Dazu zählt die Anregung einer Diäten-Kommission, die beim Bundespräsidenten angesiedelt sein könnte.[356] Auch Thilo Streit will bei der von ihm vorgeschlagenen „Politikfinanzierungskommission" Bürger gezielt ausschließen, weil er aufgrund zu befürchtender „gewisser Neidmomente" eine übermäßige Absenkung der Bezüge fürchtet.[357] Meines Erachtens wird dabei zu negativ auf die Bürger geschaut. Neid dürfte in gut organisierten Kommissionen oder Bürgerräten ausgeblendet werden, der gute Arbeit von Abgeordneten sicherlich auch angemessen gut entlohnt sehen möchte. Vielmehr geht es um die Entschärfung eines Themas, das populistisches Potenzial hat. Natürlich würden Abgeordnete auch als Experten ihrer Sache eingeladen werden. Als Startpunkt müssten die jetzigen Diäten genommen werden. Es würde sich um Empfehlungen handeln, die im Konfliktfall gut begründet von den Abgeordneten abgelehnt werden könnten. Sicherlich handelt es sich hier um ein heikles Thema, das vielleicht nicht gleich als erstes bearbeitet werden sollte. Generell sollte die Finanzierung von Parteien und Abgeordneten aber kein Tabuthema sein. Auch Lobby-Regeln könnten über Bürgerräte und Kommissionen angemessen verschärft werden, um Gesetzgebung besser zu machen.

Bürgerräte könnten auch Kommissionen einsetzen, die die Ernennung von politischen Beamten prüfen. Hier wäre ein spürbarer Einschnitt der Praxis zu erwarten. Denn das Bundesverfassungsgericht hat klare Vorgaben gegeben. Es dürfen nur bestimmte Spitzenposten politisch besetzt werden. Hinzu kommt, dass Beamtenposten neutral und gemäß Art. 33 II GG vorrangig nach *Eignung* statt nach Parteibuch besetzt werden müssen. Eine neue Ernennungskommission, in der neben Vertretern von Legislative und Exekutive auch neutrale Fachleute und geloste Bürger als Mitglieder sitzen würden, könnte die Einhaltung der verfassungsrechtlichen Vorgaben überwachen. Auch hier gilt: Die Bürger können als oberste Staatsgewalt, ja „der" Souverän, für die Gewaltenteilung nutzbar gemacht werden. In Zweifelsfragen sollte eine solche Kommission auf besondere Initiative der Bürger auch Karlsruhe einschalten können, weil genau dieser rechtsstaatliche Schritt sonst womöglich nicht passiert. Die Vorgaben für eine solche Ernennungskommission könnte ein Bürgerrat entwickeln. Der Bundestag müsste sie absegnen.

Kommen wir zum *Wahlrecht*. Hier könnten Bürgerräte hervorragend als Entwickler einbezogen werden. Wenn man sie nur ließe: Die Ampel hatte ja eine Wahlrechtskommission eingesetzt, nur bestand die nicht aus Bürgern, sondern hälftig aus Abgeordneten und hälftig aus von Fraktionen benannten Sachverständigen. Der Vorsitz lag bei CDU und SPD.[358] Die Idee der Bürgerräte stand zwar im Koalitionsvertrag, aber so weit wollten die Fraktionen offenbar nicht gehen, die Bürger im Auftrag des Bundestags über das „Befangenheitsthema" Wahlrecht deliberieren zu lassen.

Warum eigentlich nicht?

Die Mängel der jetzigen Regelungen sind offensichtlich und hängen vor allem an der unüberbrückbaren Distanz zwischen einzelnen Parteien, die sich „nicht das Gelbe vom Ei" gönnen. In einer solchen Situation *muss* es einen neutralen Neuanfang geben. Das Wahlrecht ist geradezu prädestiniert für einen Bürgerrat. Die Politikwissenschaftler Hubertus Buchstein und Michael Hein schrieben im Jahr 2017 treffend das Folgende[359]:

"Es ist angesichts seiner politischen Umstrittenheit lohnenswert, das Wahlrecht dem Parteienstreit zu entziehen und in eine ausgeloste Bürgerversammlung auszulagern. Durch ein solch unabhängiges, parteipolitisch neutrales, von 'normalen'

Bürgern getragenes und von Fachleuten beratenes Gremium kann sichergestellt werden, dass Erwägungen über eigene (Wieder-)Wahlchancen keine Rolle spielen. (…) Wahlrechtsfragen sind bekanntlich Machtfragen. Wird über sie im Parlament entschieden, so wird dies zwangsläufig von Annahmen der Parteien über zukünftige Vor- oder Nachteile beeinflusst."

In der Tat: Wie sonst sollten jemals gute unparteiische Ideen, die es ja zum Wahlrecht gibt, umgesetzt werden? Die Bürger würden mit großer Wahrscheinlichkeit ausgewogene Ideen entwickeln, die genau deshalb für alle Parteien akzeptabel sein sollten. Es könnte ein *Gesamtpaket* geschnürt werden. Die noch vor kurzem in § 1 BWahlG vorgesehene Zahl von 598 Sitzen könnte doch erreicht werden. Ein Weg dahin wären *weniger Wahlkreise*. Vorschläge gab und gibt es: Statt 299 Wahlkreisen nur noch 200 oder gar 150, die restlichen 398 Abgeordneten kämen über die Listen.[360] Jede Partei hätte ein paar weniger Abgeordnete, aber das Ziel eines nicht überbordenden Parlaments wäre erreicht, mit Hilfe der Bürger.

Zweiter Ansatzpunkt: die *Fünf-Prozent-Sperrklausel absenken*. Die Klausel wird von einigen Wissenschaftlern als unfair bis untragbar bezeichnet, da kleinere Parteien systematisch aus dem Bundestag ausgeschlossen würden.[361] Die großen Parteien entledigten sich mit der Klausel „lästiger Konkurrenz" und erhalten selbst unverhältnismäßig höhere Sitzzahlen.[362] Diesen Effekt hat etwa das Ergebnis der Bundestagswahl 2013 vor Augen geführt. Damals scheiterten FDP und AfD nur knapp an der Klausel, so dass - zusammen mit den Stimmen der Piratenpartei und sonstigen kleinen Parteien - 6,8 Millionen Stimmen, immerhin 15,7 Prozent der Wählerstimmen, „verloren" gingen.[363] Ein krasses Beispiel war auch die Saarland-Wahl 2022: Immerhin ein Fünftel der Stimmen ging dort an Parteien, die unterhalb der Fünf-Prozent-Sperrklausel landeten und fiel damit „unter den Tisch".[364]

Zuletzt wurde durch die Ampel sogar versucht, die Fünf-Prozent-Klausel noch zu verschärfen, indem im Jahr 2023 die sogenannte Grundmandatsklausel abgeschafft wurde. Damit wurde wie dargestellt versucht, ein „Schlupfloch" zu schließen, das kleineren Parteien wie CSU und Linken erlaubt hätte, bei einem Abschneiden unter fünf Prozent bei Erlangen von drei Direktwahlkreismandaten doch noch in Fraktionsstärke in den Bundestag einzuziehen. Dies wurde von Kritikern als „überharte Hürde" bezeichnet, weil dann - zusammen mit den Nicht- und Ungültig-Wählenden – deutlich über 20 Millionen Wählerstimmen keine Berücksichtigung im Bundestag gefunden hätten. [365] Neue Parteien wie das BSW und die Werte-Union sind bei der Rechnung noch gar nicht berücksichtigt. Wohlgemerkt hat die Kanzlerpartei 2021 nur 12 Millionen Stimmen erhalten.

Das von CSU und Linke angerufene Bundesverfassungsgericht verwarf zwar eindeutig den Wegfall der Grundmandatsklausel, nutzte das Urteil allerdings auch für die generelle Feststellung, dass die Fünf-Prozent-Sperrklausel an sich „sachgerecht" sei, um die Arbeitsfähigkeit des Bundestags zu sichern. [366] Das passte zu früheren Urteilen, in denen die Klausel als Maximallösung dargestellt wurde. [367] Mit anderen Worten darf der Gesetzgeber (also die regierende Koalition) die Fünf-Prozent-Klausel absenken, aber das ist kein Muss und ist angesichts der Interessenlage wohl kaum zu erwarten.

Der Verein Mehr Demokratie, der ebenfalls eine Klage in Karlsruhe gegen die Grundmandatsklausel initiiert hatte, will den Rückenwind des Urteils nutzen, auf eine Dreiprozentklausel hinzuwirken. Das oft zitierte „Weimar-Argument", wonach Stabilität nur durch die Verhinderung einer Zersplitterung des Parlaments erreicht werden kann, zähle nicht mehr. Durch die Absenkung der Fünf-Prozent-Klausel würden sich tatsächlich neue Koalitionsmöglichkeiten ergeben und Regierungsmöglichkeiten dabei nicht erschwert werden. [368] Die Absenkung der Sperrklausel wäre ein wichtiger Schritt zu mehr Meinungspluralismus und zu mehr Fairness gegenüber kleineren Parteien und insbesondere den Wählern, bei dem die Republik kaum zusammenbrechen wird.

Bei Kommunal- und Europawahlen gibt es nach Klagen von Arnims derzeit keine oder niedrige Sperrklauseln.[369] Allerdings hat die GroKo im Jahr 2018 in einer Art „Spiel über Bande" einen Beschluss der Staats- und Regierungschefs der EU im Europäischen Rat initiiert, der auf die Wiedereinführung einer Sperrklausel bei der Europawahl in Deutschland ab dem Jahr 2029 abzielte. Die Sperrklausel in Höhe von mindestens zwei Prozent ist dann per Zustimmungsgesetz im Jahr 2023 im Bundestag mit der erforderlichen Zweidrittelmehrheit beschlossen worden. Als Grund für die Verschärfung wurde die angeblich zu hohe Zersplitterung im EU-Parlament angeführt, was die Vertreter der betroffenen Kleinparteien nicht nachvollziehen können, da sie üblicherweise mit anderen Fraktionen abstimmen. Das EU-Parlament hat noch dazu in einem Parallelverfahren beschlossen, dass die Sperrklausel auf 3,5 Prozent angehoben werden soll.[370] Proteste und rechtliche Schritte der Kleinparteien gegen die ihnen vorgesetzte neue, nur schwer zu nehmende Hürde waren chancenlos.[371] Der Europaabgeordnete der Partei Volt Damian Boeselager, die bei der Europawahl 2024 mit 2,5 Prozent abschnitt und drei Sitze im Europa-Parlament ergattern konnte, spricht von einem „ungerechtfertigten Eingriff in das demokratische Grundrecht der Bürgerinnen und Bürger, ihre politischen Präferenzen auszudrücken". Zum großen Wahlkampfthema wurde dies in einem ohnehin weitgehend belanglosen, bis die Wähler „verschaukelnden" Wahlkampf (da fast ohne sichtbare Europa-Spitzenkandidaten) freilich nicht.[372] Während also viele mit Verve für mehr Bürgerbeteiligung eintreten, wird in Deutschland das Verhältniswahlrecht sowohl auf Bundes- wie auch auf EU-Ebene eingeschränkt. Dabei hat die Europawahl 2024 gezeigt, dass gerade die jungen Wähler gezielt durch die Wahl von Kleinparteien außerhalb des etablierten Parteienspektrums nach Antworten auf drängende Probleme suchen.[373]

Drittens sollte das Wahlrecht *differenzierter* werden. Ein Kreuz, oder wegen Erst- und Zweitstimme zwei, das ist unterkomplex. Der belgische Historiker und Bürgerrechtler David van Reybrouck hat es auf den Punkt gebracht: „Wahlen sind primitiv".[374] Nicht nur das: Sie sind wegen der Sperrklausel auch noch Opfer gewisser Selbstzensur. Viele Stimmen werden taktisch abgegeben. So landen zahlreiche Stimmen, die sonst bei den eigentlich bevorzugten kleinen Parteien gelandet wären, bei den größeren Parteien, einfach weil Wähler ihre Stimmen wirksam abgeben wollen oder womöglich die Notwendigkeit sehen, in einem engen Regierungskampf entscheidend eingreifen zu müssen. Der Souverän geht also faule Kompromisse ein. Diese „Wählernot" spielt den etablierten Bundestagsparteien in die Karten.

Dies bringt uns zu einer Idee, wie das Wahlrecht fairer gestaltet werden könnte: der *Ersatzstimme*. Dabei handelt es sich um eine zusätzliche Stimme, die Wähler für den Fall abgeben können, dass die von ihnen gewählte Partei an der Sperrklausel scheitert.[375] Beispiel: Da die Grünen im Saarland 4,995% erzielt hatten (ihnen fehlten 23 Stimmen!), wären diese über Ersatzstimmen doch noch in den Landtag eingezogen. Dasselbe darf für die FDP vermutet werden. Allein mit diesen beiden Parteien hätte es eine völlig neue Konstellation im saarländischen Landtag gegeben. Das Entscheidende ist aber nicht, den großen Parteien Paroli zu bieten, das auch, sondern dass sich mehr Wähler im Wahlergebnis und damit auch im Parlament „wiederfinden". Die Ersatzstimme würde motivieren, zur Wahl zu gehen und wirkt gegen ohnehin schon großen Verdruss. Sie stärkt klar die Abstimmungsgerechtigkeit und damit wohl auch die Wahlbeteiligung. Wer sich nicht genötigt fühlt, seine Stimme „herzuschenken", stimmt - mit Bürgerwürde - so ab, wie er es will. Die Ersatzstimme wirkt strategischen Stimmabgaben entgegen. Sie stärkt auf bemerkenswert einfache Art und Weise die Chance, dass kleinere Parteien, die von einer nicht ganz unbeachtlichen Zahl Deutscher unterstützt werden, an die Sperrklausel heranrücken oder sie gar überschreiten[376], was natürlich erst recht bei einer 3-Prozent-Sperrklausel der Fall wäre.[377] Die Einführung wäre kein Problem: Das Bundesverfassungsgericht hat zwar eine solche Eventualstimme für „verfassungsrechtlich nicht geboten" erklärt, aber dem Bundestag die Entscheidung darüber überlassen.[378]

Auch hier sollte sich ein Bürgerrat der Frage annehmen und sie auf dem *„Demokratieweg"* entscheiden, statt alles weiter dem Berlin-Karlsruher Ping-Pong namens „Rechtsweg" zu überlassen. Insgesamt könnten die genannten Wahlrechtsthemen in *einem* „Bürgerrat Wahlrechtsreform" diskutiert werden. Mit Sicherheit würden konstruktive, faire Ergebnisse erarbeitet, wenn sie auch den Bundestagsparteien nicht in Gänze gefallen mögen. Genau darum sollte es in einer neuen rechtsstaatlichen Demokratie gehen: die stärkere Einhegung von Gewalten durch Ermöglichung sinnvoller Kompromisse statt Mehrheits-Basta.

Ein weiterer Aspekt für einen Bürgerrat könnten sogenannte *„Themen-Wahlen"* sein.[379] Die Idee dahinter ist, das Wahlrecht sachorientierter zu gestalten. Sehr viele Wähler würden ihre Stimme gern splitten oder eben nach Themen entscheiden. Verena Friederike Hasel bringt das Beispiel, dass sie für das ihr wichtige Thema Bildung gern eine andere Partei als für den Umweltschutz gewählt hätte, dies aber wegen der der Unterkomplexität der Stimmabgabe nicht ging.[380] Stellen wir uns stattdessen Wahlen vor, bei denen neben Personen bestimmte Themen zur Auswahl stehen. Auf einmal könnten sich Wähler auch zu Sachthemen äußern, könnten diesen mehr oder weniger Gewicht einräumen, wenn auch nur unverbindlich. Die „Themen-Wahl" würde die Wirkung einer hochrepräsentativen Umfrage an der Seite der Wahl haben und als solche faktische Wirkung auf die Politik entfalten. Das ginge letztlich auch über Volksbefragungen zwischen den Wahlen. Für beides dürfte allerdings eine Verfassungsänderung nötig sein.[381] Warum nicht? Es ist eine weitere Möglichkeit der Differenzierung der Stimme. Es wäre aber darauf zu achten, dass die Themen nicht „von oben" gesetzt werden (siehe Brexit, der auch eine Volksbefragung war).[382]

Warum hier nicht mal experimentieren und über geloste Bürgerräte und Kommissionen, die Themen erarbeiten?

Und wie Gewaltenteilung in der *Justiz* erreichen? Das Grundgesetz begnügt sich für die Richterwahlen zu den obersten Gerichten letztlich mit der demokratischen Legitimation durch Wahl durch Verfassungsorgane. Es kann hier aber unter *rechtsstaatlichen* Gesichtspunkten nicht reichen, diese formaljuristisch durch Entscheidungen von Bundestag, Bundesrat oder gar Ministern herzustellen wie es aktuelle Praxis ist. Immerhin wählen die zu kontrollierenden Institutionen – Bundestag, Bundesrat, Justizminister - ihre Kontrolleure. Es reicht nicht, alles damit rechtfertigen zu wollen, es handele sich um „checks and balances" und die Justiz sei sonst eine unkontrollierte Gewalt. Warum nicht über differenziertere Lösungen nachdenken?

Auch hier könnten Bürgerräte eingesetzt werden, um neue Modelle zur Richterwahl oder auch zur stärkeren Selbstverwaltung der Justiz zu entwickeln. Wichtig: Dabei bliebe die demokratische Legitimation erhalten, ja würde sogar verstärkt: Möglich wären als Vorstufe zur eigentlichen Wahl *unabhängige Kommissionen* in Bund und Ländern, sei es zur Richterwahl oder zur Einsetzung von Staatsanwälten. Auf der ersten Stufe wäre eine fachliche *Vorauswahl* rein nach Eignung und Befähigung der Kandidaten zu treffen. Im zweiten Schritt ginge es um die eigentliche Auswahl über Wahlausschüsse, allerdings ohne dass die Justizminister als Exekutive mitentscheiden, da sie für die demokratische Legitimation nicht gebraucht werden. Das Parlament sollte bei einer solchen Lösung, die sich innerhalb der Möglichkeiten des Grundgesetzes bewegt, frühestens auf der zweiten Stufe, also in den Wahlausschüssen, mit mindestens der Hälfte der Mitglieder vertreten sein, um parlamentarische Legitimation herzustellen.

Teil eines solchen zweistufigen „Fairfahrens" sollten nach Meinung von Wissenschaftlern auch Bürger sein. So fordert die Rechtsprofessorin Anne Sanders in einem Gutachten für den Deutschen Juristentag ausdrücklich die Einbeziehung von *Nichtjuristen*, weil die Zivilgesellschaft beteiligt werden müsse. Vorbild seien skandinavische Länder und Großbritannien.[383] Ähnlich macht Rechtsprofessor Fabian Wittreck in einem weiteren Gutachten als „Goldstandard" eine Wahl durch reine Legislativorgane mit Zweidrittelmehrheit bei „vorheriger Sichtung" durch eine hochrangig besetzte unabhängige Expertinnen- und Expertenkommission aus. Vorbild dafür sei die Praxis beim Europäischen Gerichtshof.[384] Die Exekutive sollte keine Mitsprache mehr haben. Wittreck weist zwar auf die hohe Unwahrscheinlichkeit eines solchen Vorhabens hin und nennt die Idee des Losens geradezu „frivol, skurril oder zumindest deplatziert", spricht sich aber dennoch für *losbasierte Auswahlkommissionen* aus, die gegen parteipolitische Einflüsse und für mehr Nachhaltigkeit wirken würden.[385]

Auch die Neue Richtervereinigung (NRV), die seit langem Verbesserungen im Bereich der Richterwahl fordert, schließt sich dem Vorschlag einer Einbeziehung der Zivilgesellschaft sowie auch anderer juristischer Berufsgruppen auf Nachfrage im Grundsatz an. Es sei an der Zeit, das Thema Bundesrichterwahl, welches im Koalitionsvertrag explizit angesprochen worden ist, nun endlich in der zweiten Hälfe der Legislaturperiode zu diskutieren und zu einer Reform zu gelangen, so das Mitglied des NRV-Bundesvorstandes Carsten Löbbert. Zwar gäbe es intern noch keine förmliche Beschlussfassung, da die Idee noch neu sei, aber die Punkte für eine Reform seien grundsätzlich klar: Es müsse mehr Ausschreibungen bei Bundesgerichten geben, so dass sich mehr Kandidaten transparent bewerben könnten. Es sollte Beschreibungen grundlegender Bewerberprofile und länderübergreifende Beurteilungsmuster geben. Außerdem wird auch von der NRV ein *Vor-Ausschuss* befürwortet, der

Kompetenzen vergleicht und filtert und die Personen persönlich anhört.[386]

Es ist am Ende wohl Geschmacksache, wie ein solches Modell im Detail umgesetzt werden könnte, ob also Bürger an der Vorauswahl, an der eigentlichen Wahl, bei beiden und in welchem Maße mitwirken sollten. Es stellt sich auch die Frage, ob die Kandidaten schon komplett bei der Vorauswahl herausgefiltert werden sollten und das Parlament diese nur noch „bestätigt" oder ob ein Pool gleich gut geeigneter Kandidaten vorzulegen ist, aus dem die Wahlausschüsse dann wählen oder womöglich sogar losen.[387] So oder so würde auf diesem Weg demokratische und rechtsstaatliche Legitimation hergestellt, weil de facto nicht mehr die Parteien allein entscheiden. Gegenargumente, wonach ein solches Verfahren zu aufwendig sei, da zu viele Kandidaten zu beurteilen seien, weist die NRV mit Verweis auf die notwendige Stärkung der Gewaltenteilung zurück. Diese sei zu wichtig und nicht ganz ohne Mühen zu haben. Zwar seien auch in diesem Modell Gewaltenverschränkungen nicht ganz zu vermeiden, aber es gäbe eine deutlich bessere rechtsstaatliche Gewichtung. Alles in allem ist beim umstrittenen Thema Richterwahl nach ewig langer Starre einiges „los" – zumindest theoretisch.

Bürger als Kontrolleure der Personalauswahl in der Justiz - macht doch Sinn, oder?

Die Idee, dass einfache Bürger bei der Auswahl von Richtern mitreden können sollen, trifft wenig überraschend auf Beharrungskräfte, die in der Justiz traditionell sehr ausgeprägt sind. So echauffierte sich der frühere Bundesverwaltungsrichter Ulf Domgörgen auf dem Deutschen Juristentag:

"Ich möchte wirklich nicht, dass Lieschen Müller über die Eignung von Bundesrichtern entscheidet. Das kann Lieschen Müller nicht."[388]

Das sollte allerdings wie dargestellt auch nicht Lieschen Müllers Auftrag sein. Denn Lieschen Müller sollte eher über die Fairness des Verfahrens, denn die Eignung der Richter wachen. Das kann sie. Lieschen Müller wäre in erster Linie Teil der Gewaltenteilung, nicht der fachlichen Auswahl. Übrigens wird auch Schöffen ihre Arbeit bis hin zu Entscheidungen zugetraut. Weiter muss das hier nicht erörtert werden. Die genaue Rolle der Bürger könnte in einem „Bürgerrat Justiz" erarbeitet werden.

Wichtig wäre es auch, die Unabhängigkeit der *Staatsanwälte* im Grundgesetz (Art. 92 GG) zu garantieren. Nach jahrzehntelangen Forderungen von Richterseite gibt es derzeit Bewegung. Bundesjustizminister Marco Buschmann hat einen Referentenentwurf vorgestellt, der sich zwar im Grundsatz für das Weisungsrecht ausspricht, dieses aber stark einschränkt, indem es nur zur Verhinderung rechtswidriger Entscheidungen und zudem ohne justizfremde Erwägungen ausgeübt werden können soll.[389]

Ist das volle Vertrauen in den Rechtsstaat angesichts der durchaus fragwürdigen Strukturen der Justiz gerechtfertigt? Oder brauchen wir einen gesellschaftlichen Vorstoß zur „Entfesselung der Justiz"?[390]

Um diese Frage zu klären, wäre eben ein „Bürgerrat Justiz" gut geeignet. Er könnte sich auch des Themas *Beförderungen* annehmen und darüber diskutieren, ob Justizwahlausschüsse nach dem Vorbild der EU-Länder Dänemark, Frankreich, Italien und Spanien geschaffen werden sollten.[391] Eine demokratische Legitimation wäre hier nicht so intensiv zu fordern wie bei Richterwahlen. Das heißt, die Ausschüsse könnten zu zwei Dritteln aus erfahrenen Richtern und Staatsanwälten und nur zu einem Drittel aus Fachpolitikern der Landtage zusammengesetzt werden. Die Neue Richtervereinigung plädiert dafür, Beförderungen ganz abzuschaffen, um damit Hierarchien, die die Unabhängigkeit der Richter aus ihrer Sicht übermäßig beeinträchtigten, abzuschaffen.

Das Feld ministerieller Einflussnahmen auf Beförderungen sei undurchsichtig, so Carsten Löbbert:

„Ob und inwieweit dabei ´Gespräche mit Ministerien´ stattfinden, ist eine Frage der Kultur und sicher an vielen Stellen sehr unterschiedlich. An dieser Stelle besteht jedenfalls ein Einfallstor. Auch insoweit gibt es Überlegungen, Beurteilungen nicht durch Präsidenten zu erstellen, sondern durch gewählte Gremien."[392]

Zumindest in Schleswig-Holstein gäbe es in der Frage des Beurteilungswesens begrüßenswerte Bewegung. Im schwarz-grünen Koalitionsvertrag werde sogar die Einbeziehung der Zivilgesellschaft in eine dialogorientierte Gestaltung neuer Modelle angesprochen. Diese sollten neben Richtern und Anwälten zur Entwicklung eines transparenten und am Maßstab der Bestenauslese orientierten Prozesses hinzugezogen werden.[393] Auch hier also die Bürger als potenzielle Mitgestalter eines fairen Verfahrens, um Misstrauen abzubauen.

Schließlich könnte sich ein „Bürgerrat Justiz" auch um die ganz große Forderung der Richterverbände und vieler Wissenschaftler kümmern: die Idee der *Selbstverwaltung* der Justiz. „Gerichtsbarkeitsräte" oder „Justizverwaltungsräte", wie sie sperrig genannt werden, könnten ganz oder hauptsächlich aus Richtern und Staatsanwälten bestehen und die Justiz ohne Einfluss der Exekutive verwalten. Dazu gibt es Modelle beider Richterverbände.[394]

Ist die Selbstverwaltung der Justiz der beste Weg zur Gewaltenteilung?

Sie dürfte auf den ersten Blick sinnvoll sein, ist aber keine Realität und auch nicht unumstritten. Zu den Gegnern der Selbstverwaltung gehört unter anderem der ehemalige Bundesverfassungsgerichtspräsident Hans-Jürgen Papier. Für ihn ist die Justizverwaltung eine „originär exekutivische Tätigkeit". Die Justiz würde ihre „politische Unschuld" verlieren, wenn sie selbst um Budgets feilschen müsse, so Papier, und es sei keinesfalls gesichert, dass Selbstverwaltungsorgane ganz ohne Klüngelwirtschaft auskämen.[395] Allerdings gelingt es den Justizministern regelmäßig nicht, ausreichend Geld für die Justiz herauszuhandeln. Ferner stimmt es zwar, dass auch Selbstverwaltungsorgane keine hundertprozentige Fairness bei der Personalauswahl schaffen werden[396], aber es ist aus Sicht der Gewaltenteilung wohl immer noch besser, wenn Vertreter der Justiz über sich entscheiden als wenn dies die zu Kontrollierenden tun. Die Selbstverwaltung würde immerhin die bisherige Verschränkung mit der Exekutive auflösen, was ein Gewinn an sich wäre.

Dies sind erste oberflächliche Gedanken, in welche Richtung eine Reform gehen könnte. Ein „Bürgerrat Justiz" sollte in die Gesamtschau gehen. Es sollte keine falsche Scheu geben, ihn einzusetzen: Gerade auch im sensiblen Bereich der Justiz, wo das Herz des Rechtsstaats schlägt und der Glaube in die Institutionen am höchsten ist, sollte im Sinne optimaler Gewaltenteilung kritisch geprüft werden, ob und, falls ja, welche Reformen Sinn machen.

Kann durch neue Schritte in Richtung Gewaltenteilung die Politikverdrossenheit bekämpft werden?

Unter dem Strich ist folgendes Fazit bezüglich der rechtsstaatlichen Säule angebracht: Es könnte in relativ wenigen Schritten ganz viel Rechtsstaat nachgebessert werden. Wie geschildert dürften maßgeschneiderte Kommissionen geeignet sein, die Thematik der „Entscheidungen in eigener Sache" einzudämmen und die Justiz könnte „entfesselt" und gestärkt werden. Die Beteiligung der Bürger schafft auch mehr Transparenz. Wenn die Politiker die Begutachtung für sie „heiliger Kühe" wie Parteienfinanzierungen, Wahlrecht und der

Justizstrukturen erlauben würden, würde mit hoher Wahrscheinlichkeit Politikverdrossenheit gesenkt werden können. Der gern populistisch benutzte Vorwurf der „Selbstbedienung" einer politischen Elite könnte ausgeräumt werden. Ein faires und weiterentwickeltes Wahlrecht, das Bürger begünstigt, kann nur als Gewinn gewertet werden, wie auch eine in der Unabhängigkeit im Verwaltungsbereich und bei der Richterwahl gestärkte Justiz. Am Ende wäre geschafft, was Rechtswissenschaftler oft gar nicht angehen oder schon mal als „kaum lösbare Aufgabe" bezeichnet haben[397]: die Gewaltenteilung würde erstens Thema, und zweitens schrittweise bestmöglich umgesetzt.

Es sollte überall die einfache Grundregel gelten: Gewaltenteilung muss dort stattfinden, *„wo unabhängige Kontrolle sein soll"* [398], wo es etwa ein *Zuviel* an Verschränkung von Gewalten gibt. Ein Vorbild sollte im Grundsatz das klassische Athen sein, wo - insbesondere durch das Losen der meisten öffentlichen Ämter – sehr genau darauf geachtet wurde, dass keine der „Gewalten" (die damals nicht so genannt wurden), zu mächtig wurde.[399] Tatsächlich war in der athenischen Polis nicht die Demokratie Staatsziel Nummer 1, sondern die gezielte Verhinderung erneuten Machtmissbrauchs. Die Demokratie entwickelte sich fast schon wie ein Nebenprodukt daraus. Als Lehre kann man daraus ziehen: Die Bürger wurden gebraucht, um effektiv Gewaltenteilung herzustellen. So könnten wir es auch handhaben.

Gern wird übersehen, dass im Grundgesetz bereits eine spezielle rechtsstaatliche Rolle für den Souverän angelegt ist. Die Bürger sind nämlich nicht nur Verfassungsgeber und damit die Hauptgewalt sowie gemäß Art. 20 II S. 2 GG indirekter und potenziell direkter Gesetzgeber durch Abstimmungen, sondern über die Abstimmungen auch potenzieller *Kontrolleur der Legislative*, wenn auch seit 75 Jahren schlummernd. Die

Abstimmungen sind ja nicht bloß gesetzgeberisch zu verstehen. Es gibt auch die sogenannten *fakultativen und obligatorischen Referenden*, die den Bürgern die Möglichkeit einräumen, durch Volksentscheide Gesetze oder Verfassungsänderungen zu stoppen.[400] Hier zeigt sich der Souverän nicht nur als Demokrat, der die entscheidende Staatsgewalt hinter Recht und Gesetzen ist, sondern auch als rechtsstaatlicher Kontrolleur mit potenziellen *Veto-Rechten* gegenüber dem Gesetzgeber. Zusammen mit der Idee der Kommissionen ergibt sich ein neues Verständnis des Souveräns, der nicht nur demokratisch agiert, sondern, wo nötig, auch bei der Begrenzung staatlicher Befugnisse mitwirken sollte, um an wichtigen Stellen seine Macht, also die „Bürgerherrschaft", abzusichern. Die rechtsstaatliche Säule ist insoweit stärker zu reformieren als wohl gedacht. Der Aufwand ist theoretisch gering, indem Kommissionen mit Bürgerbeteiligung und die direkte Demokratie eingeführt werden. Am Ende entscheidet es sich im Bundestag, ob der politische Wille für mehr rechtsstaatliche Nachhaltigkeit in Form fairer Verfahren aufgebracht wird. Realpolitisch dürfte dies starken öffentlichen Druck brauchen.

Wie könnte nun demokratische Nachhaltigkeit aussehen? Wie sollten die beiden Demokratie-Säulen konkret errichtet werden?

Zunächst ist daran zu erinnern, was das Ziel ist: eine starke rechtsstaatliche Demokratie, eine gute, gerechte und nachhaltige gesellschaftliche Ordnung, deutlich fairer gegenüber dem Souverän als bisher. Dies kann durch die gebotene Optimierung des Staatsprinzips Demokratie geschehen, die im gesellschaftlichen Diskurs kaum eine Rolle spielt. Die gerade erwähnten Abstimmungen dürfen nicht als unwichtiger grundgesetzlicher „Blinddarm" abgestempelt werden, sondern sind als verfassungspolitischer *Auftrag* zu lesen. Die Zeit ist längst reif für ihre Umsetzung. Warum sollten Abstimmungen sonst so prominent in einem der wichtigsten Artikel des Grundgesetzes stehen? Wie der berühmte Rufer im Walde hat Heribert Prantl schon beim 70.

Grundgesetz-Jubiläum zu Recht einen „Verfassungsverstoß durch Unterlassen" beklagt. Die Forderung nach Abstimmungen in Art. 20 II GG sei in ihrer Klarheit, Sinnhaftigkeit und Positionierung gar nicht zu überlesen:

„Die Forderung nach Plebisziten auf Bundesebene ist daher nicht eine Keckheit der Bürgergesellschaft, sondern ein bisher unerfülltes, aber unabänderbares zentrales Verfassungsgebot. Der Souverän soll nicht betteln müssen, dass ihm das gegeben wird, was ihm zusteht: bürgernahe Demokratie."[401]

Die Erwähnung der Abstimmungen neben den Wahlen zeigt tatsächlich das noch unausgeschöpfte Potenzial unserer Demokratie, welches auch dem Parlamentarischen Rat bewusst gewesen ist. Im Sinne der Optimierung sind sie regelmäßig zu prüfen und baldmöglichst einzuführen. Die Einführung von Instrumenten direkter Demokratie bedarf allerdings nach weit überwiegender Meinung einer Verfassungsänderung und daher einer Zweidrittelmehrheit im Bundestag[402], und die hat wie erwähnt immer die CDU verhindert. Weniger ein Problem mit Volksabstimmungen hat die Schwesterpartei CSU, da diese im Freistaat Bayern auf Betreiben des damaligen Ministerpräsidenten Wilhelm Hoegner (SPD) direkt nach dessen Rückkehr aus dem schweizerischen Exil in die Landesverfassung aufgenommen wurden.[403] Überhaupt gilt, vielleicht etwas überraschend, dass in Deutschland zwar noch kein Volksentscheid auf nationaler Ebene stattgefunden hat, das Land aber quantitativ in puncto direkter Demokratie europaweit einen Spitzenplatz einnimmt. Das liegt an der vergleichsweise häufigen Nutzung von Abstimmungen in den Bundesländern und Kommunen.[404] Stand Ende 2023 haben seit 1946 insgesamt 26 Volksentscheide „von unten" in sieben Bundesländern stattgefunden, mit klarer regionaler Gewichtung: Acht davon in Berlin, sieben in Hamburg und sechs in Bayern.[405] Diese Zahl allein ist nicht aussagekräftig. Denn insgesamt fanden bislang 456 direktdemokratische Verfahren auf Landesebene statt. Die meisten wurden von Bürgern über Unterschriftensammlungen gestartet. 70-mal erzielten die Initiatoren letzterer einen vollen Erfolg, 38-mal einen Teilerfolg, so dass etwas mehr als ein Viertel der Verfahren erfolgreich genannt werden kann.[406] Zuletzt ebnete die Volksinitiative „Rettet den Bürgerentscheid!" in Schleswig-Holstein nach Sammeln von über 27.000 Unterschriften einen Kompromiss der Initiatoren mit der Landesregierung, der von beiden Seiten als Erfolg bezeichnet wurde und schon insoweit als nachhaltige Lösung bezeichnet werden kann, dass ein gravierender politischer Konflikt vermieden werden konnte.[407] Die Lösung sieht vor, dass die Bauleitplanung wieder vollständig für die direkte Demokratie geöffnet wird, wenngleich nun bei Bürgerbegehren höhere Quoren in diesem Bereich zu erreichen sind als in anderen.[408] Der Streit hat exemplarisch gezeigt, wie sehr die direkte Demokratie aktuell nicht auf dem Vormarsch, sondern eher unter Druck ist.

Die Einführung von Volksabstimmungen auf Bundesebene ist zuletzt immer unwahrscheinlicher geworden, seit SPD und Grüne Abstand von der Idee genommen haben. Die erforderliche Zweidrittelmehrheit im Bundestag für eine Grundgesetzänderung wird von Beobachtern als „nicht zu erwarten" bezeichnet. Das liege allerdings nicht nur an der AfD, die sich wie dargestellt für Volksentscheide ausspricht, sondern schon daran, dass nicht zu erwarten sei, dass die Parteien sich durch Einführung einer Gegengewalt selbst schädigen würden.[409] Die Wissenschaft ist bei dem Thema uneins. Gegen immer noch zahlreiche Befürworter der direkten Demokratie spricht etwa Politikwissenschaftler (und langjähriges SPD-Mitglied und Mitglied der SPD-Grundwertekommission[410]) Frank Decker von einer „verfassungspolitischen Sackgasse" durch Festhalten an der Idee.[411] Schweizerische Kommentatoren wundern sich dagegen über die ewige Sorge der Deutschen (bzw. eines Großteils deutscher Politiker) vor dem angeblich verführbaren Volk, vor angeblich simplifizierenden Ja/Nein-Fragen und möglichen Polarisierungen:

„Nicht genau wissen zu können, was passiert, kann aber grundsätzlich kein Argument gegen die Erweiterung und Ergänzung rein repräsentativer Systeme mit direktdemokratischen Elementen sein; es sei denn, man lehnt jegliche Reform ab.“[412]

Genau so scheint es auf Bundesebene zu sein: kompromisslose Ablehnung. Aber die Politikverdrossenheit wird dadurch offensichtlich nicht besser. Ob wohl folgendes hilft? Die Bereitschaft zur Teilnahme an Demonstrationen in Schweizer Kantonen ist mit dem Maß des Ausbaus direkter Demokratie gesunken.[413] Es gibt zudem Stimmen, wonach Bewegungen wie Pegida oder die AfD, bzw. gewaltsame Aktionen in der Schweiz genau wegen der direkten Demokratie kaum eine Chance hätten.[414] Es gilt auch, sich klarzumachen, dass die repräsentative Demokratie weder ausreichend demokratisch, noch ausreichend nachhaltig ist. Das ist so angelegt, wenn nur alle vier Jahre Wahlen für eine zeitlich begrenzte Legislaturperiode stattfinden. Kritiker attestieren der rein repräsentativen Demokratie ein klares "strukturelles Nachhaltigkeitsdefizit". Das Monopol der Parteien bei der Gesetzgebung sei aus der Zeit gefallen.[415] Helfen könne nur ein klares *Mehr an Demokratie* und über sie das Anstreben einer "intertemporalen Balance". Statt nun aber den "Demokratieweg" zu suchen und zu probieren, zögen sich die Parteien, die allein das entscheiden könnten, nur weiter vorverurteilend in die systemische Sackgasse zurück.

Dies ist die verfassungspolitische Sackgasse, die erkannt und verlassen werden muss. Wo ist der Mut, im Land der Dichter und Denker mit gestalterischer Phantasie die Verfassung so zu regeln, dass wir aus unserem offensichtlichen politischen Wirrwarr die Transformation in ein *generationenübergreifendes Gleichgewicht* wagen? [416] Die Volksgesetzgebung ist dabei wahrlich nicht alles, wäre aber doch mal ein Ansatz in der festgefahrenen Situation.

Vielleicht wäre es hilfreich, wenn eine eigene "Demokratiewissenschaft" existieren und richtig Druck machen würde, gewisse Schwellen zu überschreiten. Rechtswissenschaft und Politikwissenschaft scheinen leider zu behäbig, besonders die Rechtswissenschaft bringt keine neuen Modelle hervor. Aneckende, progressive, kritische Wissenschaftler sind eher selten, raumgreifende, systemische und innovative neue Staatsideen sowieso.[417] Natürlich gibt es Lichtblicke. Einer ist der vom Juristen Wolfgang Kahl verfolgte Ansatz, dass Partizipation notwendige Voraussetzung für Nachhaltigkeit ist.[418] Manche, wie Till Berger, greifen zu schönen Metaphern und sehen in ihr geradezu einen "Teil der DNA nachhaltiger Entwicklung".[419] Auch der Philosoph Felix Heidenreich beschreitet neue Wege und plädiert eindringlich dafür, Nachhaltigkeit mit Partizipation und Deliberation zusammenzudenken, um die gigantische Aufgabe „Nachhaltigkeitstransformation" zu bewältigen.[420] Es gibt aus der Wissenschaft immer mehr theoretischen Schub für Bürgerräte *und* Volksentscheide[421], aber noch nicht genug.

Genau diese beiden Instrumente bieten sich als Baustoff für die partizipativ-direktdemokratische Säule des Torhauses an, die die repräsentativ-demokratische Säule auf der anderen Seite ergänzen sollte. Sie wäre ein Beitrag zur Stärkung auch der rechtsstaatlichen und der sozialen, ökonomischen und ökologischen Säulen. Es sind wie gesagt die „Fairfahren", die eine rechtsstaatliche Demokratie und ihre Ergebnisse stark machen. Die repräsentative Säule allein reicht nicht mehr. Bürgerräte und die Volksgesetzgebung sind im wahrsten Sinne des Wortes „Hoffnungsträger" einer neuen Demokratie, in der Mitwirkung aktiv gelebt wird. Sie sind die wichtigsten Zutaten einer neuen demokratischen „Alchemie der Verfahren"[422], die erst die Fassade des Torhauses imposant und einladend strahlen lässt. Wir sollten uns als Citoyens auf genau diesen Weg machen.

Nehmen wir die Bürgerräte. Sie könnten eine neue wichtige „Instanz der Unparteilichkeit" schaffen.[423] Die Kritik an ihnen gilt tatsächlich wie weniger der Qualität ihrer Arbeit als ihrer angeblich fehlenden Legitimation. Das gilt, obwohl ihre Einsetzung zuletzt auf Bundesebene vom gewählten Bundestag hochselbst erfolgt ist. Außerparlamentarische Kritiker wiederum stören sich besonders an der fehlenden Verbindlichkeit ihrer Ergebnisse. Bürgerräte seien faktisch hilflos, sobald es an die Umsetzung geht, und damit seien Bürgerräte eine Alibiveranstaltung derjenigen, die allein die Macht besäßen. Die „Letzte Generation" geht das Thema vor dem Hintergrund besonders forsch an und fordert unverblümt einen *verbindlich* beschließenden Gesellschaftsrat" zum Klimaschutz. Der Vorschlag war in seiner Radikalität eine Vorlage für den CDU-Abgeordneten Philipp Amthor, der bekanntlich schon bloß empfehlende Bürgerräte rigoros ablehnt. Er sah die grundgesetzlich abgesicherte repräsentative Demokratie in Gefahr, wenn ein solch völlig undemokratisches Nebenparlament geschaffen würde. Die Letzte Generation betreibe die „Delegitimierung" des Bundestags. Laut Amthor sei der Bundestag ein ausreichender Gesellschaftsrat, der die Bürger breit und aus den Regionen heraus vertrete.[424] An dem Punkt treffen, wenn man so will, Welten aufeinander. Verzweifelte junge Bürgerinnen und Bürger, die bei einem existenziellen Kernthema durch demokratisch weitreichende Forderungen endlich vorankommen wollen, und Politiker, die den *Status quo* trocken mit Verweis auf das Ist, das Grundgesetz, verteidigen, ohne gleichzeitig klaren Reformwillen aufzuzeigen. Es hätte sicherlich gutgetan, wenn Philipp Amthor wenigstens das Anliegen eines demokratischeren Entscheidens im Grundsatz aufgegriffen hätte. Aber das tat er nicht, fast schon wie jemand, der im Zug nicht seinen Platz für eine bedürftige Person räumen will, weil er zuerst da war und genau für diesen Platz ein Ticket und damit das *Recht* zum Sitzenbleiben besitzt. Das Ziel der Letzten Generation ist wiederum definitiv gut gemeint. Es ist nur fraglich, ob die letztlich spalterischen Mittel geeignet sind, die Mitbürger zu überzeugen und mitzunehmen, was erforderlich ist. Festzuhalten ist aber schon, dass ihr Vorgehen ein Ausdruck verprellter Sehnsucht der jungen Generation nach konsequentem Klimaschutz und zwar durch bessere Demokratie ist.

Wie können Bürgerräte am besten etabliert werden?

Ein Beitrag wäre ihr institutioneller Ausbau. Ein wichtiger Vorschlag steht in einem Rechtsgutachten, das im Auftrag von Mehr Demokratie erstellt wurde.[425] Danach sollen Bürgerräte sowohl vom Bundestag, als auch von der Bundesregierung und eben auch *„von unten"*, etwa von 200.000 Bürgern, initiiert werden können. Die Einberufung von unten entspricht der Praxis in anderen EU-Staaten, beispielsweise im österreichischen Vorarlberg, wo es die Förderung der partizipativen Demokratie neben der direkten Demokratie bereits in die Landesverfassung geschafft hat.[426] Wohl größter Vorreiter einer Institutionalisierung ist die deutschsprachige Gemeinschaft in Ost-Belgien, wo es mittlerweile einen *permanent* tagenden Bürgerrat gibt. Zugrunde liegt ihm ein parlamentarisches Dekret vom 25.02.2019. Es kombiniert einen ständigen gelosten „Bürgerrat" (24 Mitglieder, die alle eineinhalb Jahre rotieren) mit sogenannten „Bürgerversammlungen" aus 25 bis 50 gelosten Bürgern, die ein bis dreimal pro Jahr stattfinden (bei mindestens drei Sitzungen innerhalb von drei Monaten).[427] Die Reaktionen im ersten veröffentlichten Bericht über das Thema Pflege reichten auf Seite der Teilnehmer von „Stolz" und „Dankbarkeit" bis hin zum Lob für die „konstruktive Kommunikation" mit den Abgeordneten „nach anfänglichen Berührungsängsten".[428] Von der Regierung fielen Worte wie „Hochachtung" für die Bürger und „inspirierend", da völlig unbekannte Aspekte „bereichernd" zu Tage getreten seien. Wenn das nicht motiviert!

Bemerkenswert: Die benachbarte Stadt Aachen fühlte sich motiviert und hat auf Drängen der Initiative „Bürger:innenrat für Aachen" einen ständigen Bürgerrat (hier: „Bürgerausschuss") nach dem ostbelgischen Vorbild geschaffen.[429] Aachen war somit am

30. März 2022 die erste deutsche Kommune, die einen ständigen Bürgerrat mit ausgefeilter rechtlicher Grundlage und dauerhafter Organisationsstruktur auf den Weg gebracht hat.[430] Es dauerte noch bis zum 28. Oktober 2023 bis er mit 56 Ausgelosten zum ersten Thema starten konnte: „Wie kann Aachens Innenstadt wieder ein attraktives Einkaufsziel werden?“[431] Schon am 12. Dezember 2023 wurde das Ergebnis – 75 Empfehlungen – zu scheinbar allgemeiner Begeisterung präsentiert.[432] Aachen ist bei weitem nicht die erste Stadt oder Kommune, die sich in Deutschland für Bürgerräte begeistert, hat aber im Bereich Institutionalisierung Pionierarbeit geleistet.[433]

Institutionalisierungen sind laut dem Rechtsgutachten in Deutschland problemlos möglich, solange alles *unverbindlich* bleibt, also Bürgerräte ein rein *„informatorisches Instrument“*, bzw. eine *„Konsultative“* ohne Entscheidungsmacht sind.[434] Erst ein Vorgehen über diese Grenze hinaus, auch durch faktische Bindungen, die dem Gesetzgeber entstehen, wären in der Verfassung zu verankern. Eine Institutionalisierung von Bürgerräten wirft also das Grundgesetz nicht um. Es kann auch geändert werden. Der die Grenze für Systemänderungen ziehende Art. 79 III GG steht dabei durchaus weitgreifenden demokratischen Reformen der repräsentativen Demokratie nicht im Wege, solange der Bundestag sie verabschieden möchte.[435] Zu denken ist hier wie dargestellt an zusätzliche partizipative und direktdemokratische Methoden.

Und wie sind Abstimmungen, dieses schlummernde demokrati-sche Recht par excellence, im Bundestag durchsetzen?

Vielleicht hilft ja weitere Überzeugungsarbeit: Tatsächlich wird auch im Bundestag - wie bei Abstimmungen – regelmäßig mit Ja oder Nein abgestimmt. Und ist dort alles besser? Vor allem aber bietet sich eine *Kombination* mit Bürgerräten an. Wenn Kritik etwa daran besteht, dass Fragestellungen von Initiatoren angeblich zu vereinfachend und daher gefährlich seien, besteht für die Gegner offenbar ein Problem mit der Formulierung von Abstimmungsfragen. Hier bieten sich Bürgerräte als neutralisierende Formulierungshilfe an. Ein vorgeschalteter Bürgerrat könnte dabei sehr gut die Fakten sortieren, die dann in Abstimmungsbücher geschrieben werden. Das Ergebnis der Vorarbeit eines Bürgerrats wäre gezielte Sachorientierung und Differenzierung in einer einzigen Frage, während im Bundestag bei ganz vielen Fragen oft nur „abgenickt" wird, was Fraktionskollegen ausgearbeitet haben. Eine solche Kombination von Bürgerräten und Volksentscheiden hätte den Charme, dass beide Instrumente die Schwächen des jeweils anderen ausgleichen. Will sagen: Bürgerräte sorgen durch inhaltliche Detailarbeit für Seriösität und Volksentscheide sorgen für breite verbindliche Mitwirkung. Das ist Qualität plus Quantität. Gegnern von Volksentscheiden würde bei einer Kombination mit vorgeschalteten Bürgerräten das ohnehin fragwürdige Argument genommen, dass hier ein zu riskantes Instrument zum Einsatz kommt. Bürgerräte könnten also zu Steigbügelhaltern der direkten Demokratie werden.

Klar müssen Bürgerräte erst noch stärker im politischen Alltag etabliert werden, bevor dieser Schritt gegangen werden kann. Zusammen ergäbe sich durch die Kombination beider Instrumente allerdings eine besonders hohe demokratische Legitimation. Der Souverän würde fortan nicht mehr nur wählen, sondern er würde in Bürgerräten deliberieren und punktuell in Abstimmungen entscheiden. Eine gute Aussicht für Bürger, die nicht zwanghaft in der Hängematte liegen, sondern anfangen wollen, ihre Bürgerwürde zu leben.

Die Kombination würde auch das Argument entwerten, dass ab bestimmter territorialer Größe keine bürgernahe Demokratie möglich ist. Mit Bürgerräten lässt sich Deutschland auf ein aussagekräftiges „Mini-Deutschland" reduzieren. Außerdem leben wir im medialen, digitalen Zeitalter. Auch wenn dieses nicht nur Segen ist, lässt sich Öffentlichkeit für Bürgerräte ebensogut herstellen wie für Parlamente. Warum nicht sogar einen eigenen (öffentlich-rechtlichen) Spartensender für Bürgerräte und auch Volksentscheide starten? In dem könnte auch gelost werden und die Themen Losdemokratie und direkte Demokratie im Mittelpunkt stehen. Hinzu kommt, dass es bei Volksabstimmungen, an denen wir *alle* teilnehmen können, egal ist, wie groß das Land ist. Da gibt es also keinen Unterschied zu Wahlen.

Insofern gilt es, für die Kombination die Werbetrommel zu rühren. Als hervorragendes Vorbild auf staatlicher Ebene ist Irland zu nennen. Irland hat in den Jahren 2015 und 2018 ganz neue Maßstäbe gesetzt, indem es über die Kombination zu einer Lösung zweier hochpolitischer Themen kam, die im erzkatholischen Land von der Politik nicht gegen die Interessen der Kirche durchsetzbar waren. Die Rede ist von den Themen gleichgeschlechtliche Ehe und Liberalisierung des strengen Abtreibungsrechts. In beiden Fällen trafen sich zunächst „Bürgerversammlungen" (Citizen Assemblies), in denen übrigens auch Politiker saßen. Die Ergebnisse, bei denen es sich um Vorschläge zu Verfassungsänderungen handelte, wurden dann in zwei Referenden mit jeweils fast zwei Dritteln der Stimmen angenommen.[436] Ohne die konzentrierte Vorarbeit der Bürgerräte wären die Änderungen nicht möglich gewesen. Ein motivierendes Beispiel, und so machen die Iren auch fleißig weiter mit ihren Bürgerversammlungen.[437] Zuletzt gab es einen vielsagenden Rückschlag. Der Bürgerrat „Geschlechtergerechtigkeit" hatte 45 Empfehlungen unter anderem zu Kinderbetreuung, paritätischem Lohn, Wahlrecht, Pflege und Mindestlohn erarbeitet, die auch die Zustimmung des zuständigen Parlamentsausschusses gefunden hatten. Zwei davon – die Ausweitung des Familienbegriffs und ein Stopp von Frauendiskriminierung („Platz-der-Frau-Klausel") – wurden von der Regierung am Internationalen Frauentag 2024 Referenden zugeführt. Die allerdings gingen interessanterweise „nach hinten los". Als Grund wurde schnell ausgemacht, dass die Regierung die Empfehlungen des Bürgerrats unklar umformuliert und abgeschwächt hatte. Statt dass die Bürger die dennoch spürbare

Verbesserung absegneten, verpassten sie der Regierung mit jeweils mehr als Zweidrittelmehrheit einen deftigen Denkzettel für ihre Eingriffe. Der irische Premier Leo Varadkar räumte umgehend Fehler und die Verantwortung ein und trat später sogar zurück.[438] Derart sensibel können Bürger tatsächlich reagieren, wenn an ihrer Stimme „von oben" manipuliert wird. Auch das hatte mit Bürgerwürde zu tun.

Die in Irland zu beobachtende pragmatische „Flucht in die Demokratie"[439] ist längst Exportschlager. Irland gilt Befürwortern einer bürgernäheren Demokratie insbesondere wegen der Verbindung von Bürgerräten mit Abstimmungen als Vorbild. Ähnliche Verfahren gibt es aktuell beispielsweise in der Schweiz, allerdings auf kommunaler Ebene. Dabei handelt es sich um das Projekt Demoscan. Die Idee ist, vor Abstimmungen Bürgerrate einzusetzen, die gut verständliche Flyer, bzw. Bürgerbriefe mit den wichtigsten Fakten sowie Pro- und Kontra-Argumenten erarbeiten. Diese ergänzen die in der Schweiz teils etwas staatstragend formulierten „Abstimmungsbüchlis", die Bürger vor Abstimmungen erhalten.[440] Acht Jahre lang gab es solche Kombinationen auch im US-Bundesstaat Oregon, wobei die Vorlagen großes Vertrauen genossen. Die Praxis wurde allerdings im Jahr 2016 eingestellt, weil sich das Parlament weigerte, die Finanzierung zu übernehmen.[441] Bis dahin hatte sich eine private Organisation mit Stiftungsgeldern um die Finanzierung gekümmert. Auch in den kanadischen Provinzen British Columbia und Ontario fand das kombinierte Verfahren bei Abstimmungen über das Wahlrecht erfolgreich Anwendung.

Am besten eignet sich die Dreifachkombination: Bürgerräte, Abstimmungen und das Bundesverfassungsgericht, beziehungsweise andere höchste Gerichte auf den jeweiligen Ebenen. Das würde der demokratischen Legitimation der partizipativen und der direkten Demokratie einen rechtsstaatlichen „Check" an die Seite geben. Die Idee ist dabei, dass gewisse Vorlagen besser gar nicht erst Themen in Bürgerräten oder von Volksabstimmungen werden, weil sie – etwa aus menschenrechtlichen Gründen – unzulässig sind. Kritiker sagen zwar, dass das Verfassungsgericht erst am Ende des Rechtswegs über fertige Gesetze entscheiden sollte. Aber warum nicht die Richter mehr mit Gutachten beauftragen, damit das Kind gar nicht erst in den Brunnen fällt? In Hamburg etwa werden Volksinitiativen, bevor sie zu Volksbegehren werden, fast schon routinemäßig von Senat oder der Hamburgischen Bürgerschaft dem Hamburgischen Verfassungsgericht vorgelegt[442], das in den letzten Jahren mehrere Vorlagen von Initiatoren abgelehnt hat, weil sie nicht den verfassungsrechtlichen Vorgaben entsprachen.[443] Was ein durchaus willkommenes Mittel der Parlamentarier ist, sich unangenehme Themen vom Leib zu halten, zeigt auch den Bedarf an eingehender juristischer Beratung etwa durch eine neutrale, professionelle Beraterstelle, um Enttäuschungen bei Initiatoren und auch in der Öffentlichkeit zu vermeiden.

Auf Bundesebene wäre eine Einbeziehung des Bundesverfassungsgerichts denkbar. Dieses hatte bis 1956 die Befugnis, Gutachten zu erstellen, was das Gericht selbst damals als „durchaus sinnvoll" und friedensstiftend bezeichnete.[444] Diese Praxis könnte theoretisch wiederaufleben. Laut Frank Burmeister bedürfte eine Wiedereinführung bloß eines einfachen Gesetzes. Die Grundlage liegt mit Art. 93 II GG bereits vor. Der Vorteil einer solchen Lösung wäre, dass die Gutachten gewisse Rechtswirkung hätten. Dies könnte zugleich von Nachteil sein: Statt das Bundesverfassungsgericht mit einem weiteren Bereich auszustatten und die Schwierigkeit zu verankern, dass seine Gutachten faktische Wirkungen auf später noch zu erlassende Urteile haben würden, ist insoweit womöglich eine alternative juristische Beratung zu bevorzugen. In Frage käme die Hinzuziehung des Wissenschaftlichen Dienstes des Bundestags, der mit vielen Juristen ausgestattet ist, oder ein eigener Wissenschaftlicher Dienst. Oder aber Bürgerräten könnte auf Antrag eine Kommission aus mindestens drei neutralen, ggf. aus einem Pool zu losenden Staatsrechtlern zur

Verfügung gestellt werden müssen. Wichtig ist, dass die einfachen Bürger bei Bedarf eine fundierte neutrale fachliche Einschätzung bekommen. Die Wichtigkeit juristischen Sachverstands sollte nach den Hamburger Erfahrungen nicht unterschätzt werden. Es wäre nicht empfehlenswert, wenn Vorlagen bis zum Volksentscheid durchgingen und erst danach juristisch geprüft und womöglich abgelehnt würden.[445] Sollten bei der hier vorgestellten Idee einer Dreifachkombination nach dem Volksentscheid immer noch juristische Zweifel an einer Initiative bleiben, könnten Gegner immer noch vor die höchsten Gerichte ziehen. Eine Ablehnung durch die juristischen Berater, gegebenenfalls durch Mehrheitsvotum, würde keine Rechtswirkung entfalten. Allerdings wäre in diesem Fall tatsächlich ein Gutachten des Bundesverfassungsgerichts zu empfehlen, bevor ein umstrittenes Thema, beziehungsweise die konkrete Fragestellung dazu, in den politischen Raum gegeben wird.

Wie könnte eine neue demokratisierte Struktur im Detail aussehen?

Das realistische Ziel wäre eine gemischt *partizipativ-repräsentative Demokratie* mit völlig neuen demokratischen Strukturen. Im Zentrum könnte eine geloste *Bürgerkammer* stehen.[446] Sie könnte Bürgerräte zu bestimmten Themen einsetzen, was auf Initiative von unten, also aus der Zivilgesellschaft[447], oder bei selbst erkanntem Bedarf geschehen könnte.[448] Die Themen wären völlig offen: Es könnte beispielsweise um Aktualität gehen (Sondervermögen, Bundeswehr[449], Waffenlieferungen, Schuldenbremse[450], Energie, Hochwasserschutz, etc.), gesellschaftlich kontroverse, bzw. ethisch-moralische Themen (Migration, Sterbehilfe, Gendern, Beendigung der Staatsleistungen an Kirchen[451], etc.) und sonstige gesellschaftliche Themen (soziales Dienstjahr[452], etc.). Insbesondere eignen sich Bürgerräte auch für „Kreativaufträge", wo Meinungen und Ideen *kumulativ* zusammengetragen werden, was zum Beispiel für die Kreation neuer „Häuser der Demokratie" in Kommunen, Ländern und im Bund genutzt werden könnte.[453] Die Königsdisziplin wären die sogenannten „Befangenheitsthemen" wie Parteienfinanzierung, Diäten und Wahlrecht[454], weil so der Rechts- und Verfassungsstaat in einem Bereich eines offensichtlichen Neutralitätsdefizits des Bundestags gestärkt würde.[455] Bürgerräte könnten hier ständige oder *ad hoc* einzusetzende Kommissionen anregen. Nochmal: Die Wahlrechtsreform wäre mit Sicherheit besser und ausgewogener über einen Bürgerrat ausgefallen als sie zuletzt umgesetzt worden ist. Der Clou: Die Bürger würden sich als würdige, aktive demokratische Hauptgewalt zu einem entscheidenden Player im System der Gewaltenteilung "befördern". Wo erforderlich würden sie als oberste Gewalt in die Kontrolle der drei Staatsgewalten einsteigen. Um diesen Prozess angestoßen zu bekommen, wären auch Bürgerräte der Kategorie „strukturelle Verfassungsänderungen" vonnöten, zu denen Bürgerräte zu Bürgerräten, bzw. weitere „Bürgerräte Demokratie" gehören würden. Hier könnten Bürger neue demokratische Spielregeln inklusive neuer partizipativer Institutionen erarbeiten, was als Tätigwerden in eigener Sache nicht nur „unverdächtig", sondern wünschenswert wäre, da ja genau der *Souverän* möglichst direkt in eigener Sache entscheiden sollte. ‚Es wäre ein demokratisches Versäumnis, dies weiter auf die lange Bank zu schieben.

Die von der Bürgerkammer eingesetzten Bürgerräte würden nach diesem Modell Empfehlungen zu Gesetzen erarbeiten, die an den Bundestag weitergeleitet würden, der weiter Hauptgesetzgeber wäre.[456] Der Bundestag würde nach Ausschuss- und Plenarsitzungen zum Thema entscheiden, was mit den Empfehlungen passiert. Wichtig: Empfehlungen sollten nicht einfach abgeändert werden. Das Beispiel der irischen Referenden zur Geschlechtergerechtigkeit hat gezeigt, wie sensibel die Bürger auf Änderungen „von oben" reagieren. Der Bundestag könnte Empfehlungen zwar ablehnen, müsste dies aber gut begründen.[457] Noch mehr unter Zugzwang könnte er bei Empfehlungen geraten, die vor Übergabe an den Bundestag in den Rang einer Gesetzes-

oder gar Verfassungsinitiative gehoben werden könnten. Hier wäre an einen strukturellen Einschnitt zu denken: Reicht Bürgerkammer und Bürgerrat die Begründung in einem speziellen Fall nicht und ist auch kein Kompromiss ersichtlich, dann könnten sich letztere entschließen, wegen unüberbrückbaren Dissenses ein Volksbegehren und im Anschluss einen Volksentscheid einzuleiten. Dafür könnte der Bürgerrat die Abstimmungsfrage wie geschildert mit Hilfe von Juristen erstellen. Diese sollte sachorientiert, gerichtsfest und nicht spalterisch sein und wäre vom Bundestag nicht zu ändern. Dieser müsste vielmehr die Gegenposition erarbeiten. Insofern wäre die Bürgerkammer mit der Volksgesetzgebung im Rücken indirekt und punktuell ein starkes Legislativ- und Verfassungsorgan.

Das heißt, der Bundestag kann von der Bürgerkammer in gewissen Situationen *überstimmt* werden[458] und in der Folge würde routinemäßig die Kombination von Bürgerräten und Abstimmungen in Gang gesetzt. Wenn auch die Bürgerkammer – wegen ihrer im Vergleich zum Bundestag geringeren demokratischen Legitimation - kein Entscheidungsrecht hätte, so wäre sie doch das *Scharnier*, welches für ein bestimmtes Thema den direktdemokratischen Pfad ebnen würde. Und wie dargestellt ist die demokratische Legitimation eines Direktentscheids der Bürger wiederum eher sogar höher als die eines Parlamentsbeschlusses, so dass Kritik an solchen Sachentscheidungen fehlgeht, insbesondere wenn die Volksentscheide über Bürgerräte bestmöglich vorbereitet sind. Der Bundestag hätte in diesem System nicht mehr bei allen Fragen das letzte Wort, sondern schon mal – insbesondere in von Befangenheit geprägten Fragen - die Bürger.[459]

Wichtig: Die Identität des Grundgesetzes würde bei einer solchen Demokratisierung nicht aus den Fugen geraten. Maßstab ist hier die „Ewigkeitsklausel" des Art. 79 III GG, wonach die Grundsätze der Art. 1 und Art. 20 GG nicht „berührt" werden dürfen.[460] Der Modellvorschlag enthält gerade keine Verletzung, sondern im Gegenteil eine sinnvolle *Ergänzung* der zentralen Identitätsprinzipien des Grundgesetzes. Das Modell *optimiert* zum Beispiel Demokratie- und Rechtsstaatsprinzip. Das Wahlrecht bliebe als demokratisches Minimum vollständig erhalten. Es würde durch neue Partizipationsrechte über die weitgehend repräsentativ zusammengesetzte Bürgerkammer und viele neue Bürgerräte ergänzt werden. Die Bürgerkammer ist zudem mit ihren besonderen Aufgaben ohne weiteres „besonderes Organ" der Gesetzgebung im Sinne des Art. 20 II S. 2, 1. Alt. GG.[461] Außerdem kämen in einem solchen Modell endlich Volksabstimmungen zur Entfaltung, die in Art. 20 GG bislang brachliegen. Die Bürgerwürde, bzw. starke Partizipationsrechte widersprechen wiederum gerade nicht der Menschenwürde, sondern stellen sich dieser an die Seite und *stärken* sie beträchtlich in einem neuen wechselseitigen Verhältnis. Dasselbe Ergebnis läge vor, wenn die Bürgerwürde als Teil der Menschenwürde, gewissermaßen als breiter definierte Menschenwürde 2.0 gesehen wird. Dann würde die Menschenwürde befreiend wachsen, statt schrumpfen. Wie auch immer man es dreht: Das Mehr an Partizipation ist nicht schädlich, sondern ein *Gewinn für jeden Bürger und die Demokratie* insgesamt. Unter dem Strich würde der schon gute demokratische Rechtsstaat zu einer noch besseren *rechtsstaatlichen Demokratie* fortentwickelt werden.

Warum also nicht nach 75 Jahren die Abstimmungen, das „Vergissmeinnicht des Grundgesetzes", in Kombinaton mit Bürgerräten zum Blühen bringen?

Das ginge auch in der „reinen" Form. Bei dem Modell wären Volksinitiativen auch ohne vorgeschaltete Bürgerkammern, bzw. Bürgerräte möglich, so wie es in den Ländern schon praktiziert wird. Bürgerräte könnten trotzdem später, etwa vor dem Volksbegehren, zwischengeschaltet werden, was aus den genannten Gründen ratsam ist, aber nicht obligatorisch sein sollte.[462] Es gibt diverse Befürworter von Volksentscheiden, die das „pure" Modell bevorzugen, um ihre originäre Frage zur Abstimmung gestellt und nicht abgewandelt zu bekommen, was insbesondere in der Schweiz im Großen und Ganzen ja auch längst etabliert ist.

Allerdings hätte das Vorschalten von Bürgerräten Vorteile: Erstens die Formulierungshilfe bei den Fragen und beim Erstellen des Abstimmungsbuchs. Damit verbunden ist für die Abstimmenden größere Klarheit und es sinkt durch die frühe Prüfung der Verfassungsmäßigkeit die Gefahr, vor dem Verfassungsgericht zu scheitern.[463] Zweitens die potenziell höhere öffentliche Akzeptanz aufgrund eines im Bürgerrat gefundenen Kompromisses. Dieser könnte Faktenchecks vornehmen, sich von Experten und wissenschaftlichen Diensten beraten lassen und eingehend über die Thematik deliberieren. Das könnte Volksentscheiden die potenziell spalterische Wirkung nehmen. Der Bürgerrat könnte die Abstimmungsfrage selbstverständlich auch übernehmen, wodurch diese an Überzeugungskraft gewinnen würde. Drittens könnte der Bundestag nach Ablehnung einer Volksinitiative, die keinen Bürgerrat einschalten will, von seiner Seite vor dem Volksentscheid einen Bürgerrat einsetzen, um die Gegenposition zu erarbeiten. Damit könnte wiederum die Gegenposition gestärkt werden. Festzuhalten bleibt, dass Volksgesetzgebung fachlich besser und glaubwürdiger wird, wenn sie mit Bürgerräten kombiniert wird. Es steigt dadurch die Konsensfähigkeit eines Themas.

Unter dem neuen gedachten „Tor zur Demokratie" würde insgesamt mehr kooperiert als gestritten werden. Es ist keine Utopie, sondern realistisch. Gelingt eine solche oder ähnliche Institutionalisierung und würde uns Bürgern mehr Selbstwertgefühl und Bürgerwürde zuteil, könnte sich eine neue Resilienz ergeben, die wie ein schöner ausgedehnter Garten schützend das neue Haus wachsen würde. Populismus, von welcher Seite auch immer, wirkte in diesem demokratischen

Ökotop wie „Unkraut" und für rechtsextreme „Giftpflanzen" gäbe es erst recht keinen Platz darin.

Dass die AfD ebenfalls Volksentscheide propagiert, sollte nicht verwirren. Denn sie wendet sich wie dargestellt vehement gegen Bürgerräte und zeigt genau da ihr undemokratisches Gesicht.[464] Die Kombination mit den Bürgerräten würde potenziell dumpfer Agitation bei Volksentscheiden von vornherein den Wind aus den Segeln nehmen und Populismus einen starken Riegel vorsetzen. Vielleicht ist es genau das, was die AfD nicht vertragen kann? Jedenfalls wäre sie ein Profiteur der Beendigung von Bürgerratsaufträgen, die droht, falls die CDU an die nächste Regierung kommt. Der Autor hat einmal an einer Kleingruppe in einer bürgerratsähnlichen Situation (Regionalkonferenz eines Bürgerrats) teilgenommen und darin einen AfD-Bundestagsabgeordneten erlebt. Der Auftritt war ein Riesenunterschied zum Bundestag. Geradezu handzahm war er, wohl um in der Runde nicht allzu negativ aufzufallen. Will sagen: Im Rund eines Bürgerrats gehen Scharfmacher unter, und genau diese Konsensorientierung scheint die AfD zu stören.

Die Arbeit von Bürgerkammer und Bürgerräten muss selbstverständlich erst ausreichend erprobt werden. Es ist die Zeit des Experimentierens. Sie könnten zum Beispiel das Prinzip des Systemischen Konsensierens testen.[465] Wichtig sind ausreichende Budgets. Zu Details der Planung könnte auch die Anordnung von Stühlen in Tagungsstätten gehören. Eine Option wäre die kooperationsfreundliche Fishbowl-Methode.[466] Kein gutes Vorbild ist die konfrontative Positionierung im Bundestag. Es sollte zudem auf eine genügende Anzahl von Beteiligungsinstituten geachtet werden, die den Bürgerratsthemen zugelost werden könnten.

Im Sinne der Vorsorge, für die Bürgerräte in unterschiedlicher Weise stehen, könnte die Bürgerkammer „stehende Bürgerräte" für den Fall des Ausbruchs von Krisen vorhalten, um jederzeit bereit zu sein, Empfehlungen abzugeben.[467] Zu denken ist an akute Folgen von Kriegen und Umweltkatastrophen, fahrlässig akut ausgelöste Haushaltskrisen, etc. Dazu müssten Teilnehmer bereits im Vorfeld auf Abruf ausgelost worden sein. Es wäre unklug, Bürgerräte, wie derzeit, nur nach zeitaufwendigen europaweiten Ausschreibungen einsetzen zu können. Zur Abrundung könnte die Bürgerkammer wie in Ost-Belgien kleine Gruppen von Bürgerratsteilnehmern beauftragen, die Umsetzung von beschlossenen Gesetzen im Sinne eines rechtsstaatlichen Follow-ups zu begleiten: Hat der Bundestag ausreichend geantwortet oder ein Gesetz oder einen Volksentscheid umgesetzt?[468] Auch das ginge nur mit einer Grundgesetzänderung, da hier der Bundestag berichtspflichtig wäre.

So logisch das hier vorgestellte Modell klingt, bleibt es ein grober Umriss von Möglichkeiten und wohl ein Fernziel. Weitere „Bürgerräte Demokratie" könnten es ganz anders ausgestalten. Jascha Rohr, der in einer vom Umweltbundesamt in Auftrag gegebenen Studie mit anderen Forschern ähnlich weitgehende Vorschläge macht, hat die anzustrebende Rolle der Bürger treffend als neue "Problemlösungs- und Konzeptentwicklungsgewalt" zusammengefasst.[469] Es geht um die Entwicklung von Strukturen, Gesetzen und Kontrollmechanismen und im Ergebnis einen besseren Staat, der von einfachen Menschen, die sich respektieren und anerkennen, gebildet wird und die konsens- statt konfliktorientiert arbeiten.

Ab einem gewissen Punkt könnte vorsichtig untersucht werden, wie in der Schweiz eine sogenannte Konkordanzdemokratie einzuführen. Diese ist dort Konsequenz der starken direkten Demokratie, die jederzeit schlechte oder unpopuläre Regierungsentscheidungen des dortigen Bundesrats (Regierung) überstimmen kann. Aufgrund der Veto-Gefahr durch Volksentscheide gibt es in der Schweiz eine *Kollegialregierung*. Sieben Vertreter der vier größten Parteien bilden gewissermaßen eine XXL-GroKo und achten schon früh gemeinsam darauf, dass Gesetze konsensfähig sind und nicht per Veto überstimmt werden. Eine solche Fortentwicklung, die mit dem Grundgesetz vereinbar wäre, soll hier nur als eine mögliche Variante erwähnt werden.

Festzuhalten ist, dass die neue partizipativ-repräsentative Demokratie gegenüber der rein repräsentativen Demokratie nur Vorzüge hätte. Letztere könnte mit den Bürgerräten den Parteien ein zusätzliches, sehr effektives Integrationsverfahren an die Seite stellen. Bürgerräte sind sogar deutlich besser als Parteien geeignet, Stimmen der Bürger zu bündeln und so den Gemeinwillen zu fördern, da sie vornherein konsensorientiert über die Parteien hinweg arbeiten und deren Positionen einbeziehen. Wie dargestellt sind Bürgerräte insofern auch ein guter Ort, wo unversöhnliche Parteipositionen aufeinandertreffen und ohne „Konflikttheater" und Gesichtsverluste zum Ausgleich gebracht werden können. Minderheitenpositionen haben hier eine bessere Chance auf Berücksichtigung. Die Überzeugung, dass nur Parteien die Repräsentation des Volkes per Mehrheitsentscheid im Parlament herstellen können, ist vor dem Hintergrund ein Trugschluss. Bürgerräte sind als demokratisches Schmiermittel ein eindeutiges Plus zum rein parlamentarischen System.

Wie kann nun eine neue Fairfassung aussehen?

Die große Demokratisierungsreform bedürfte einiger einschneidender Grundgesetzänderungen. Selbstverständlich darf beim Grundgesetz, das uns seit so langer Zeit zuverlässig Wohlstand und Stabilität gebracht hat, nichts übers Knie gebrochen werden. Sachliche Arbeit ist absolutes Gebot. Wichtig: Verfassungsfragen gehören zu den sogenannten Befangenheitsthemen. Sie sind sogar das größte Befangenheitsthema, weil es um die staatlichen Meta-Strukturen geht. Darüber könnten wohl am besten Verfassungskommissionen, bzw. –konvente debattieren. Der beste Weg wäre, wenn sie von Bundestag und Bürgerkammer im Einklang eingesetzt würden. Notfalls könnte die

Bürgerkammer auch selbst solche Gremien einberufen und Druck auf den Bundestag ausüben, insbesondere wenn sich eine Mehrheit abzeichnet, die unzufrieden damit ist, dass der Prozess der Demokratisierung des Grundgesetzes zu langsam vorangeht. Die Vergangenheit hat gezeigt, dass eine parteipolitische Dominanz im Reformprozess problematisch, da wohl kontraproduktiv wäre. Immerhin wird hier letztlich *das* Befangenheitsthema überhaupt behandelt. So hat der Bundestag schon 1976[470] und 1992[471] – parteipolitisch dominierte – Kommissionen eingesetzt, die nur wenig demokratische Fortschritte brachten, dafür Frust bei Beobachtern über lust-, einfalls- und sogar öffentlichkeitsloses Vorgehen.[472] Die wohl größte Errungenschaft war noch der im Jahr 1993 von der Gemeinsamen Verfassungskommission vorgeschlagene Art. 20a GG (Staatsziel Umweltschutz), der lange unauffällig existierte, bevor er im Jahr 2021 beim Klimaschutz-Urteil in eine „staatstragende" Rolle schlüpfte.

Zuvor waren in der Wendezeit, als zeitweise „Verfassungsfieber" grassierte[473], die Runden Tische der DDR mit ihren Versuchen, das Grundgesetz zu reformieren, erfolglos geblieben. Eine im Schwung des Umbruchs mit zahlreichen Idealisten besetzte Arbeitsgruppe hatte in ihrem Entwurf einer neuen „Verfassung der Deutschen Demokratischen Republik"[474] den Satz geschrieben: „Jeder schuldet jedem die Anerkennung als Gleicher" (Art. 1 II S. 1). Der Entwurf gewährte auch das *Recht auf politische Mitgestaltung*, sowohl über gewählte Vertreter als auch – wohlgemerkt – *unmittelbar* (Art. 21 I). Ein solcher Hinweis auf den *Citoyen* war natürlich das Resultat der friedlichen Revolution mit dem Leitspruch *„Wir sind das Volk!"* Außerdem wollte der Runde Tisch die Stellung von Bürgerbewegungen schützen (Art. 35), die im Entwurf – natürlich aufgrund der einschlägigen Erfahrungen mit der SED als Einheitspartei – noch vor den Parteien (Art. 37) genannt wurden. Die Bürgerbewegungen sollten das Recht haben, ihre Anliegen vorbringen zu können und sachlich in den Ausschüssen der Volkskammer, bzw. der Landtage behandelt zu bekommen. Die Arbeit der Bürgerrechtler endete im Fiasko: Der progressive Verfassungsentwurf, der auch von manchen westlichen Staatsrechtlern unterstützt wurde, erlangte keine bleibende Bedeutung, da die Wähler schlichtweg die schnelle Einheit wünschten, sich den westdeutschen Parteien zuwendeten und dem Runden Tisch bei der Volkskammerwahl am 18.03.1990 eine Randexistenz zuwiesen.[475] Die Volkskammer lehnte am 26.04.1990 bereits die Beratung des Verfassungsentwurfs mit knapper Mehrheit ab. Der Bürgerrechtler Wolfgang Templin sprach von „demokratischem Ballast", der in der Übergangsphase zur Vereinigung abgeworfen worden sei. Demokratie-Aktivisten sprechen noch heute vom verpassten „Edelstein der deutschen Einheit".[476] Die Zeit war noch nicht reif. Der zeitraubende Akt einer neuen Verfassungsgebung mit all seinen notwendigen öffentlichen Diskussionen war in der von Bundeskanzler Helmut Kohl Ende 1989 beschworenen „historischen Stunde" und in der Vereinigungseuphorie nicht nüchtern und konzentriert zu bewältigen.[477] Trotz der Gelegenheit wurde im Zuge des Zusammenbruchs der DDR keine neue Verfassung verabschiedet. Art. 146 GG, der diese ermöglicht hätte, wurde bewusst umgangen und stattdessen der Weg über Art. 23 GG beschritten. Dieser führte formell zum Beitritt der neuen Bundesländer (statt der DDR) zum Grundgesetz.

Eine umfassende Demokratieform gelang auch einer großen Gruppe namhafter Deutscher aus Ost und West nicht, die sich außerparlamentarisch unter dem sperrigen Titel „Kuratorium für einen demokratisch verfassten Bund aller Länder" zusammengetan hatten.[478] Auch diese „erste gesamtdeutsche Bürgerinitiative", wie sie genannt wurde, wollte eine Aktualisierung und Fortentwicklung der Verfassung, teils unter Berücksichtigung des Entwurfs der Arbeitsgruppe. Eine Zeitlang arbeitete sie sich am politischen Widerstand ab. Offen äußerte sie „Kritik an der politischen Klasse", wagte sich an „heilige Kühe" wie die Parteienfinanzierung heran und forderte die

Ausweitung der Bürgermitwirkung. Die Empfehlungen, die auf eine „Bürgergesellschaft", bzw. eine „more perfect union" zwischen Ost und West gerichtet waren, waren teils bewusst provokant, um ein „Streitgespräch in Gang" zu bringen.[479] Geradezu liebevoll wird das Kuratorium in der Rückschau als „anarchisch-bunter Kindergeburtstag im konservativ-grauen Seniorenheim der deutschen Staatsrechtslehre" bezeichnet.[480] Bemerkenswert war der Vorschlag eines neuen Art. 2 III GG, der in die Richtung der hier skizzierten Bürgerwürde und eines Rechts auf aktive Partizipation geht:

"Jeder Mensch hat das Recht, in Staat und Gesellschaft seine Belange durch demokratische Teilhabe zu wahren."

Und ein zu ergänzender Artikel 43b I GG sollte so lauten:

"Fragen einzelner Abgeordneter oder parlamentarische Anfragen haben die Bundesregierung oder ihre Mitglieder und Beauftragten ... nach bestem Wissen unverzüglich, vollständig und wahrheitsgemäß zu beantworten."

Das sind nur Beispiele. Es fanden sich also bereits Ideen zu den grundlegenden Themen demokratische Teilhabe, Transparenz und Gewaltenteilung in diesem Entwurf. Vor allem wurde auch der Wunsch nach Volksentscheiden und Volksbegehren auf Bundesebene ausdrücklich unterstrichen.[481] Dem Kuratorium ging es um den bislang vernachlässigten Beitrag von *Verfahren*, "das politische System für neue Inhalte und Politikformen zu öffnen". Ziel war, das politische Engagement in der Gesellschaft zu fördern und das Gespräch und die Auseinandersetzung der Menschen über die sie selbst betreffenden gemeinsamen Angelegenheiten zu stärken.[482] Um beim Bild des Kindergeburtstags zu bleiben: Das Kuratorium hätte sicherlich lieber Bürgerräte mit offenem Visier am gemeinsamen Tisch gespielt als Topfschlagen zwischen Ost und West mit verbundenen Augen.

Auch über soziale Grundrechte wie das Recht auf Arbeit oder Wohnen hätte laut Kuratorium eingehend diskutiert werden sollen. Auch wurden die Kirchenartikel und der Einzug der Kirchensteuern durch den Staat zur Disposition gestellt.[483] Von der damals regierenden Union gab es barschen Widerstand. Sie nannte den Gedanken einer Neufassung des Grundgesetzes nach der Niederlage des sozialistischen Systems „geradezu grotesk", zumal doch 16 Millionen Bürger der ehemaligen DDR vom Systemwechsel profitieren würden.[484] Der damalige CDU-Innenminister Wolfgang Schäuble drückte es mit einem Basta aus:

"Wir haben den Weg des bisherigen Art. 23 GG erfolgreich beschritten. Wir werden nicht zur Weggabelung zurückkehren und nachträglich die Option des alten Art. 146 GG ergreifen oder hinterherschalten. Eine Verfassungsneuschöpfung wird es mit uns nicht geben, auch keinen Umbau und keine Totalrevision."

So blieben die „Geschenke" beim Kindergeburtstag schön verpackt, aber ungeöffnet. Der Entwurf erwies sich als „Totgeburt".[485] Der Bundestag, den die Reformvorschläge 1991/92 erreichten, ging mit der konservativen Mehrheit andere Wege. Wie zur Kompensation wurde in der Zeit stattdessen intensiv über die Hauptstadtfrage (Bonn oder Berlin) diskutiert und damit laut einem Kritiker aus dem Kuratorium von der „unterbliebenen politischen Vereinigungs- und Verfassungsdebatte" abgelenkt.[486] Die Initiative war jedenfalls verpufft.

Die Zeit war noch nicht reif. Wann ist sie reif?

Warum nicht jetzt? Über dreißig Jahre nach dem Bericht der „Gemeinsamen Verfassungskommission" sollte mal wieder eine Wartung und im besten Fall eine Rundüberholung des Grundgesetzes in Auftrag gegeben werden. Bürgerräte als Auslöser für eine solche Debatte stünden dabei in der Tradition der Runden Tische und des Kuratoriums. Besteht Vertrauen in deren Arbeit könnte ein Verfassungskonvent angestrebt werden. Dies könnte auf Initiative von 10 Prozent der Stimmberechtigten geschehen müssen.[487] Der Konvent könnte bei Bedarf Unterkommissionen zu einzelnen Themen einsetzen, deren Ergebnisse in einen endgültigen Entwurf zusammenzufassen wären. Im weiteren Verlauf dieser Volks*verfassungsgebung* (statt Volksgesetzgebung), könnten die notwendigen Stimmzahlen erhöht werden.[488]

Wichtig wäre dabei wohl, Politiker in den Beratungsprozess einzubinden, vornehmlich als Experten, eventuell auch als Teilnehmer (so geschehen in Irland). Neutrale Juristen müssten zwangsläufig die Facharbeit übernehmen, während geloste Bürger die grundsätzlichen Vorgaben erarbeiten. Das wäre erneut ein Auftrag für Lieschen Müller, die das mit allen anderen zusammen auch hier gegen abschätzige Bemerkungen gut könnte. Denn sie ist schlauer als sie gemacht wird, vor allem neutral, und würde eng mit Experten agieren, ggf. auch neue bestellen können und in kleinen und immer größer werdenden Segmenten nichts entscheiden, nur über *Empfehlungen* abstimmen. Es geht um ein intensiv ausgetüfteltes Gesamtpaket, das zudem von Experten auf seine Eignung und rechtliche Wasserdichtheit zu überprüfen wäre.

Das wäre kein Kindergeburtstag, sondern ein Bürgergeburtstag, der Monate, vielleicht Jahre dauern würde. Die Bürgerkammer könnte dabei als Anlaufstelle für Ideen fungieren, die in den Konvent und etwaige Kommissionen weitergetragen würden. Bürgerräte könnten auch in den Regionen Vorschläge sammeln, ordnen, weiterleiten, kanalisieren. Klar droht da Überforderung. Aber hier würde an der Verfassung, dem rechtgewordenen Gemeinwohl gearbeitet werden. Ob ein solches Mammut-Unterfangen wirklich funktionieren kann, ist ungewiss. Klar ist: Am Ende müsste ein Vorschlag mit stärkeren demokratischen Fairfahren stehen, dessen Annahme von links bis rechts Formsache ist.[489] Das ist natürlich einfacher geschrieben als getan. Aber das Schaffen von Spielregeln, bei denen sich alle mitgenommen fühlen, ist kein fachliches Zauberwerk. Es sollte einfacher sein, sich auf Verfahren zu einigen als auf bestimmte Sachinhalte von Politik.

Nimmt der Bundestag die einzelnen Vorschläge einer Grundgesetzreform mit Zweidrittelmehrheiten an (Art. 79 II GG), wäre es hervorragend. Aber auch hier wäre am Ende nach dem skizzierten Modell einer partizipativ-repräsentativen Demokratie im Falle einer Ablehnung von Teilen oder des ganzen Entwurfs theoretisch immer noch ein Volksentscheid über Teile und auch das Grundgesetz *an sich* denkbar[490], der, wie festgestellt, *seit 75 Jahren aussteht* und von Art. 146 GG getragen wäre. Die damaligen Gründe für diesen „Geburtsmakel" sind längst nicht mehr vorhanden und ein „tägliches Plebiszit" durch dauerhaftes Schweigen ist keine vergleichbare Lösung. Anders als direkt nach dem Zweiten Weltkrieg wäre zudem eine weitgehend konsensual erarbeitete neue Fairfassung möglich. Durch eine finale Abstimmung könnte aus dem historischen „Provisorium" Grundgesetz, das laut Horst Dreier mittlerweile vom „Transitorium" zum „Stabilimentum" geworden ist[491], ein „Futurium" werden. Welche Mehrheit bei einer solchen Abstimmung über ein neues Grundgesetz, bzw. gar eine neue Verfassung erforderlich wäre, ist umstritten. Vorschläge reichen von einfacher Mehrheit zu nicht genau festgelegten höheren Quoren, um der „Bedeutung und Dignität der Entscheidung" gerecht zu werden.[492] Eine Zweidrittelmehrheit der Abstimmenden, also eine Mehrheit wie für eine Änderung des Grundgesetzes (Art. 79 II GG) im Bundestag, könnte der Würde der Entscheidung gerecht werden. Es könnte im Sinne des sogenannten Koppelungsverbots und einer differenzierten Abstimmungsmöglichkeit für alle auch überlegt werden, nicht direkt per Art. 146 GG über das Gesamtwerk abstimmen zu lassen, sondern erst über einzelne Artikel. Auch die Vorgehensweise könnte der Verfassungskonvent erarbeiten.

So weit in Richtung einer Grundgesetzreform, bzw. einer ganz neuen Verfassung zu denken, die theoretisch das heutige

Grundgesetz selbst ist, ist zum Glück erlaubt. Eine neue Verfassung wäre tatsächlich nur dann erforderlich, wenn das Grundgesetz seinen wesentlich repräsentativen Charakter verlöre.[493] Sorge vor dem Volk ist auch in turbulenten Zeiten nicht angebracht: Über die Jahrzehnte wurden beispielsweise Landesverfassungen vom Volk per Abstimmung angenommen. Zu nennen sind etwa die bayerische Verfassung und die brandenburgische Verfassung. Letztere wurde 1992 erst vom Landtag verabschiedet und dann mit 94 Prozent der Stimmen per Volksentscheid angenommen. Auch wenn Gedanken an eine umfassende Erneuerung des Grundgesetzes angesichts der politischen Verhältnisse derzeit wohl eher Träumerei sind, empfehlen sich Gedanken in diese Richtung. Wie gesagt sind es Bürgerräte, bzw. Verfassungskonvente die die Bürgerwürde beleben können.

Wieviel Bürgerwürde steckt nach allem in uns? Und wo kann sie Ausdruck in einem reformierten Grundgesetz finden?

Auch wenn es starken Gegenwind anderer Juristen und Vertreter benachbarter Disziplinen geben dürfte, was wohl immer der Fall sein wird, wenn jemand ohne Scheuklappen wissenschaftliches Neuland betritt, ist es nach allem angebracht, mit Geschick Bürgerwürde über diverse einzelne Grundgesetzänderungen in das Grundgesetz einzufügen. Es geht dabei in erster Linie um das Ziel, ein Mehr an Partizipation zu schaffen.[494] Eine finale Volksabstimmung wäre ganz am Ende ratsam, aber nur wenn sich deutlich eine klare Mehrheit abzeichnet. Sie wäre nicht mehr als die „bloße" „Krönung" dieses Prozesses und keineswegs im ersten Schritt anzustreben, da der Weg das eigentliche Ziel ist und nicht ein vorgegebenes inhaltliches Ziel den Weg der Diskussionen beeinträchtigen darf.

Die folgenden Vorschläge für konkrete Grundgesetzänderungen sind vor diesem Hintergrund nicht als Vorgaben oder Nonplusultra misszuverstehen. Sie sollen der Veranschaulichung des

Reformbedarfs dienen und sind das Ergebnis der bisherigen Gedanken dieses Essays, aus dem Grundgesetz eine noch bessere Demokratie zu machen, die der Bürgerwürde aller gerecht wird.[495] Es handelt sich mithin um ein *Grobkonzept*, das eine in der Rechtswissenschaft vernachlässigte Richtung aufzeigen und zum gemeinsamen *Weiterentwickeln* anregen soll. Dabei geht es um Ideen für eine neue Präambel, die Verankerung der Bürgerwürde, eines Grundrechts auf aktive politische Partizipation sowie neue demokratische Strukturen, die zusammen das Gerüst für ein neues demokratisches Staatsdesign ergeben könnten.

Präambel

Ein Öffnen des Grundgesetzes fängt bei der Präambel an. Zunächst enthält diese überraschenderweise eine Ungenauigkeit. Dort steht nämlich, dass „sich das Deutsche Volk kraft seiner verfassungsgebenden Gewalt dieses Grundgesetz gegeben" hat. Die Legitimation des Grundgesetzes soll hier *keinesfalls* in Frage gestellt werden. Aber so direkt wie es sich anhört, war es 1949 eben nicht, da die Beschlussfassung nur indirekt über die Landtage erfolgte. Das ist kein pedantischer Einwurf, sondern Fakt. Es ist gewisse Schönfärberei dieses Satzes, wenn der Staatsrechtler Christoph Möllers dazu ausführt, dass die Formulierung zwar kein „historisches Faktum" widerspiegele und der gegenwärtige Zustand angesichts der fehlenden Annahme durch das Volk auch nicht dem Ideal einer Verfassungsgebung entspreche, aber die Grundgesetzgabe 1949 dennoch dem Volk *zuzurechnen* sei. Das klassische Argument lautet auch für ihn, dass das Volk das Grundgesetz *nachträglich* durch tägliche Zustimmung (plébiscite de tous les jours) angenommen habe.[496]

Haben Sie heute schon zugestimmt? Oder haben Sie eher passiv und ohnmächtig vieles hingenommen, was längst rechtlich manifestiert ist und irgendwie gar nicht änderbar scheint?

Die demokratische Legitimation des Grundgesetzes über die Landtage mag juristisch hinreichend sein. Sie ist aber nicht wirklich zufriedenstellend. Diese Schwachstelle anzumerken, sei an dieser Stelle erlaubt, schon weil sie ins systemische Gesamtbild passt.

Daneben bemängeln Kritiker, dass der Präambel eine fundamentale Sinngebung fehlt, ein bewusst gesetzter „positiver gesellschaftlicher Zielhorizont".[497] Mit den Worten des französischen Natur- und Völkerrechtlers Emer de Vattel fehlt ihr ein klarer rationaler „Plan der Nation für ihr Streben nach dem Glück".[498] Die Erwähnung des vereinten Europas ist nicht ausreichend für eine Präambel, die keinen hohen rechtlichen, eher symbolischen Wert hat. Nehmen wir die schweizerische Präambel. Dort wird die „Verantwortung gegenüber den *künftigen Generationen*" hervorgehoben und pathetisch festgehalten, dass es „*gewiss*" sei, dass „*frei nur ist, wer seine Freiheit gebraucht, und dass die Stärke des Volkes sich misst am Wohl der Schwachen (...)*". Ähnliches Zukunfts-, Freiheits- und Solidaritätsstreben täte auch der deutschen Verfassung gut. In der Präambel könnte insgesamt das Streben des Einzelnen nach Glück als Vollendung seiner privaten und politischen Freiheit in der Gesellschaft und in einem vereinten Europa beschrieben werden.[499]

Und wie wäre es mit einem starken „Wir-Gefühl"? Dieses könnte Ausdruck kollektiv gelebter Bürgerwürde in der Präambel sein.[500] Das ist übrigens regelrecht eine Sehnsucht der Deutschen: 80 Prozent der Befragten der WZB-Vermächtnis-Studie im Jahr 2019 gaben an, dass ihnen ein „Wir-Gefühl" sehr wichtig sei. In der Präambel der brandenburgischen Verfassung heißt es im ersten Satz schon gut gelungen: „*Wir, die Bürgerinnen und Bürger des Landes Brandenburg, haben uns in freier Entscheidung diese Verfassung gegeben*".[501] Selbstverständlich wird dort auch auf die „friedlichen Veränderungen im Herbst 1989" verwiesen und ausdrücklich betont, dass „Würde und Freiheit des Menschen" zu sichern sind. Es ist eindeutig, dass diese Verfassung lange nach dem Grundgesetz in der stolzen Wendezeit in einem ostdeutschen Bundesland verabschiedet wurde und seither viel Zeit vergangen ist.

Nur als Gegenbeispiele die viel früher verabschiedeten Verfassungen von Hamburg und Bayern: In der vom Hamburger Senat verkündeten und von der Bürgerschaft beschlossenen, also nicht per Volksentscheid angenommenen Hamburgischen Verfassung von 1952 wird eingangs die besondere Aufgabe der „Welthafenstadt" Hamburg gegenüber dem deutschen Volke betont. Was für ein Kontrast! Die vor dem Grundgesetz 1946 ebenfalls per Volksentscheid angenommene bayerische Verfassung wiederum beschreibt das Nachkriegs-„Trümmerfeld", aus dem die Verfassung entstanden sei.

Die Präambel sollte das „Wir" verdeutlichen und in die Zukunft weisen. Es geht doch darum, dass wir als Bürger einander zuhören, uns wertschätzen und anerkennen, die Verfahren dafür schaffen und auf diesem Demokratieweg die Gesellschaft gestalten. Die Einsicht in die Notwendigkeit einer bestmöglich rechtsstaatlichen Demokratie könnte den Weg zum Glück und zur Selbstverwirklichung aller Individuen ebnen, seelische Gesundheit sichern und Polarisierungen vorbeugen.[502] Warum sich nicht sogar feierlich in einer Formel Treue und Gemeinschaft als Bürger schwören?[503] Dabei könnte ein Begriff in den Mittelpunkt gestellt werden: *Einigkeit!* Wohl nicht zufällig lautet es passend in der Nationalhyme: „Einigkeit und Recht und Freiheit". Nicht die territoriale *Einheit* wird dort beschworen, die längst erreicht ist, sondern die Gemeinschaft der Menschen in Nord und Süd und Ost und West, die derzeit durch wachsende Spaltung aufgrund nicht einigungsfähiger Politik (nicht einmal innerhalb der Ampel!) bedroht ist. Mit dieser Leitmelodie könnte die Präambel einen neuen Schwerpunkt gleich zu Beginn der Verfassung setzen. Um im Bild zu bleiben: Ein schwarz-rot-gold gekleideter Fanfarenkorps könnte sie beim Richtfest des neuen Hauses der Demokratie spielen und uns alle für das neue Grundgesetz begeistern.

Kern eines reformierten Grundgesetzes und womöglich einer neuen Verfassung ist für mich die *Bürgerwürde*. Mit dem Gedanken der Bürgerwürde kann endlich die philosophische Lücke bei den demokratischen Rechten im Grundgesetz geschlossen werden. Ob die Bürgerwürde als demokratische Würde nun eine eigene Würdeform (so hier schon der Verdeutlichung halber angenommen) oder nur eine Unterform der Menschenwürde ist: Es ist eine zusammen mit der Menschenwürde das Grundgesetz überwölbende und prägende Idee, eine Staatsfundamentalnorm, die mit in Art. 1 GG gehört und nicht „wegobjektiviert" werden darf.[504] *Bürgerwürde garantiert nach der hier vertretenen Auffassung das Recht auf verbindliche aktive politische Partizipation.* Kurz gesagt ist die Bürgerwürde die auf die Gemeinschaft bezogene politische Würde eines Menschen, die Menschenwürde die individuell-freiheitliche. Beides ergänzt sich ideal zu einer privat wie politisch weit ausstrahlenden (Gesamt-)Würde. Wer eine starke Bürgerwürde unterstützt, selbst wenn die nur für Staatsbürger gelten sollte, strebt keine Konkurrenz zur Menschenwürde an, sondern ein klares *Mehr an Würde*. Zur Menschenwürde nach bisher relativ enger Auslegung träte ein zusätzliches umfassendes Partizipationsrecht. Die Forderung nach Bürgerwürde bedeutet mehr als nur Wählen. Sie bedeutet einen philosophischen Quantensprung!

Es ist Zeit, sich mit dem „Allerheiligsten" zu beschäftigen, dieses noch aufzuwerten. Vorschlag: Es könnte nach der Menschenwürde (Art. 1 I GG) ein neuer Art. 1 II GG ergänzt werden:

„Die Würde des Staatsbürgers ist unantastbar. Sie zu achten, zu schützen und zu fördern ist Verpflichtung aller staatlichen Gewalt."

Die Neuerung würde den Würdebegriff als Gesamtwürde einführen und in die zwei Teile Menschen- und Bürgerwürde trennen. Es ginge bewusst in die Richtung des schon diskutierten doppelten Seins: als Mensch *und* als Bürger in zwei Sphären, jeweils mit eigener Würde-Unterform. Entsprechend sollte in den zu verschiebenden Art. 1 III und IV GG von *„Freiheits- und Bürgerrechten"* (statt Menschenrechten, bzw. Grundrechten) die Rede sein, die die drei Gewalten auf Geheiß der obersten binden. Gemeint sind mit den Bürgerrechten vornehmlich die politischen Mitwirkungsrechte, die in einer Staatenwelt faktisch nur *Staatsbürger*, also solche mit deutschem Pass haben.[505] Diese sind aktiv vom Staat zu fördern. Auch hier unterscheidet sich die Bürgerwürde von der Menschenwürde.

Aus einer derart stark am Anfang der Verfassung als Statement gesetzten Bürgerwürde ergäbe sich ein Widerspruch zum *rein* repräsentativen, nur auf Wahlen gebauten demokratischen System. Die Bürgerwürde wäre konsequent im nächsten Schritt durch die Einfügung eines neuen „Rechts auf aktive Partizipation" etwa als Art. 1 a) GG zu konkretisieren.[506] Dieses könnte – rein als Diskussionsgrundlage – wie folgt lauten:

„(1) Alle Staatsbürger ab 16 Jahren haben das Recht in den öffentlichen Angelegenheiten direkt mitzuentscheiden.
(2) Jeder hat das Recht, an Beratungen über die öffentlichen Angelegenheiten mitzuwirken.
(3) Das Nähere regelt ein Gesetz."

Das Partizipationsrecht wurde in diesem Essay konkret als Recht des Staatsbürgers auf Teilnahme an Wahlen, aber auch bundesweiten Volksabstimmungen (Absatz 1) übersetzt.[507] Darüberhinaus ist *jedem, also auch Nicht-Staatsbürgern,* als Einwohnern der Bundesrepublik die Teilnahme am öffentlichen Diskurs, etwa in neuen demokratischen Los-Institutionen auf allen staatlichen Ebenen, zu gewähren (Absatz 2).[508] Zum Komplex Partizipation gehört auch die Teilnahme an Kontroll- und Auswahlkommissionen, die Staatsbürgern ab 16 Jahren vorbehalten wären, falls sie Entscheidungsmacht haben. All dies muss hier ganz am Anfang noch nicht im Detail ausgeführt werden, da es sich um das zentrale Bürgerrecht handelt, welches Ausgangspunkt für die Ausgestaltung in den folgenden Abschnitten des Grundgesetzes (insbesondere im staatsorganisationsrechtlichen Teil) oder in Gesetzen ist.

Der Artikel ist bestmöglich inklusiv. So gilt er auch für Kinder, die bis zum Alter von 16 Jahren Partizipationsrechte für unverbindliche Mitwirkung (etwa an Bürgerräten) bekämen, die vor allem in Fragen des Kindeswohls zum Tragen kämen. Dies folgt ähnlich schon aus Art. 12, 3 und 4 UN-Kinderrechtskonvention, wonach Kinder zu beteiligen und zu hören sind und ihr Wohl *vorrangig* zu beachten ist.[509]

Auch Nicht-Deutschen würde als ausländischen Mitbürgern bei diesem Modell ein Partizipationsrecht an nicht bindenden Beratungen eingeräumt (Absatz 2: „Jeder"). Hintergrund für eine solche Gewährung von Mitwirkungsrechten ist die Weltbürgeridee[510], die es ermöglicht, losgelöst von der Staatsangehörigkeit relativ flexibel und großzügig „Einwohnerrechte" einzuräumen, wodurch das Kriterium der Betroffenheit in der Demokratie höher gewichtet wird als der Pass.[511] Eine solche Tendenz ist in der Praxis durch erleichterte Einbürgerungen, die Gewährung doppelter Staatsangehörigkeiten und die Zulassung von EU-Ausländern (Unionsbürgern) zu kommunalen Wahlen im Ansatz immerhin spürbar.[512] Hierzu gehört, dass allen Einwohnern das Recht auf Teilnahme an unverbindlichen Bürgerräten ermöglicht wird, wie es auch schon passiert.[513] Beim Bürgerrat Ernährung waren Einwohner ab 16 Jahren teilnahmeberechtigt, was der Bundestag erlaubt hatte.[514] Es kann beim Losen zudem auf den Migrationshintergrund geachtet werden. Auch wenn der Prozess schleichend ist, ergeben sich in einer globalisierten Welt somit Möglichkeiten, Gemeinwohl und die demokratische Idee (Teilhabe möglichst aller als Freie und Gleiche) über das Erfordernis der Staatsangehörigkeit zu stellen.[515]

Was sich menschenrechtlich und vor dem Hintergrund der Weltbürgeridee dagegen absolut verbietet, sind Versuche von Ausgrenzungen durch einen ethnischen Volksbegriff und eine entsprechende Manipulation des Staatsbürgerbegriffs.[516]

Mit den hier vorgeschlagenen Ergänzungen wäre der neue Gesellschaftsvertrag von einem gut sichtbaren neuen Bürgerbild geprägt. In ihm würde die eigenständige Bedeutung der Bürgerrechte als demokratische Rechte klar hervorgehoben werden. Es käme mit den Abstimmungen eine Option „zu ihrem Recht", die seit über sieben Jahrzehnten nicht von der Politik gezogen worden ist. Es würden Werte und Strukturen eines neuen „Demokratiewegs" aufblitzen, der den Rechtsweg ergänzt, der auch weiter durch den Schutz der Grundrechte als Freiheitsrechte glänzt wie bisher. Das Großartige: Wenn es mehr demokratische Rechte gibt, dann profitieren davon auch die Freiheitsrechte. Bürgerrechte dienen dem aktiven Grundrechtsschutz, indem ihre Feststellung und Ausübung diese fördert und schützt. Konsequent wäre es bei der Gelegenheit, das Wahlrecht als politisches Grundrecht aus dem staatsorganisatorischen Teil in den Bürgerrechtsteil zu überführen. Es handelte sich also um gewisse „Aufräumarbeiten" im Grundgesetz, um die demokratisch-politische Sphäre herauszuarbeiten.

Neben Bürgerrechten, die ausgeweitet werden, könnten im Umkehrschluss auch *Bürgerpflichten* zum Tragen kommen. In der neuen Verfassung könnte beispielsweise ein soziales Dienstjahr verankert werden. Nur so viel dazu: Es macht erst Sinn über neue Bürger*pflichten* zu sprechen, wenn neue Bürger*rechte* installiert sind. Wem mehr Rechte zugestanden werden, der wird sicher auch offener und bereitwilliger für die Übernahme von Pflichten welcher Art auch immer für das Gemeinwohl sein. Will sagen: Citoyens stehen füreinander ein, aber sie müssen sich auch als Citoyens ernstgenommen fühlen. Eine Debatte über mehr Pflichten passt daher eher nicht in eine Zeit der Politikverdrossenheit. Typischerweise könnte ein neuer „Bürgerrat Demokratie" zu diesen Fragen Empfehlungen erarbeiten.

Bürgersouveränität

Faktisch ginge die Staatsgewalt im Zuge der hier vorgeschlagenen Reform nicht mehr vom „Volk" (aus Bourgeois) aus (vgl. Art. 20 II S. 1 GG), sondern von allen Bürgern als Citoyens. Konsequent wäre daher von *Bürgersouveränität* statt Volkssouveränität zu sprechen. Art. 20 II S. 1 GG könnte wie folgt lauten (Änderung unterstrichen):

„Die Staatsgewalt geht <u>von der Gemeinschaft der einzelnen Bürger</u> aus."

Diese Änderung würde unterstreichen, dass es auch eine *kollektive Bürgerwürde gibt,* die die Bürger zusammen als *höchstes Staatsorgan* haben und ausüben. Der Souverän ist dabei die Gemeinschaft aller Einzelnen, die einen Gesellschaftsvertrag schließen. Das wäre kein anonymes Volk mit homogenem Volkswillen[517], sondern eine heterogene Bürgergemeinschaft, die von Fall zu Fall über selbst beschlossene optimale Gesetzgebungs-„Fairfahren" bestmöglich ihren demokratischen Willen bildet. [518]

Partizipative Demokratie

In Satz 2 könnten die (unverbindlichen) Mittel der partizipativen, bzw. deliberativen Demokratie (Bürgerräte) gleichrangig neben die bereits vorhandenen der repräsentativen und direkten Demokratie (Wahlen, Abstimmungen) gestellt werden. Die Staatsgewalt würde dann ausdrücklich über drei Methoden und vier Gewalten ausgeübt werden (Änderungen unterstrichen) :

„Sie wird vom Volke <u>durch gemeinsames Beratschlagen,</u> in Wahlen, Abstimmungen und durch besondere Organe <u>der gemeinsamen politischen Gestaltung,</u> der Gesetzgebung, der vollziehenden Gewalt und der Rechtsprechung ausgeübt."[519]

150

Die neue Gewalt neben Legislative, Exekutive und Judikative wäre die „Kollaborative", wie Jascha Rohr sie nennt.[520] Der Staat wäre nicht nur subjektivrechtlich über Würde und Bürgerrechte, sondern auch objektivrechtlich verpflichtet, die partizipative Demokratie als vierte, den Souverän per Los mittelbar repräsentierende Gewalt einzurichten und auszubauen. Man könnte die Bürgerkammer und die Bürgerräte wie erwähnt auch als „besondere Organe" (der Gesetzgebung und Exekutive) einordnen, aber die explizite Herausstellung scheint vorzugswürdig.

Nachhaltigkeit

Wie schon angedeutet sollte auch die *Nachhaltigkeit* als tragendes Leitbild neben der Würde im Verfassungstext verankert werden. Bislang fehlt es ganz. Anders als in vielen anderen Ländern findet es sich nur *implizit* im Grundgesetz[521], nämlich als Teil des Staatsziels Umwelt- und Klimaschutz in Art. 20a GG, was nicht ausreicht. Das Prinzip der Nachhaltigkeit muss für eine gute Verfassung neben dem der Bürgerwürde eine zentrale Rolle einnehmen.

Statt nun hier die üblicherweise zu erwartende Installation der Nachhaltigkeit als weiteres Staatsprinzip zu fordern[522], gibt es einen besseren Weg: den Vorschlag des ehemaligen Bundesverfassungsgerichtspräsidenten Hans-Jürgen Papier eines neuen Art. 20 IIIa GG, mit dem er das bislang fehlende Vorsorgeprinzip verbindlich im Grundgesetz verankern möchte. Mit überraschender Schärfe kommt von ihm der Vorwurf, dass das Nachhaltigkeitsprinzip und Vorsorge bei politischen Entscheidungen generell *„systembedingt zu kurz"* kämen[523]. Sein konkreter Vorschlag für eine Grundgesetzänderung liest sich trocken, hat es aber in sich:

„Die Organe der Gesetzgebung, der vollziehenden Gewalt und der Rechtsprechung berücksichtigen das Ziel einer dauerhaften Befriedigung des Gemeinwohls und der Belange auch künftiger

Generationen. Durch Bundesgesetz, das der Zustimmung des Bundesrates bedarf, werden für Bund und Länder gemeinsam geltende Maßstäbe für die Einhaltung der Pflicht nach Satz 1 festgelegt."[524]

Papier gelingt es hier mit einem juristischen Kunstgriff, aus dem Prinzip der Nachhaltigkeit eine verfassungsrechtliche *Pflicht* zu machen, ja diese sogar in Art. 20 GG, also einem „ewigen" Artikel, zu platzieren, vgl. Art. 79 III GG. Ein sogenanntes „Maßstäbe-Gesetz" (vgl. Satz 2 seines Entwurfs) würde die Maßstäbe der Nachhaltigkeit operationabel für die Praxis machen. Der Gesetzgeber würde durch diesen Dreh gezwungen, das Prinzip der Nachhaltigkeit bei der Gesetzgebung nicht nur zu beachten, sondern es von vornherein bei jeder Ausarbeitung einzubeziehen. Der Clou: Jedes Gesetz sollte nur gelten, wenn es eine *Begründung* seiner Nachhaltigkeit enthält.

Damit katapultiert Papier die Nachhaltigkeit quasi aus dem Nichts zu einem verpflichtenden *Verfassungsauftrag* und überspringt dabei die Möglichkeit, sie als nur „weiches" Staatsprinzip in einem neuen Art. 20b GG niederzulegen, wie es von schon vergleichsweise progressiv argumentierenden Staatsrechtlern verfolgt wird.[525] Papiers Motivation ist dabei nicht allein der Klimaschutz. Auslöser seiner These im Jahr 2019 war die Frage der Schuldenbremse, was freilich keine entscheidende Rolle spielt, da es ihm letztlich eben um die Nachhaltigkeit als Oberbegriff geht. Papiers Vorschlag hat Potenzial in viele Richtungen, ob Klimaschutz, Schuldenbremse, Rente, etc. Für einen neuen Generationenvertrag scheint er sehr hilfreich.

Gewaltenteilung

Wir bleiben in Art. 20 GG bei den Staatsprinzipien und wenden uns dem Rechtsstaatsprinzip zu. Aus der Bürgerwürde folgt eher *echte Gewaltenteilung* als Gewaltenverschränkung. Denn nur wenn sachfremde Gründe bei Entscheidungen wirklich ausgeschlossen werden, können demokratische Entscheidungen gesichert neutral und effektiv im Sinne des Gemeinwohls wirken. Das Prinzip der Gewaltenteilung sollte insofern konsequent eine herausgehobene Stelle einnehmen, was bislang fehlt. Die Gewaltenteilung wird zwar oft und gern als wohlklingender Teil des Grundgesetzes zitiert und wird sogar als „unberührbares" Prinzip gemäß Art. 79 III GG bezeichnet[526], aber ihre genaue Bedeutung und damit ihre Wirkungen sind eher schwammig. Eine konsequente Gewaltenteilung ist obendrein in den aktuellen Strukturen der rein repräsentiven Demokratie des Grundgesetzes nicht umsetzbar. Zu verflochten sind Regierung und Parlament, sowie diese beiden mit der Judikative. Kein Vergleich zum klassischen Athen, wo insbesondere mit Hilfe des Losens messerscharf auf Trennung der Institutionen und Eindämmung persönlicher Macht hingewirkt wurde. Setzt man die „Optimierungselle" ans Grundgesetz an, gibt es in den Bereichen Gewaltenteilung und Rechtsstaat jedenfalls definitiv Förderbedarf. Es geht letztlich um eine optimale, passgenaue Austarierung im System der Gewalten[527], das eben an geeigneter Stelle auch die Hauptgewalt, den Souverän, einbeziehen muss. Vorschlag: Es könnte ein Art. 20 IIa GG ergänzt werden:

„Es gilt der Vorrang der Gewaltenteilung. Niemand entscheidet in eigener Sache."

Das würde Umstrukturierungen bedingen. Die drei Gewalten wären in der repräsentativen Struktur bestmöglich zu entflechten und zu kontrollieren. Schon deshalb hat ein solch neuer Artikel, der eigentlich nur eine staatsrechtliche Selbstverständlichkeit manifestieren sollte, realistisch vor dem Hintergrund des Grundgesetzes wohl kaum eine Chance. Selbst wenn intelligent, wohlwollend und auch konsequent geprüft wird, sind grundlegende Änderungen kaum von denjenigen zu erwarten, die sich selbst einschränken müssten. Sollte das Gegenteil passieren und Parteipolitiker bewusst eigene Befugnisse beschneiden, um sich selbst besser zu legitimieren, wäre es ein fantastischer Ausdruck der Anerkennung von Bürgerwürde und der bestmöglichen Gewaltenteilung als Grundlage einer rechtsstaatlichen Demokratie. Auf die notwendige konkrete Ausarbeitung von Anti-Befangenheits-Modellen, zum Beispiel über Kommissionen, kann hier nur hingewiesen werden. Dies ist letztlich eine wissenschaftliche Anregung für Optimierer, die die Herausforderung eines *auch rechtsstaatlich* neuen Staatsdesigns auf sich nehmen wollen. Die genannten Kommissionen setzen nicht zwingend eine Grundgesetzänderung voraus.

Bürgerkammer

Der Souverän als Hauptgewalt in einer Bürgerdemokratie braucht eine Institution für seine demokratischen und rechtsstaatlichen Aufgaben. Einige grundlegende Vorschläge zur Errichtung einer Bürgerkammer (Dritten Kammer), die Bürgerräte zu Einzelthemen einsetzt, wurden bereits gemacht. Das Konstrukt Bürgerkammer/Bürgerräte soll hier nicht durch überbordendes Klein-Klein eines Gesetzesvorschlags verkompliziert werden. Zu den Ideen, wie das Konstrukt funktioniert, kann auf das bereits Geschriebene verwiesen werden.

Knackpunkt der hier vorgeschlagenen Regelung ist, dass die Bürgerkammer die mögliche Ablehnung von Empfehlungen eines von ihm eingesetzten Bürgerrats durch den Bundestag faktisch „überstimmen" kann, indem sie zur Klärung Volksentscheide einleiten kann. Sie hätte selbst keine Entscheidungsmacht, würde eher wie ein vorbereitendes Scharnier in Fällen wirken, die dann allen Bürgern in Volksabstimmungen zur Entscheidung vorzulegen wären. Die Bürger hätten so zumindest *punktuell* in bestimmten Fragen effektiv die Oberhand über die gewählte Legislative. Eine solche Grundgesetzänderung wäre ein großer Fortschritt: Der Bundestag könnte frei über die Übernahme unverbindlicher Vorschläge entscheiden und müsste Ablehnungen gut begründen.[528] Bürger würden im Fall einer Übernahme zudem über Bürgerräte die Umsetzung in die Praxis weiterverfolgen. Diese Variante wäre wohl am besten in einem eigenen Abschnitt des Grundgesetzes völlig neu und detailliert zu regeln. Denkbar sind auch ähnliche Modelle, solange effektive Partizipation für alle gewährleistet wird.

Direkte Demokratie

Völlig unproblematisch wäre es dabei, aufgrund der rudimentären, aber dennoch ausdrücklichen Erlaubnis in Art. 20 I S. 2 GG *Abstimmungen* per Grundgesetzänderung zu ermöglichen. Das gilt für die neue Kombination mit Bürgerräten, ist aber auch „in Reinform" ohne Bürgerräte möglich. Für letzteres gibt es konkrete Vorbilder: Das sind die entsprechenden Abschnitte in den Länderverfassungen, wo Abstimmungen schon praktiziert werden. Hier werden – anders als in Art. 76 I GG, der bislang zu Abstimmungen schweigt – beide Gesetzgebungsmöglichkeiten, die durch das Landesparlament *und* durch Volksentscheid, in einer Vorschrift nebeneinander aufgezählt[529], was systematisch Sinn macht.[530] Als Vorlage eignet sich der detaillierte Entwurf des Vereins Mehr Demokratie.[531] Zusammengefasst ergänzt er in Art. 76 GG die Möglichkeit von Volksbegehren und fügt mit einem neuen Art. 78a GG einen eigenen ausführlichen Abschnitt für die Volksgesetzgebung ein.[532] Darin und in einem neuen Art. 79 III GG werden das typische, aus den Ländern bekannte dreistufige Verfahren der Volksgesetzgebung sowie die sogenannten fakultativen und obligatorischen Referenden geregelt.

Die erste Variante (Volksgesetzgebung) beginnt mit einer *Volksinitiative für ein neues Gesetz*, für die auf Bundesebene 100.000 Unterschriften gesammelt werden müssten. Bei Ablehnung durch den Bundestag müsste ein *Volksbegehren* mit einer Million Unterschriften innerhalb von neun Monaten erfolgreich sein.[533] Bei angestrebten Grundgesetzänderungen (Volksverfassungsgesetzgebung) wären 1,5 Millionen

Unterschriften nötig. Beim abschließenden *Volksentscheid* würde die einfache Mehrheit der abgegebenen Stimmen reichen.

Die zweite Variante ist das fakultative Referendum: Es regelt ein *Vetorecht* der Bürger gegen ein vom Bundestag beschlossenes *Gesetz*. Im Papier ist vorgesehen, dass 500.000 Unterschriften gesammelt werden müssten, um dieses einem Referendum zuzuführen. Die dritte Variante ist das obligatorische Referendum: Das Volk soll *obligatorisch* über jede *Grundgesetzänderung* abstimmen.

Bei Gesetzen, bei denen die Länder zustimmen müssen, und bei Grundgesetzänderungen sind gemäß der Ewigkeitsklausel des Art. 79 III GG Mitspracherechte der Länder einzuhalten. Daher wäre in solchen Fällen ein sogenanntes „Ländermehr" ähnlich des schweizerischen „Ständemehrs" erforderlich.[534] Dabei würde eine Stimme sowohl für den Bund als auch für das Land abgegeben[535] und die zustimmende Mehrheit müsste der im Bundesrat erforderlichen Mehrheit entsprechen. Es wären wohl noch andere Optionen denkbar. Festzuhalten ist, dass laut Art. 79 III GG nur die „grundsätzliche" Mitwirkung der Länder hergestellt werden muss, womit etwa der Bundesrat nicht als Institution einbezogen werden muss.[536]

Ansonsten gilt es, Detaillösungen für die rechtliche Vorabprüfung, das sogenannte Finanztabu, sowie für Quoren, für einzuhaltende Fristen, die Sammlungsform (digital?) und die Verbindlichkeit von Abstimmungen zu finden.[537] Der Entwurf von Mehr Demokratie sieht auf Antrag der Bundesregierung oder des Bundestags eine Prüfung eines möglichen Volksbegehrens durch das Bundesverfassungsgericht vor (Art. 78a III S. 2). Er sieht in Bezug auf den Volksentscheid, was auf den ersten Blick überraschen mag, *kein Quorum* vor. Die direktdemokratisch erfahrenen Schweizer kommen ebenfalls ohne Quoren aus.[538] Und auch die Venedig-Kommission des Europarates empfiehlt ausdrücklich, keine Quoren anzuwenden. Das gilt es, sich genauer anzuschauen. Tatsächlich sprechen praktische Gründe gegen Quoren: Ein *Beteiligungsquorum* führt nämlich zu dem völlig undemokratischen Nebeneffekt, dass Gegner lieber gar nicht erst abstimmen, weil sie so effektiv die Chance auf den eigenen Erfolg erhöhen.[539] Ein sehr hoch angesetztes *Zustimmungsquorum* kann wiederum dazu führen, dass die Befürworter zwar einen haushohen Sieg davontragen, aber die Vorlage trotzdem verliert, was große Unzufriedenheit nach sich ziehen kann.[540] In beiden Fällen sorgen also Quoren für Verzerrungen.[541] Es zeigt beispielhaft, dass der Prozess des Installierens von direktdemokratischen Verfahren einigen Konfliktstoff in sich birgt. Dabei sehen Wahlen auch keine Quoren vor.

Wichtig ist in jedem Fall, dass die Abstimmenden vor der Abstimmung eine Informationsbroschüre der Landesregierung erhalten, in der die unterschiedlichen Argumente gut und ausgewogen zusammengefasst sind.[542] Erst dadurch wird die Abstimmung überhaupt möglich, weshalb dieser Stufe eine ganz besondere Bedeutung zukommt. Eine potenziell wichtige Rolle käme in dem hier vorgeschlagenen Modell den Volksentscheiden im Regelfall vorgeschalteten Bürgerräten zu. Sie könnten bürgerfreundlich sowohl für inhaltliche als auch sprachliche Klarheit sorgen, indem Fakten stringent zusammengefasst sowie doppelte Verneinungen und Juristendeutsch vermieden würden.[543] Es dürfte Sinn machen, Abstimmungen mit ohnehin stattfindenden Wahlen zu kombinieren, um eine hohe Beteiligungszahl zu erreichen. Davon sollte auf Antrag der Initiative allerdings auch abgewichen werden können, wenn etwa Wahlen erst zu spät stattfinden.[544]

Nur sind all diese Änderungen umsetzbar?

Es ist wichtig, mit „institutioneller Fantasie" ein stimmiges neues Gesamtsystem zu designen, das mehr als das sonst drohende „betreute Diskutieren in Bürgerräten" ermöglicht.[545] Am

Ende stellt sich die Frage der Reformfähigkeit. Keineswegs wird das Volk durch ein vermeintlich heilbringendes Fingerschnippen oder gar die Deportation von Menschen frei, im Gegenteil. Es braucht Menschlichkeit und Mühen statt die Fehlinterpretation von würdevoller Staatsbürgerschaft als bloße Staatsangehörigkeit und damit verbundene nationalistische Denkweisen. Der Übergang in die *Bürgerrepublik* kann nur *schrittweise* erfolgen. Bürgerräte sind als etablierte Routinen erforderlich, bevor weitere Reformen möglich werden. Das Haus der Demokratie entsteht Stein auf Stein und mit ihm eine neue bürgerliche Kultur des gemeinsamen Schaffens. Wie heißt es noch in einem schönen Richtfestspruch:

„Stolz und froh ist jeder heute, der tüchtig mit am Werk gebaut. Es waren wackre Handwerksleute, die fest auf ihre Kunst vertraut."

Vertrauen in die eigene Staatskunst und selbst zum Handwerker des neuen Staates werden, ist die Motivation, die das Haus entstehen lässt. Ganz nach oben gehört – analog zum Brandenburger Tor – ein Schmuckstück als symbolische Krönung des Souveräns. Die Quadriga, das Viergespann mit der Siegeskönigin Victoria auf dem Brandenburger Tor, verdient als Teil eines Denkmals natürlich Respekt, passt aber von der historischen Symbolik her nicht in allen Details in die neue Zeit. Die Victoria trägt eine Stange mit einem von Eichenlaub umschlossenen Eisernen Kreuz und darüber einem gekrönten Adler mit weit ausgebreiteten Schwingen. Für die Zwecke dieses Essays ist zu fragen: Ist das Eiserne Kreuz nicht ein Fremdkörper? Es steht primär für Kriegserfolge, wie natürlich auch die Victoria für siegreiche Kriege steht, immerhin der Befreiung. Die Symbolik des „Friedens als natürliche Folge des Sieges"[546] vermag in aktuellen Kriegszeiten leider *en vogue* in wehrhaften Demokratien sein, aber geht es nicht weniger martialisch?

Wenn wir das Haus schon nur in unseren Köpfen entstehen lassen, warum dann nicht eine kleine Anpassung dieses National-denkmals erwägen, das in der Geschichte übrigens schon mehr-fach geändert und umgedeutet worden ist?[547] Es gab zum Beispiel Versuche, die Victoria als Eirene umzudeuten, die griechische Friedensgöttin.[548] Eirene würde zu der hier beschriebenen neuen guten und gerechten Ordnung hervorragend passen. Sie passt natürlich zur spektakulär friedliche „Wende" im November 1989, für die das Brandenburger Tor steht. Freiheit statt Untertänigkeit, Kooperation statt Konflikt[549], Citoyen statt Bourgeois und ultimativ Weltbürger statt Staatsbürger: Das ist der Pfad zu Demokratie, Frieden und „Würde der Menschheit" (Kant), für die das neue imaginäre Torhaus symbolisch steht.[550] Wer es gebaut hat, wird die Idee der *internationalen Gemeinschaft* mit entwickeln müssen. Eirene könnte auf dem „Tor der Demokratie" eine deutsche Fahne hissen, aber zusammen mit der europäischen und der UN-Fahne.

Wann kann der geistige Spatenstich stattfinden? Welcher Auslöser kann uns überzeugen?

Zunächst sollten wir uns klarmachen, dass natürlich auch andere Systemwandel möglich sind und in Konkurrenz zur Demokratisierung auf nationaler Ebene treten könnten. Beispiel: Für den Fall der faktischen Weiterentwicklung in Richtung eines *europäischen Bundesstaates* durch immer mehr Abgabe von Kompetenzen an die EU halten Rechtswissenschaftler eine Entscheidung des Volkes gemäß Art. 146 GG für unabdingbar.[551] Der damit verbundene Identitätswechsel, der mit einer Aufgabe der Souveränität (der Bundesrepublik *und* des Volkes) einherginge, würde automatisch eine Entscheidung des Volkes bedingen. Dieser Weg ist gar nicht so unwahrscheinlich, zumal laut Bundesverfassungsgericht nicht mehr viele Schritte fehlen, dass den Bürgern ihr (aus Wahlrecht und Menschenwürde abgeleitetes) „Recht auf Teilhabe an der Demokratie" des Grundgesetzes durch Übertragung von immer mehr Aufgaben an die EU verlorengeht. Manch Staatsrechtler sieht sogar bereits den Punkt gekommen, wo praktisch *jede* weitere Übertragung von Hoheitsrechten Richtung Europa vom Grundgesetz (Art. 79 III GG) verboten ist. Sven Hölscheidt etwa verweist darauf, dass bereits 80 Prozent der in Deutschland geltenden Normen europäischen Ursprungs sind.[552] Das heißt, Art. 146 GG könnte schon bald *zwangsläufig* aktiviert werden.[553] Das Bundesverfassungsgericht fasste die Situation schon im Lissabon-Urteil 2009 klipp und klar zusammen:

„Das Grundgesetz ermächtigt die für Deutschland handelnden Organe nicht, durch einen Eintritt in einen Bundesstaat das Selbstbestimmungsrecht des Deutschen Volkes in Gestalt der völkerrechtlichen Souveränität Deutschlands aufzugeben. Dieser Schritt ist (...) allein dem unmittelbar erklärten Willen des Deutschen Volkes vorbehalten.“[554]

Die Ampel hat den Beitrittswunsch interessanterweise in den Koalitionsvertrag geschrieben. Im Teil über die Konferenz zur Zukunft Europas heißt es, die Konferenz solle „in einen verfassungsgebenden Konvent münden und zur Weiterentwicklung zu einem föderalen europäischen Bundesstaat führen (...).“[555] Hier ist also Wachsamkeit geboten. Es ist festzuhalten, dass das in diesem Essay aufgebaute demokratische Ideal sich in gewisser Weise in einem Wettlauf mit der fortschreitenden europäischen Integration befindet, wobei letztere klar in Führung liegt. Es ist nicht gut, dass uns Bürgern das wohl kaum bewusst sein dürfte. Bei aller Europa-Begeisterung, die manche teilen dürften, droht ein ungefragter *faktischer* Beitritt in das demokratisch leider defizitäre, „technokratische“ und intransparente EU-System[556], und das bevor auf nationaler Ebene mit einer neuen demokratischeren Verfassung ein europäisches Vorbild geschaffen werden könnte.[557] Es gibt für die Bürger auf der komplexen EU-Ebene besonders viel zu tun: Noch sehr vage sind Ideen für einen ständigen Europäischen Bürgerrat, den Mehr Demokratie und andere Organisationen verfolgen, nachdem sich die Bürgerbeteiligung auf europäischer Ebene, gerade auch die

Europäische Bürgerinitiative, als insgesamt schwierig erwiesen hat.

Ein weiterer potenzieller Auslöser für ein systemisches Umdenken wäre eine *fundamentale Staatskrise*, ein kapitaler Vertrauensverlust in den gelebten demokratischen Rechtsstaat.[558] Ein entsprechender Vertrauensverlust ist längst greifbar. Immerhin 54 Prozent der Menschen in Deutschland gaben im Sommer 2023 an, weniger großes, bzw. geringes Vertrauen in die deutsche Demokratie zu haben. Im Herbst 2021 waren es noch 30 Prozent. Das Vertrauen in die Parteien lag mit 9 Prozent so tief wie nie. Auf der anderen Seite gaben 86 Prozent der Befragten an, dass sie sich stärkere Mitsprache bei wichtigen Entscheidungen wünschen.[559] Diese Vertrauenskrise kann nur als *„Krise der Repräsentation"* gesehen werden.[560] Es ist eine demokratische Krise und auch eine Verfassungskrise, weshalb durchaus in dem Zusammenhang die Systemfrage in Bezug auf die rein repräsentative Demokratie gestellt werden darf.[561]

Der Umgang mit solchen Krisen ist in Europa unterschiedlich. Die Isländer erarbeiteten nach der Finanzkrise 2008/2009 über einen Verfassungsrat und per Schwarmintelligenz Vorschläge für eine neue Verfassung und nahm sie per Referenden an – eigentlich. Die Referenden waren aber nicht bindend und wurden am Ende nicht von der folgenden konservativen Regierung übernommen.[562] Dagegen gelang es der Initiative G1000 in Belgien ein 500tägiges Machtvakuum im Land nach den Wahlen zu nutzen, um medienwirksam Vorschläge zu erarbeiten. Diese waren zwar ebenfalls nicht bindend, aber insbesondere die umgesetzte Bürgerversammlung mit 1000 Bürgern erlangte viel Interesse.[563]

Es gibt weitere potenzielle Krisenfaktoren: zum Beispiel den immer spürbareren Klimawandel. Allerdings geht der Klimawandel eher schleichend voran, wirkt sehr unterschiedlich und trifft oft „nur" Regionen wie das Ahrtal. Erst müsste wohl Starkregen viel größere Flächen überfluten, als dass wirklich genügend von uns wirkliche Betroffenheit spüren, nicht nur als Fernsehzuschauer. Wir wollen es nicht beschreien ...

Eine andere Gefahr ist das Anwachsen des schon mehrfach erwähnten Rechtsextremismus, gegen den zuletzt viele auf die Straße gingen. Hier sehen sich immer mehr Bürger akut betroffen und immer mehr bedroht, was nicht viel an Wahlerfolgen der AfD ändert. Es fehlt eine gesellschaftliche Vision. Die Proteste gegen die rechte Protestpartei erschöpfen sich – medienwirksam sekundiert und befeuert durch Politiker – im Modus der Verteidigung des Gewohnten, des scheinbar „Bewährten".[564] Dieser Essay will zur Abwechslung mal eine echte Alternative für die Republik beschreiben, über die nachzudenken sich lohnen würde.

Wie wäre es schlicht mit einem Wandel aus Vernunft?

Das setzt das schon betonte „Wir" voraus, statt vieler einzelner „Ichs". Es setzt Citoyens im Sinne mündiger Bürger voraus, die mehr als nur wählen wollen. Beides könnte auf der Erkenntnis des Konzepts einer Bürgerwürde fußen, sowohl bei sich selbst, als auch bei allen anderen. Das beginnt bei der Einsicht, dass sich nach 75 Jahren Grundgesetz gewisse politische Gewohnheiten eingeschlichen haben, die zu hinterfragen sind. Das ist ein doppelter Kampf: für mehr Demokratie und Recht wie auch gegen sich selbst. Es ist ein Kampf der Selbstverwirklichung, der auch über Selbstüberwindung geführt werden muss. Es geht, so Christoph Menke, um die Negation der eigene Gewohnheiten als „Akt der Vernunft".[565] Dieser Kampf nach innen, gegen die eigene politische Apathie, setzt ein neues inneres Selbstverständnis, verkörpert in der Bürgerwürde, voraus. Der „Kampf um die Demokratie" beginnt also in den Köpfen.

Bürgerwürde ist dabei als stolzes, verletzliches, in jedem angelegtes, aber eben *realpolitisch* derzeit nur schwach ausgeprägtes *Vermögen* zu demokratischer Machtausübung auszumachen.[566] Sie ist – wie die Menschenwürde – ein *absoluter* Wert, der aber immer nur *relativ* in Gesellschaften in Recht umgesetzt wird.[567] Das Verhältnis von absolutem zu relativem Wert ist dabei ähnlich wie das von Gerechtigkeit zu Recht, von Ideal zu Realität oder von Wahrheit zur (ständig wahrheitssuchenden) Wissenschaft. Im klassischen Athen war sie immerhin bereits einmal im Grundsatz idealtypisch umgesetzt. Das gern „modern" genannte Wahlrecht bei gleichzeitigem Ausschluss von bundesweiten Abstimmungen und Marginalität von Bürgerräten kann vor dem Hintergrund durchaus als bloße *Zwischenetappe* historischer Verfassungs- und Würdeentwicklung gesehen werden, nicht sein Endpunkt, so wie auch die Menschenwürde und die freiheitlichen Grundrechte erst nach Holocaust und Krieg prominent an vorderster Stelle im Grundgesetz verankert wurden, weil die Einsicht leider erst die ganz schlimme Krise brauchte. Während das Grundgesetz nach dem Zweiten Weltkrieg den *Menschen* mit seiner Würde in den Vordergrund stellte, stellte die athenische Demokratie nach der bitteren Erfahrung von Tyrannei und Schuldknechtschaft die *Aktivbürger* mit ihrer Würde in den Vordergrund. Warum nicht beide Denkrichtungen – freier Mensch und Bürger – in der modernen Demokratie vereinen? Dieser logische Gedanke ist leider in der Geschichte verkümmert.

Es ist Zeit, die Bürgerwürde ins Bewusstsein zu bringen, und das können wir am Ende nur als Gemeinschaft, am besten über gemeinsame positive Erfahrungen und Beratschlagungen, wie sie über immer mehr Bürgerräte und eine Bürgerkammer prozeduralisiert und institutionalisiert werden können. Vernunft kann nur Ergebnis gemeinsamen Redens sein, gerade in Zeiten strikter teils „identitärer" Ablehnung von anderen. Dieses Reden ist in sozialen Medien nicht möglich. Es braucht stattdessen Foren, wo Vernunft „herrscht". Eine Entscheidung für die hier beschriebene Bürger-Verfassung wäre die optimale „Systementscheidung", um Freiheit und Autonomie eine neue Form zu geben.[568] Sie geht über die Systementscheidung der freiheitlichen Grundrechte als Kernelement der Verfassung hinaus und gewährleistet „Freiheit schlechthin"[569]), was durch Einräumung deutlich mehr demokratischer und partizipatorischer Rechte für alle Bürger erfolgt.

Wie realistisch ist das?

Voraussetzung ist selbstredend, dass sich die Repräsentanten für das legitime Demokratieanliegen von uns Bürgern öffnen. Soviel ist klar: Von Politikern wie Olaf Scholz oder Friedrich Merz ist kein Anstoß zu einer „bürgerlichen Ermächtigung" zu erwarten. Die angesichts einer Fülle komplexer Probleme notwendig stärkere Zusammenarbeit von Politik und Bürgern scheint eher unwahrscheinlich, was nicht an den Bürgern liegt. Denn die haben längst, wie der Psychologe und Marktforscher Stephan Grünewald sagt, „eine tiefe Ahnung, dass sie selber mitwirken müssen".[570] Da im Bundestag für die großen Fragen aber nun einmal eine Zweidrittelmehrheit nötig ist, droht dort realistisch eine Sackgasse. Demokratische Legitimation für Neuerungen wie Bürgerwürde oder Bürgerkammer können in der rein repräsentativen Demokratie nur die Parlamentarier geben, die freiwillig Macht abgeben müssten. Es ist mal wieder ein Dilemma der Befangenheit, und zwar das größte, da es um die *Systemfrage* geht.

Wenig aussichtsreich wäre das Beschreiten des Rechtswegs. Befürworter eines demokratischen Wandels könnten in großer Zahl versuchen, Verfassungsbeschwerde in Form einer Art „Demokratie-Klage" zu erheben – es bliebe wohl ein eher symbolischer Akt. Die Bürger könnten eine Verletzung ihrer Partizipationsrechte rügen, etwa von Art. 1 I (Menschenwürde) in Verbindung mit 20 I (zu optimierendes Demokratieprinzip), 20 II S. 2 (ausdrücklich vorgesehenes Recht auf Abstimmungen) und Art. 146 GG (Recht auf Verfassungsgebung der Bürger). Im Sinne dieses Essays könnten sie sich auch außerdem auf ihre (ungeschriebene) Bürgerwürde, in dem Fall als aus der

Menschenwürde abzuleitendem *Leistungsrecht,* stützen. Das Bundesverfassungsgericht müsste für den Fall der Annahme der Beschwerde allerdings schon zu einer ungewöhnlich sehr weiten Auslegung der Menschenwürde gelangen und alles bisher von ihm selbst Gesagte übertrumpfen. Der Rechtsweg ist also praktisch eher auch eine Sackgasse. Immerhin könnte der Gang nach Karlsruhe der brachliegenden Thematik Aufmerksamkeit verschaffen und würde den Nachweis führen helfen, dass im hochgepriesenen Grundgesetz aktuell keinerlei Bürgerdemokratie steckt, wie sie hier als potenziell mögliches Recht jedes Einzelnen beschrieben und als Ideal vorgestellt worden ist.

Deutlich am hilfreichsten wäre auch für den Übergang der Demokratieweg, der Weg der Überzeugung. Es gilt wie gesagt, durch immer mehr gut funktionierende und nicht „kleingemachte" Bürgerräte die Augen für die Sinnhaftigkeit für eine Demokratiereform zu öffnen. Der Bürgerrat Ernährung war ein guter Aufschlag für die Demokratisierungsdebatte. Wer diesen Weg blockieren, manipulieren oder aussitzen will, weil der (vor allem aus eigener Sicht!) „gefährlich" oder systemwidrig sei, entlarvt sich selbst und macht sich zum Teil des Problems statt der Lösung und womöglich für viele unwählbar. Mittelfristig könnte gemeinsam mit dem Bundestag eine (nicht bindende) *Verfassungskommission* angestrebt werden. Diese dürfte nicht rein parteipolitisch besetzt sein wie früher, sondern müsste „aus der Mitte des Volkes" (Cramer) zusammengesetzt und im Stile eines Bürgerrats moderiert werden. Das wäre ein fairer Schritt, um den Puls der Bürger (noch unterhalb eines Verfassungskonvents) zu messen. Eine solche Kommission ist ohnehin überfällig, weil die letzte Verfassungskommission 30 Jahre zurückliegt.

Ist es zu verwegen, aus dem Provisorium Grundgesetz ein Futurium machen zu wollen?

Definitiv nicht. Das hier skizzierte Haus der rechtsstaatlichen Demokratie wäre nichts weiter als eine Optimierung des

Grundgesetzes: Bürgerwürde, Partizipation, Nachhaltigkeit, wirkliche Gewaltenteilung, bürgernahe Strukturen – all das fehlt und muss ausgebaut werden. Nicht primär wichtig, aber bei allem nicht zu vergessen: Es macht verfassungspolitisch Sinn, dass wir Bürger irgendwann die seit dem Jahr 1949 immer noch fehlende Abstimmung über das Grundgesetz nachholen. Schon deshalb lohnt es sich, unsere Verfassung Schritt für Schritt so zu verbessern, dass sie in überwältigender Einigkeit annehmbar ist. Die Tendenz geht derzeit eher in Richtung weiterer Polarisierung. Umso wichtiger sind die hier vorgeschlagenen Ideen einer Bürgerdemokratie.

Es ist klar, dass ein solcher Weg demokratischer Evolution lang ist und die Widerstände groß sein dürften. Die Frage ist: Reicht unsere Vernunft, Essays wie diesen nicht gleich als abwegig oder revolutionär zu verdammen, sondern sie als konstruktive Anregungen zu verstehen, die Stolz, Intelligenz und, ja, auch unsere Würde herausfordern wollen? Fangen wir an mit dem Umbau, erst im Kopf, dann Stein auf Stein gegen die Polarisierung auf allen Ebenen: in den Kommunen, in den Ländern, im Bund wie auch international. Fangen wir auch an, in den Schulen und Universitäten und in allen Bildungseinrichtungen partizipative Demokratie zu entwickeln und schon dort zu leben. Sie tut uns gut.

Das Jubiläum des Grundgesetzes war zu Recht Anlass für stolze Rückschau.

Das schönste Geschenk müssen wir uns jedoch selbst geben. Es geht um den Blick nach vorn als Gemeinschaft: in eine noch würdevollere Zukunft der Demokratie.

Citoyen Clemens Oswald

Göttin Eunomia beim Psychiater II

Eine Psychiatrie in Hamburg, im Mai 2025

Eunomia:	*Sehen Sie, es gibt Wege zu einer besseren Gesellschaft, sogar das Brandenburger Tor steht dafür.*
Psychiater:	*Selbst wenn Sie das hier ganz nüchtern darlegen. Man wird sie für verrückt oder revolutionär erklären, wenn Sie das verbreiten.*
Eunomia:	*Ich bin wie gesagt keine Revolutionärin. Aber anders als Politiker kann ich „von oben" sehr gut einschätzen, wo es hapert, wo verbessert werden kann, und wer eigentlich auch mal auf die Couch gehört.*
Psychiater:	*Jetzt klingen Sie wieder überdreht. Auch wenn ich, unter uns, auch schon mal dachte, dass Politiker manchmal völlig bescheuert agieren und jemand sie sich besser mal anschauen und zur Sicherheit anbinden sollte, damit sie nichts Falsches tun.*

Eunomia:	*Haha, das klingt ja wie Odysseus und die Sirenen. Kennen Sie die Geschichte?*
Psychiater:	*Nicht genau.*
Eunomia:	*Odysseus fuhr mit seinem Schiff an den Sirenen vorbei, die berüchtigt dafür waren, mit ihren Gesängen Seeleute zu betören, also verrückt zu machen und ins Verderben zu locken. Das Problem löste Odysseus damit, dass er sich an einen Mast anbinden ließ. So konnte er zwar die gefährlichen Gesänge hören, aber beging nicht den Fehler, ihrem Ruf zu folgen. Wie wäre es mit einer Art Sicherheitsgurt für Politiker?*
Psychiater:	*Das sind wieder so realitätsferne Vorstellungen von Ihnen.*
Eunomia:	*Ich meine es doch im übertragenen Sinne: Macht, Geld, Ruhm, Posten, all das kann die verführen, die Macht haben. Davor müssen doch die Bürger geschützt werden. - Aber mal andersherum gedacht: Warum nicht die Bürger mal die schönen Klänge der Demokratie hören lassen? So fest können die Politiker die Taue gar nicht um sie zurren. Warum nicht ihren Geist erwecken, den „Thymos", wie wir im Altgriechischen sagen. Es kommt nämlich nicht nur auf die Änderung der Verfassung zur Bändigung der Staatenführer an, sondern auch auf die Befreiung des Geistes der Staatsbürger, sozusagen eine neue Gemütsverfassung.*
Psychiater:	*Ich verstehe. Sie sehen die Bürger in einer Art Zwangsjacke und echte Demokratie als Medizin? Wie gesagt: Ich sehe sie nicht als krank, aber die anderen werden es tun.*
Eunomia:	*Ich möchte es darauf ankommen lassen. Es ist meine Mission als Göttin.*
Psychiater:	*Überschätzen Sie sich nicht.*

Eunomia:	*Wissen Sie, ich bearbeite meinen Vater Zeus, den größten Herrscher aller Zeiten, der sich das Recht nimmt, wie er will, jeden Freitag mit meinen Schwestern beim gemeinsamen Essen. Er ist auch nur ein Mensch, pardon Gott, und er ist fehlbar. Am Ende ist er von unserem Kooperationsgeschwafel genervt und schwingt sich als Adler davon! Aber er liebt seine Kinder und er beschützt alle Familien. Dabei sind Länder wie Familien, sie sollten es sein. Was Ihr Land braucht, ist keine Gehirnwäsche von Demokratiegegnern, die das Land ethnisch säubern wollen, sondern eine angenehme demokratische Kopfspülung.*
Psychiater:	*Es haben schon viele versucht, die Demokratie gegen den rechten Rand zu verteidigen. Der wird aber stärker …*
Eunomia:	*Wenn Sie den Essay gelesen haben, sollten Sie wissen, dass die Demokratie nicht verteidigt, sondern ausgebaut werden muss. Das sorgt für Zufriedenheit. Und das Losen und die Abstimmungen aus unserer athenischen Demokratie sind die Schlüssel.*
Psychiater:	*Ich muss gerade lächeln, weil mir eine Idee kommt, wie das spielerisch klarer gemacht werden kann. A wie „Ihr Arbeits-Los", B wie „Ihr Bewegungs-Los", C wie „Ihr Chancen-Los", und so weiter – das wäre eine gute Kampagne.*
Eunomia:	*Sie verstehen mich immer besser. Den Tipp mit den Wortspielen werde ich meiner Kollegin Tyche weitergeben, der Göttin des Zufalls.*
Psychiater:	*Wir haben das Ende der Therapie erreicht. Sie haben mich überzeugt.*
Eunomia:	*Also, los!*

Anmerkungen

[1] Er tat dies, obwohl er in Genf nur seine Kindheit und Jugend verbracht hatte. Vgl. Oelkers, Jürgen, Jean-Jacques Rousseau und die Pädagogik der Aufklärung, 13.02.2009, https://www.ife.uzh.ch/dam/jcr:ffffffff-ddf6-e1f2-ffff-ffffb34ae60d/GesamtFS09.pdf.

[2] Vgl. Bundesverfassungsgericht, Urteil vom 23.10.1951, - 2 BvG 1/51 -, Rdnr. 82, https://www.servat.unibe.ch/dfr/bv001014.html.

[3] Vgl. dass., Urteil vom 30. Juli 1958, - 2 BvF 3, 6/58 -, Rdnr. 30, BVerfGE 8, 104 (115), Rdnr. 15, https://www.servat.unibe.ch/dfr/bv008122.html; sowie dass., Beschluss vom 09.02.2009, - 2 BvC 11/04 -, Rdnr. 14, https://openjur.de/u/59029.html, wonach die Ausübung des Wahlrechts „Teilhabe an der Staatsgewalt, ein Stück Ausübung von Staatsgewalt im „status activus" darstelle.

[4] In einer relativ neuen Dissertation kritisiert Franz, Katrin Verena, Das Wahlrecht zum Deutschen Bundestag – Architektur eines organschaftlichen Rechts, 2019, S. 94, 103ff., 273, dass das Wahlrecht des Grundgesetzes als Individualrecht (Grundrecht) gesehen wird, spricht selbst von einem organschaftlichen Recht, zeigt aber auch dualistische Ansätze auf.

[5] Sehr systemkritisch hierzu Philip Manow, wonach es in der modernen Demokratie nicht um Volksherrschaft gehe, sondern um den strukturellen Schutz von Eliten. Die bedienten sich auf Basis tiefer Vorurteile gegenüber dem Volk aller Mittel, um mehr Demokratie zu verhindern: *„Der Vorteil der (repräsentativen) Demokratie besteht also gerade darin, den Pöbel außen vor zu halten, es ist der Trick der Repräsentation, etwas in der Demokratie beständig Anwesendes abwesend zu halten."* Vgl. Manow, Philip, (Ent-)Demokratisierung der Demokratie, 2020, S. 47. Ähnlich die US-Politikwissenschaftlerin Hanna Pitkin, wonach „Repräsentation Demokratie verdrängt hat, statt ihr zu dienen". Pitkin, Hanna, Representation and democracy: uneasy alliance, in: Scandinavian Political Studies 2004, S. 335-343 (339).

[6] Auch mancher Wissenschaftler spricht davon, dass Politik zu komplex sein könne und dann besser den Bürgern „zu entziehen" sei. Vgl. Grzeszick, Bernd, in: Dürig, Günter/Herzog, Roman/Scholz, Rupert, Grundgesetz, Band 3, 99. Ergänzungslieferung, Art. 20 II, S. 42f, Rdnr. 67, 71: Repräsentative Demokratie und Aufbereitung der Themen durch die Parteien als "den Sachproblemen gerecht werdende Politik".

[7] Citoyens sind laut dem Rechtswissenschaftler Karl-Peter Sommermann keine Untertanen, sondern republikanische Bürger. Diese könnten ein Minimum politischer Mitwirkung beanspruchen. Ein notwendiges Mehr, bzw. Maximum an Demokratie für die notwendige Mitwirkung an der „Gestaltung des Gemeinwesens" durch jeden Bürger diskutiert er nicht. Siehe Sommermann, Karl-Peter, Art. 20 I, in: Von Mangoldt, Hermann/Klein, Friedrich/Starck, Christian, Grundgesetz, 7. Aufl. 2018, Band 2, Art. 20-82, S. 9f., Rdnr. 17f.

[8] Vgl. Rousseau, Jean-Jacques, Der Gesellschaftsvertrag, marixverlag, 2. Aufl., 2012, S. 156: „Fest steht: Sobald ein Volk sich Vertreter nimmt, begibt es sich seiner Freiheit – um nicht zu sagen: seiner Existenz."

[9] Friedrichs „Seelenlandschaften", denen oft tröstende Funktion zugeschrieben wird, entstanden unter der Besatzung durch Napoleons Armee in den Befreiungskriegen. Vgl. Illies, Florian, zitiert bei Schreiber, Susanne, 28.10.2023, „Dieser Sonderling schafft es, unsere Seelen zu berühren", https://www.handelsblatt.com/arts und style/kunst-markt/caspar-david-friedrich-bestsellerautor-florian-illies-dieser-sonder-ling-schafft-es-unsere-seelen-zu-beruehren/29465468.html.

[10] Ober, Josiah, Demopolis, 2017, S. 103. In die Richtung auch Unger, Sebastian, Das Verfassungsprinzip der Demokratie, 2009, S. 256f., wonach der Individualbezug der demokratischen Freiheitsidee „immer noch über-wiegend ausgeblendet" werde.

[11] Spindler, Sabine, Caspar David Friedrich war kein Ökokritiker, Handels-blatt, 01.02.2024, https://www.handelsblatt.com/arts und style/kunst-markt/ausstellung-zum-250-geburtstag-caspar-david-friedrich-war-kein-oekokritiker/100011406.html.

[12] Zur klassischen „Objektformel" des Bundesverfassungsgerichts vgl. Frankenberg, Günter, Würde, Aus Politik und Zeitgeschichte, 2019, S. 36-42 (38). Siehe auch Kirste, Stephan, Die Würde des Menschen als Grundlage des Rechtsstaats, in: Ders./Sprenger, Gerhard (Hrsg.), Menschliche Existenz und Würde im Rechtsstaat, Beiträge zum Kolloquium für Werner Maihofer zum 90. Geburtstag, 2010, S. 103-120 (109, 112, 119), wonach willkürliche Unterwerfung gegen die Menschenwürde verstößt. Erniedri-gung, Verfolgung, Brandmarkung oder Ächtung sind ebenso ausge-schlossen wie Sklaverei oder Folter. – Wichtig: Die Menschenwürde kann Grundrechte und Prinzipien zu Leistungsrechten "aufladen". Ein Beispiel ist das Grundrecht auf Gewährleistung eines menschenwürdigen Existenz-minimums, das aus Art. 1 I GG in Verbindung mit dem Sozialstaatsprinzip des Art. 20 I GG hergeleitet wird. Vgl. Bundesverfassungsgericht, Urteil vom 09.02.2010, - 1 BvL 1/09 -, https://www.bundesverfassungsge-richt.de/SharedDocs/Entscheidun-gen/DE/2010/02/ls20100209 1bvl000109.html.

[13] Unger spricht treffend von demokratischer (positiver) Freiheit als Freiheit *zum Staat* gegenüber privater, liberaler, grundrechtlicher (negativer) Freiheit *vom Staat* sowie vom Bürgerstatus als *„status activus"* im Vergleich zum *„status negativus"*. Vgl. Unger, Sebastian, Das Verfassungsprinzip der Demokratie, s.o., S. 253-257.

[14] Vgl. Dreier, Horst, Das Grundgesetz – eine Verfassung auf Abruf?, Aus Politik und Zeitgeschichte 20.04.2009, https://www.bpb.de/shop/zeitschriften/apuz/32023/das-grundgesetz-eine-verfassung-auf-abruf/; Gärditz, Klaus Ferdinand, § 4 Verfassungsentwicklung und Verfassungsrechtswissenschaft, in: Herdegen, Matthias/Masing, Johannes/Poscher, Ralf/Gärditz, Klaus Ferdinand, Handbuch des Verfassungsrechts, 2021, S. 221-316 (284), Rdnr. 126; Hölscheidt, Sven, Wie viel neues Deutschland ist möglich?, DÖV 2020, S. 69-73 (73). Hochschild, Udo, Gewaltenteilung als Verfassungsprinzip, 2011, S. 149, https://publikationen.ub.uni-frankfurt.de/opus4/frontdoor/deliver/index/docId/8029/file/HochschildUdo.pdf. Willoweit, Dietmar, Deutsche Verfassungsgeschichte, 2013, S. 340. Wahl, Peter/Klein, Dieter, Die Krise der Demokratie, 2010, S. 69.

[15] Ramelow strebt ausdrücklich keine ganz neue Verfassung an. Ihm geht es um die Befindlichkeit der Ostdeutschen und darum, Gegnern des Grundgesetzes ein Stoppschild aufzustellen. Ramelow, Bodo im Interview mit Markus Wehner, FAZ, 21.05.2024, „Schlage vor, das Grundgesetz in eine Verfassung zu verwandeln", https://www.faz.net/aktuell/politik/inland/75-jahre-grundgesetz-bodo-ramelow-will-neue-verfassung-19731460.html. Ähnlich Bundestagsvizepräsidentin Petra Pau (Linke). Vgl. Spiegel, Bundestagsvize für Volksabstimmung über das Grundgesetz, 16.06.2024, https://www.spiegel.de/politik/deutschland/petra-pau-bundestagsvize-fuer-volksabstimmung-ueber-das-grundgesetz-a-36f6a991-0b06-4c87-b6ff-fecd14d63158. Dagegen di Fabio, Udo, im Interview mit Maximilian Amos, „Eine Krise der Demokratie kann man nicht weg reden", beck aktuell, 24.0.4.2024, https://rsw.beck.de/aktuell/daily/meldung/detail/interview-di-fabio-75-jahre-grundgesetz-bverfg-liberale-demokratie, der inkorrekt aus der *Wahlbeteiligung* bei der Bundestagswahl 1949 und dem Ausgang der Volkskammerwahl 1990 jeweils Plebiszite konstruiert.

[16] Meckel, Markus, 75 Jahre Grundgesetz: Her mit einer dauerhaften Verfassung!, Gastbeitrag im Tagesspiegel, 21.05.2024, https://www.tagesspiegel.de/meinung/75-jahre-grundgesetz-her-mit-einer-dauerhaften-verfassung-11671784.html.

[17] Begriff von Zeller, Christian, Cancel Culture als Staatsauftrag (2/2), Novo, 20.03.2024, https://www.novo-argumente.com/artikel/cancel_culture_als_staatsauftrag_2_2.

[18] Zum täglichen Plebiszit vgl. Huber, Peter M., Präambel, in: Sachs, Michael, Grundgesetz, 7. Aufl., 2014, S. 25f., Rdnr. 18f., sowie Heckel,

Martin, Die deutsche Einheit als Verfassungsfrage: Wo war das Volk?, 1995, S. 41. Ähnlich Möllers, Christoph, § 5 Demokratie, in: Herdegen, Matthias/Masing, Johannes/Poscher, Ralf/Gärditz, Klaus Ferdinand, Handbuch des Verfassungsrechts, 2021, S. 359f.; Dreier, Horst, Grundgesetz-Kommentar, Band III, 2018, Art. 146, S. 2047, Rdnr. 45, betont zu Recht, dass ein „plébiscite de tous les jours" eine „rein faktische Sperrwirkung" gegen eine erneute Verfassungsgebung entfalte.

[19] Vgl. Gysi, Gregor, 70 Jahre Grundgesetz - Eine Erfolgsgeschichte mit Potenzial, Grundrechte-Report 2019, S. 15-22 (22).

[20] Vgl. Welt, Gericht bestätigt Einstufung der AfD – „Die Sonne lacht", sagt Haldenwang, 13.05.2024, https://www.welt.de/politik/deutschland/article251485308/AfD-Gericht-bestaetigt-Einstufung-als-Verdachtsfall-Haldenwang-Die-Sonne-lacht.html. Die AfD-Vorsitzenden beklagten dagegen eine pauschale Behandlung aller Parteimitglieder und kritisierten den Verfassungsschutz und die Richter als Teil des „Establishments".

[21] Dies gilt für die Landesverbände Thüringen, Sachsen und Sachsen-Anhalt. Vgl. tagesschau.de, AfD in Sachsen „gesichert rechtsextremistisch", 08.12.2023, https://www.tagesschau.de/inland/innenpolitik/verfassungsschutz-afd-sachsen-rechtsextremistisch-100.html.

[22] Vgl. zu den Grünen Wiedmann, Oliver, Viel Meinung, wenig Erfahrung, mdmagazin 4/2020, S. 4f. Der damalige Parteichef und heutige Bundeswirtschaftsminister und Vizekanzler Robert Habeck griff selbst zu ziemlich populistisch klingenden Worten, indem er wenige Monate vor der Erklärung der ersten grünen Kanzlerkandidatur und in spürbarer Regierungsnähe vor dem verbreiteten "Die da oben sind sowieso alle Verräter, das Volk weiß es besser" warnte. Vgl. ZEIT Online, Grüne lehnen bundesweite Volksentscheide ab, 22.11.2020, https://www.zeit.de/politik/deutschland/2020-11/gruene-bundesparteitag-volksentscheide-buergerraete-grundsatzprogramm?utm_referrer=https%3A%2F%2Fwww.google.com%2F.

[23] Die Forderung von Volksgesetzgebung auf Bundesebene gehört auch zum Programm der Linken. Vgl. Die Linke, Zeit zu handeln!, Die Demokratie stärken! https://btw2021.die-linke.de/wahlprogramm-2021/. Vgl. schon den Entwurf eines Gesetzes zur Stärkung der direkten Demokratie im Grundgesetz 2017, Deutscher Bundestag, Drucksache 19/16, 24.10.2017, https://dserver.bundestag.de/btd/19/000/1900016.pdf.

[24] Siehe dazu Correctiv, Geheimplan gegen Deutschland, https://correctiv.org/aktuelles/neue-rechte/2024/01/10/geheimplan-remigration-vertreibung-afd-rechtsextreme-november-treffen/.

25 Vgl. Steinbeis, Maximilian, Ein Volkskanzler, Verfassungsblog, 09.09.2019, https://verfassungsblog.de/ein-volkskanzler/.

26 Anhänger von Grünen und Union sorgten sich vor allem wegen Rechtsextremismus und -populismus. Vgl. ARD-DeutschlandTrend, Zwei Drittel machen sich Sorgen um die Demokratie, 04.07.2024, https://www.tagesschau.de/inland/deutschlandtrend/deutschlandtrend-3426.html.

27 Vgl. z.B. tagesschau, 13.02.2024, https://www.ardmediathek.de/video/tagesschau/tagesschau-20-00-uhr-13-02-2024/das-erste/Y3JpZDovL3RhZ2Vzc2NoYXUuZGUvYjhjMjFhYjgtNjh-hOS00ZTg4LTg1OGYtNDcwOTQwNDk4OTQ0LVNFTkRVTkdTVklERU8. Prägnant gegen den alltäglichen einseitigen Gebrauch des Rechtsstaats als „law-and-order"-Begriff durch Politiker Bella, Joel S., Intervention zur unsäglichen Umdeutung des Rechtsstaatsbegriffs, Recht und Politik 2023, S. 443-447: „Der Rechtsstaat ist Rechtsstaat, weil das Recht den Staat in seinen Befugnissen begrenzt, weil der Staat sich an Gesetze halten muss. (...) Kurzum: Der Rechtsstaat dient nicht der Strafverfolgung: das machen Polizei und Staatsanwaltschaft. Der Rechtsstaat dient dem Schutz vor staatlicher Willkür; gerade in Form der Strafverfolgung." (Zitate auf S. 445f.)

28 Beispielhaft sei die offizielle Webseite des Bundestags genannt, wo der Begriff Gewaltenverschränkung nicht zu finden ist. Dort ist – mit Verlaub unpräzise und dadurch irreführend, wenn auch dem allgemeinen Sprachgebrauch entsprechend – ausschließlich von „Gewaltenteilung" die Rede. Vgl. Bundestag.de, Prinzip der Gewaltenteilung, abgerufen am 15.12.2022, https://www.bundestag.de/parlament/aufgaben/rechtsgrundlagen/gewaltenteilung-246408#:~:text=Der%20Bundestag%20ist%20nach%20dem,Bundes%2D%20und%20Landesgerichte%20als%20Judikative. Gar nicht tauchen beide Begriffe auf der Webseite der neuen Stiftung Forum Recht auf, vgl. https://stiftung-forum-recht.de/ (zuletzt abgerufen am 07.03.2024).

29 Montesquieu formulierte seine These in Zeiten der Monarchie freilich ohne allerletzte Konsequenz, indem er gewisse Gewaltenverschränkung erlaubte. So räumte er dem König ein Veto-Recht gegen die Legislative ein und schloss ein parlamentarisches Selbstversammlungsrecht aus. Vgl. Grzeszick, Bernd, Gewaltenteilung im demokratischen Rechtsstaat, in: Stekeler-Weithofer, Pirmin/Zabel, Benno, Philosophie der Republik, 2018, S. 57-66 (59-61).

30 Kant, Metaphysik der Sitten, Reclam, 1990, S. 172f. (Volk als „Oberhaupt"). Vgl. auch zum grundgesetzlichen Prinzip der Volkssouveränität Grzeszick, Art. 20 II, s.o., S. 40, Rdnr. 63: Volk als „Legitimationssubjekt", Staatsgewalten als „Legitimationsobjekte".

³¹ Kant, Immanuel, Zum ewigen Frieden, Reclam 2013, S. 20.

³² Ebda., S. 42: *„(…) und so der Mensch, wenngleich nicht ein moralisch-guter Mensch, dennoch ein guter Bürger zu sein gezwungen wird. Das Problem der Staatserrichtung ist, so hart wie es auch klingt, selbst für ein Volk von Teufeln (wenn sie nur Verstand haben) auflösbar.“*

³³ Er forderte eine Trennung, ohne allerdings konsequent Eigeninteressen der Abgeordneten in dem ihm vorschwebenden repräsentativen Modell zu besprechen. Vgl. Dingeldey, Philip, Von unmittelbarer Demokratie zur Repräsentation, 2022, S. 349f., https://library.oapen.org/bitstream/handle/20.500.12657/58119/1/9783839463260.pdf.

³⁴ Diverse Beispiele bei Sommermann, Klaus-Peter, Art. 20 II, s.o., in: Von Mangoldt, Hermann/Klein, Friedrich/Starck, Christian, Grundgesetz, 7. Aufl. 2018, Band 2, Art. 20-82, S. 96-99, Rdnr. 217-224.

³⁵ Von Münch, Ingo, Minister und Abgeordneter in einer Person: die andauernde Verhöhnung der Gewaltenteilung, NJW 1998, S. 34.

³⁶ Manow, Philip, (Ent-)Demokratisierung, s.o., S. 63. Der ehemalige Präsident des Bundesverfassungsgerichts Hans-Jürgen Papier sieht das Problem dagegen vor allem in der Rolle des Bundesrates, der als „undurchschaubarer Verhandlungsverbund von Regierungsvertretern aus Bund und Ländern“ nur schlechte Kompromisse erlaube. Stuttgarter Nachrichten, Verfassungsgerichtspräsident Papier sieht größte Bedrohung für die repräsentative Demokratie, 18.11.2004, https://www.presseportal.de/pm/39937/618727. Vgl. auch Schütt-Wetschky, Eberhard, Gewaltenteilung zwischen Legislative und Exekutive, Aus Politik und Zeitgeschichte, 26.05.2002, https://www.bpb.de/shop/zeitschriften/apuz/25526/gewaltenteilung-zwischen-legislative-und-exekutive/; Neupert, Michael, Rechtmäßigkeit und Zweckmäßigkeit, 2011, S. 103, sieht demgegenüber die Regierung in Abhängigkeit von der Legislative.

³⁷ Von Arnim, Hans Herbert, Wie man die Opposition gleichschaltet und die Gewaltenteilung beseitigt, Focus, 13.02.2017, https://www.focus.de/politik/experten/hans-herbert-von-arnim-wie-man-die-opposition-gleichschaltet-und-die-gewaltenteilung-beseitigt_id_6637811.html. Vgl. auch Schütt-Wetschky, Gewaltenteilung, s.o.

³⁸ Vgl. generell Stüwe, Klaus, Bundesverfassungsgericht und Opposition. In: van Ooyen, Robert Chr./Möllers, Martin H.W. (Hrsg.), Das Bundesverfassungsgericht im politischen System, 2006, S. 215-228.

³⁹ Bundesverfassungsgericht, Beschluss vom 17.07.1996, - 2 BvF 2/93 -, BVerfGE 95, 1, Rdnr. 42f. (15), https://www.bundesverfassungsgericht.de/SharedDocs/Entscheidungen/DE/1996/07/fs19960717_2bvf000293.html; dass., Beschluss vom

18.12.1953, 1953, - 1 BvL 106/53 -, BVerfGE 3, 225, Rdnr. 57 (247), https://servat.unibe.ch/dfr/bv003225.html. Positiv im Sinne der nur so zu verwirklichenden parlamentarischen Demokratie Neupert, Rechtmäßigkeit und Zweckmäßigkeit, S. 102ff. Dagegen sprach der ehemalige Bundespräsident und Bundesverfassungsgerichtspräsident Roman Herzog bereits 1971 in seinem Lehrbuch von „Gewaltenverfilzung". Vgl. Herzog, Roman, Allgemeine Staatslehre, 1971, S. 235. Vgl. dazu Hochschild, Udo, Gewaltenteilung als Verfassungsprinzip, 2010, S. 23f.

[40] Vage etwa Siegfried Magiera: Gewaltenteilung bedeute nicht scharfe Trennung der Gewalten, sondern deren „organadäquate und funktionsgerechte Zuordnung, um die Staatsmacht zu mäßigen und die Freiheit des Einzelnen zu schützen". Vgl. Magiera, Siegfried, Art. 38, S. 1086, Rdnr. 14, in: Sachs, Michael, Grundgesetz, Kommentar, 7. Aufl., 2014. Ähnlich kritiklos Horn, Hans-Detlef, Gewaltenteilige Demokratie, demokratische Gewaltenteilung, Archiv des öffentlichen Rechts 2002, S. 427-459 (456f.), der im Grundgesetz die „Richtigkeitsgewähr" für Gewaltenverschränkungen sieht, was das Konzept der Gewaltenteilung übermäßig relativiert.

[41] Das bleibt heutzutage oft unerwähnt. So entwickelte der ehemalige Bundesverfassungsrichter Gerhard Leibholz die sogenannte Parteienstaats-Doktrin. Der Parteienstaat sei die „rationalisierte Erscheinungsform der plebiszitären Demokratie" und direkte Demokratie daher nicht nötig. Vgl. Leibholz, Gerhard, Der Strukturwandel der modernen Demokratie, in: Ders., Strukturprobleme der modernen Demokratie, 1958, S. 78-131 (93f.).

[42] Vgl. Scholz, Rupert, Krise der parteienstaatlichen Demokratie?, „Grüne" und „Alternative" im Parlament, 1983, S. 9S. 10, 37. Scholz korrigierte Leibholz immerhin insoweit, dass die Parteien Teile einer mittelbaren, nicht unmittelbaren, Demokratie seien. Er schrieb insoweit von einer „parteienstaatlich-repräsentativen Demokratie".

[43] Vgl. Gabriel, Oscar W./Holtmann, Everhard, Der Parteienstaat — ein immerwährendes demokratisches Ärgernis? Ideologiekritische und empirische Anmerkungen zu einer aktuellen Debatte, Zeitschrift für Politik 2010, S. 307-328, https://www.nomos-elibrary.de/10.5771/0044-3360-2010-3-307.pdf?download_full_pdf=1.

[44] Schlaich, Klaus, Redebeitrag in: Parteienstaatlichkeit — Krisensymptome des demokratischen Verfassungsstaats?, Veröffentlichungen der Vereinigung der Deutschen Staatsrechtslehrer 1986, S. 114-168 (121). Dabei bezieht er sich auf alle drei vorherigen Referenten.

[45] Vgl. etwa von Arnim, Hans Herbert, Selbstbedienung in Südwest-Manier. Die Diätencoups in Baden-Württemberg und Rheinland-Pfalz, 2017.

[46] Stöss, Richard, Parteienstaat oder Parteiendemokratie, in: Gabriel, Oscar W./Niedermayer, Oskar/Stöss, Richard (Hrsg.), Parteiendemokratie in

Deutschland, 2. aktual. Aufl., 2001, S. 13-35 (14), hebt hervor, dass der Begriff „Parteienstaat" für eine „staatsbezogene und parteizentrierte Willensbildung" stehe. Der Begriff „Parteiendemokratie" bringe dagegen zum Ausdruck, dass die Parteien zwar für den Prozess der politischen Willensbildung unverzichtbar seien, dieser aber nicht von den Parteien monopolisiert werden dürfe und dieser auch nicht allein auf den Staat gerichtet sei.

[47] Hofmann, Gunter/Perger, Werner A., Richard von Weizsäcker im Gespräch mit Gunter Hofmann und Werner A. Perger, 1992, S. 140.

[48] Vgl. Geiler, Julius, Äußerung ruft Verfassungsschutz auf den Plan: Brandenburger AfD-Mann will „Parteienstaat" abschaffen, Tagesspiegel, 01.02.2024, https://www.tagesspiegel.de/potsdam/brandenburg/lars-hunich-will-parteienstaat-abschaffen-aussagen-von-afd-abgeordnetem-rufen-brandenburgs-verfassungsschutz-auf-den-plan-11145265.html.

[49] Ebda.

[50] Von Arnim, Wie man die Opposition gleichschaltet. Vgl. auch Schütt-Wetschky, Gewaltenteilung, s.o.

[51] Ursprung ist das mittellateinische „dieta" für Tagelohn, bzw. französisch „diète" für die tagende Versammlung.

[52] Eine Anpassung erfolgt jährlich zum 1. Juli. Vgl. Deutscher Bundestag, Aufwandsentschädigungen für die Abgeordneten, Deutscher Bundestag - Aufwandsentschädigung für die Abgeordneten des Deutschen Bundestages, sowie die Entwicklung der Diäten bei Statista, Höhe der Diäten für Abgeordnete des Deutschen Bundestags in den Jahren von 2002 bis 2022, https://de.statista.com/statistik/daten/studie/1238967/umfrage/hoehe-der-diaeten-der-bundestagsabgeordneten/.

[53] Deutscher Bundestag, Kostenpauschale, Deutscher Bundestag - Kostenpauschale.

[54] Vgl. Deutscher Bundestag, Amtsausstattung, https://www.bundestag.de/abgeordnete/mdb_diaeten/1334-260792. Dazu gehören neben der Büroausstattung und Reisekosten (Bahncard 100, Inlandsflugkosten) Mitarbeitergehälter in Höhe von monatlich bis zu 25.874,- Euro. Siehe Deutscher Bundestag, Mitarbeiter, 26.02.2024, https://www.bundestag.de/abgeordnete/mdb_diaeten/1334d-260806.

[55] Diese Abgeordneten bezeichnen die Regelung der Altersversorgung als Ungleichbehandlung zu den Wählern und „nicht mehr zeitgemäß". Vgl. Gammelin, Cerstin, Nach dem Mandat, Süddeutsche Zeitung, 04.04.2021, Altersbezüge von Abgeordneten: Rente statt Entschädigung - Politik - SZ.de

(sueddeutsche.de). Vgl. auch Stanton, Julia, Ohne je einen Cent einzuzahlen: So viel Rente kassieren Bundestagsabgeordnete, Frankfurter Rundschau, 03.03.2024, https://www.fr.de/panorama/viel-rente-kassieren-bundestagsabgeordnete-ohne-je-einen-cent-einzuzahlen-so-zr-92834726.html?itm_source=story_detail&itm_medium=interaction_bar&itm_campaign=share.

[56] Bundesverfassungsgericht, Urteil vom 05.11.1975, - 2 BvR 193/74 -, Rdnr. 60, https://www.servat.unibe.ch/dfr/bv040296.html.

[57] Von Arnim, Hans Herbert, Die Bezahlung von Politikern: Art, Höhe und Verfahren, S. 31-56 (33), in: Ders. (Hrsg.), Die Bezahlung und Versorgung von Politiker und Managern, 2014, https://www.uni-speyer.de/fileadmin/Ehemalige/Hans_Herbert_von_Arnim/Bezahlung_2014Beitrag.pdf.

[58] Ders., Eine Kriegserklärung ans BVerfG, Neue Zeitschrift für Verwaltungsrecht 2013, S. 1-11, https://content.beck.de/NVwZ/NVwZ-Extra_2013_8a.pdf.

[59] Der Bund der Steuerzahler fordert für die stärkste Erhöhung seit 1995 eine Änderung des Abgeordnetengesetzes oder zumindest eine gute öffentliche Begründung. Dazu und zu den auch steigenden Gehältern von Bundeskanzler und Bundespräsident vgl. Palmer, Anne-Kattrin, Größte Diäten-Erhöhung seit fast 30 Jahren: Ab Juli bekommen Abgeordnete 635 Euro mehr, Berliner Zeitung, 29.02.2024, https://www.berliner-zeitung.de/politik-gesellschaft/groesste-diaeten-erhoehung-seit-fast-30-jahren-ab-juli-bekommen-abgeordnete-635-euro-mehr-li.2192183.

[60] Von Arnim, Die Bezahlung von Politikern, s.o.: Die Kommission erwähnte nicht die übermächtige Rolle der Parteien, überging die faktisch schwache Rolle der Legislative und zeichnete ein idealisiertes Bild der Abgeordneten, so dass sie im Sinne der gebotenen Gewaltenteilung komplett ungeeignet war.

[61] Langjährige Abgeordnete wurden zudem noch mit einer rückwirkend eingeführten Altersversorgung bedacht. Je nach Amtsdauer bedeutete dies auf einen Schlag mehrere Hunderttausend Euro. Vgl. Legal Tribune Online, „Auf einen Schlag um mehrere Hunderttausend Euro reicher", 09.03.2020, https://www.lto.de/recht/nachrichten/n/von-arnim-erhoehung-diaeten-berliner-abgeordnetenhaus-verfassungswidrig/. Vgl. auch von Arnim, Selbstbedienung, s.o.

[62] Verwaltungsgericht Berlin, VG 5 K 296/20 und VG 5 K 297/20. Siehe dpa, in: Berliner Zeitung, Gericht hält Bezahlung von Abgeordneten für rechtmäßig, 23.09.2022, Gericht hält Bezahlung von Abgeordneten für rechtmäßig (berliner-zeitung.de).

[63] Vgl. allg. Isensee, Josef, Zwischen Amtsethos und Parteibindung – Entscheidungen des Parlaments in eigener Sache, Zeitschrift für Parlamentsfragen 2000, S. 402-424 (403-405, 408, 423). Als Entscheidung in eigener Sache werden hier Entscheidungen bezeichnet, in denen Macht über bestimmte Bereiche *de facto* gemeinwohlschädlich ausgeübt wird, weil dies im *Eigeninteresse* einzelner Parteien oder Fraktionen liegt.

[64] Laut Josef Isensee, ebda., ist der *rechtliche Grundsatz* grundsätzlich im Prozessrecht verankert, gelte auch für die Verwaltung, solle aber nicht generell für das Parlament gelten, was meines Erachtens zu bezweifeln ist, da – was Isensee auch betont – die Sache des Parlaments „letztlich die Sache des Volkes" ist. Immerhin kommt laut Isensee dem Verbot der Entscheidung in eigener Sache so oder so *„ethische Bedeutung"* zu, was für den Zweck dieser Arbeit schon ausreichend ist. In einem Diskussionsbeitrag legt Isensee das „tief eingewurzelte ethische Prinzip" einer Ablehnung der Selbstgesetzgebung bei den Diäten so aus, dass es zwar ein „Unbehagen" über die Macht der Abgeordneten gebe, aber nur selten fundierte Kritik an Höhe und Ausgestaltung. Dennoch hält er offensichtlich eine Kompetenz-verlagerung durch Verfassungsänderung für erforderlich. Ebda., S. 462. Um den Ausdruck "Entscheidung in eigener Sache" kursiert ein weiterer juristischer Fachstreit: Da Abgeordnete kein „Amt" wie Beamte oder Richter bekleiden, werden sie von manchen Wissenschaftlern aus der Geltung des Rechtsgrundsatzes ausgenommen. Vgl. Streit, Thilo, Entscheidung in eigener Sache, S. 179, 185; Lang, Heinrich, Gesetzgebung in eigener Sache, 2007, S. 515f., 519.

[65] Laut Thilo Streit handelt es sich um strukturell angelegte Verstöße gegen den verfassungsrechtlichen Kontrollgrundsatz. Vgl. ausführlich Streit, Entscheidung in eigener Sache, s.o., S. 127-185. Lang, Gesetzgebung in eigener Sache, s.o., S. 229-234, 515f., 519, spricht von einem Verstoß gegen das verfassungsrechtliche Distanzgebot in Form einer zu rügenden „Selbstbedienungskonstellation". Es könne sehr wohl von parlamentarischen „Entscheidungen in eigener Sache" gesprochen wer-den, wenn sich die in Rede stehende Entscheidung „unmittelbar" auf den verfassungsrechtlichen Status der Abgeordneten auswirkt. Dies sei etwa beim Abgeordnetenfinanzierungsrecht, bei gewissen Wahlrechtsänderungen und bei Entscheidungen im Immunitätsrecht der Fall.

[66] Bundesverfassungsgericht, Urteil vom 26.10.2004, - 2 BvE 1/02, 2/02 -, https://www.bundesverfassungsgericht.de/SharedDocs/Entscheidun-gen/DE/2004/10/es20041026_2bve000102.html.

[67] Vgl. Lang, Gesetzgebung in eigener Sache, s.o., S. 518.

⁶⁸ Vgl. Web.de, WM 2018: Gesetze und Reformen - Fußball als Ablenkungsmanöver für Politik?, https://web.de/magazine/politik/wm-2018-gesetzes-reformen-fussball-ablenkungsmanoever-politik-33012180. Vgl. allgemein Niedermayer, Oskar, Staatliche Parteienfinanzierung, Bundeszentrale für politische Bildung, 24.06.2022, https://www.bpb.de/themen/parteien/parteien-in-deutschland/zahlen-und-fakten/42240/staatliche-parteienfinanzierung/.

⁶⁹ Vgl. Bundesverfassungsgericht, Urteil vom 24.01.2023, - 2 BvF 2/18 -, Rdnr. 130, https://www.bundesverfassungsgericht.de/SharedDocs/Entscheidungen/DE/2023/01/fs20230124_2bvf000218.html. Unter anderem wurde festgestellt, dass die Parteienfinanzierung ein Sachbereich sei, „in dem es an dem regelmäßig korrigierenden Element gegenläufiger politischer Interessen fehlt", wenn auch trotzdem ein Gestaltungsspielraum des Gesetzgebers bestehe. Vgl. ebda., Rdnr. 127.

⁷⁰ beck-aktuell, Bundestag stimmt für Erhöhung staatlicher Finanzmittel für Parteien, 15.12.2023, https://rsw.beck.de/aktuell/daily/meldung/detail/bundestag-stimmt-fuer-erhoehung-staatlicher-finanzmittel-fuer-parteien; Deckers, Daniel, Eindruck von Selbstbedienung vermeiden, FAZ.net, 09.11.2023, https://www.faz.net/aktuell/politik/inland/parteifinanzierung-mehr-als-hundert-millionen-euro-zu-unrecht-vereinnahmt-19299886.html.

⁷¹ Vgl. Janisch, Wolfgang, An der kurzen Leine?, Süddeutsche Zeitung, 14.10.2021, https://www.sueddeutsche.de/politik/parteienfinanzierung-bundesverfassungsgericht-1.5438665

⁷² So bezieht der Entwurf z.B. den Mitgliederentscheid über den SPD-Parteivorsitz 2019 und den neuen digitalen Arbeitsstandard seit der Pandemie mit ein. Vgl. Neidinger, Rico, Rückwirkende Erhöhung der absoluten Obergrenze für Parteifinanzierung – Ende gut alles gut?, JuWiss-Blog Nr. 67/2023, 23.11.2023, https://www.juwiss.de/67-2023/.

⁷³ Von Arnim, Hans Herbert, Die politische, die wirtschaftliche und die mediale Klasse: Ersticken Sie die Bürger?, in: Ders. (Hrsg.), Volkssouveränität, Wahlrecht und direkte Demokratie, Berlin 2012, S. 27.

⁷⁴ Ders., Entscheidungen des Parlamentes in eigener Sache: Das Problem ihrer gerichtlichen Kontrolle, DÖV 2015, S. 537ff. (543), https://dopus.unispeyer.de/frontdoor/deliver/index/docId/634/file/2015_8_17_DOEV.pdf. Ders., Gesetzesbegründung und Gesetzesvorbehalt bei der Finanzierung von Fraktionen, parteinahen Stiftungen und Abgeordnetenmitarbeitern, DÖV 2016, S. 368ff. (374).

⁷⁵ Bundesverfassungsgericht, Urteil vom 21.07.2000, - 2 BvH 3/91 -, Rdnr. 74, https://www.bundesverfassungsgericht.de/SharedDocs/Entscheidungen/DE/2000/07/hs20000721_2bvh000391.html.

[76] Bundesverfassungsgericht, Beschluss vom 27.11.2007, - 2 BvK 1/03 -, Rdnr. 23, https://lexetius.com/2007,3490. Das Landesverfassungsgericht Schleswig-Holstein ergänzte 2013, dass auch Zulagen für Parlamentarische Geschäftsführer rechtmäßig seien, betonte aber, dass die Zulagen „auf eine geringe Zahl und besonders herausgehobene politisch-parlamentarische Funktionen begrenzt bleiben" müssten. Schleswig-Holsteinisches Landesverfassungsgericht, Zulagen für Parlamentarische Geschäftsführerinnen und Geschäftsführer der Fraktionen im Schleswig-Holsteinischen Landtag sind verfassungsgemäß, letzte Aktualisierung am 30.09.2013, https://www.schleswig-holstein.de/DE/justiz/gerichte-und-justizbehoerden/LVG/Presse/PI/2013_09_30_Urteil.html.

[77] Von Arnim, Hans Herbert, in: SWR, Report Mainz, Bundestags- und Landtagsabgeordnete kassieren rund 5,5 Millionen Euro rechtlich fragwürdige Zulagen, 07.03.2017, https://www.presseportal.de/pm/75892/3578284.

[78] Vgl. ders., Entscheidungen des Parlamentes, s.o., S. 543.

[79] Verfassungswidrig ist für von Arnim auch, dass der befangene Gesetzgeber dem Rechnungshof laut § 61 II S. 2 AbgG verbietet, die politische Erforderlichkeit der Maßnahmen von Fraktionen zu prüfen. Von Arnim, Gesetzesbegründung, s.o., S. 372.

[80] Bundesverfassungsgericht, Beschluss vom 19.09.2017, - 2 BvC 46/14 -, Rdnr. 88, 90, https://www.bundesverfassungsgericht.de/SharedDocs/Entscheidungen/DE/2017/09/cs20170919_2bvc004614.html.

[81] Vgl. Friehe, Matthias, Kein Wahlkampf auf Staatskosten: Wie Abgeordnetenmitarbeiter auch künftig in den Wahlkampf einbezogen werden, Verfassungsblog, 16.10.2020, https://verfassungsblog.de/kein-wahlkampf-auf-staatskosten/.

[82] Dies führt zu weniger Veröffentlichungspflichten und wird von Kritikern als Etikettenschwindel bezeichnet. Vgl. Neelen, Antje, Die gleichheitsgerechte Finanzierung parteinaher Stiftungen, DÖV 2023, S. 504-511 (504, Fn. 1); Nokel, Caroline, Die Betriebskosten der Demokratie, Deutschlandfunk Kultur, 16.03.2015, https://www.deutschlandfunkkultur.de/parteistiftungen-die-betriebskosten-der-demokratie-100.html.

[83] Von Arnim, Entscheidungen des Parlamentes, s.o., S. 543.

[84] Ders., Gesetzesbegründung, s.o., S. 372.

[85] Bundesverfassungsgericht, Urteil vom 22.02.2023, - 2 BvE 3/19 -, https://www.bundesverfassungsgericht.de/SharedDocs/Entscheidungen/DE/2023/02/es20230222_2bve000319.html. Deutlich werden die Verfassungsrichter in Rdnr. 237, wo der Gesetzesvorbehalt betont und

informelle „Stiftungsgespräche" von Stiftungsvertretern mit Vertretern des Haushaltsausschusses als dem nicht genügend eingeordnet werden. Pro Stiftungsgesetz äußerte sich schon im Vorfeld der Entscheidung der Staatsrechtler Christoph Möllers. Der Ausschluss der AfD könne „sehr schnell vor Gericht scheitern". Vgl. Steinke, Ronen, Rechte Kaderschmiede hofft auf Steuermillionen, Süddeutsche Zeitung, 18.05.2022, https://www.sueddeutsche.de/politik/afd-desiderius-erasmus-stiftung-steuergelder-1.5586900. Während die Grünen-Fraktion im Anschluss ein Stiftungsgesetz forderte, sei sich die SPD-Fraktion immer noch nicht sicher gewesen, ob nicht doch ein einfacher Beschluss im Haushaltsgesetz oder eine Verwaltungsvorschrift ausreichen könnte.

[86] Janisch, Wolfgang, Letzte Mahnung, SZ, 22.02.2023, https://www.sueddeutsche.de/politik/afd-bundesverfassungsgericht-desiderius-erasmus-stiftung-parteistiftungen-1.5756562.

[87] Es gibt allerdings Stimmen, wonach erst ein Parteiverbot oder eine Verfassungsfeindlichkeit gemäß Art. 21 III GG festzustellen sei. Vgl. etwa Neelen, Die gleichheitsgerechte Finanzierung, s.o., S. 511. Für ein Verbotsverfahren gegen die AfD Gärditz, Klaus Ferdinand, im Interview mit Justus Bender und Marlene Grunert, FAS, „Der Staat hat eine Schutzverantwortung", https://www.faz.net/aktuell/politik/inland/afd-staatsrechtler-ferdinand-gaerditz-fordert-ein-verbot-der-partei-19159877.html. Zur Schwierigkeit eines AfD-Verbots nach dem Nicht-Verbot der NPD vor sechs Jahren vgl. Heitmeyer, Wilhelm, Ein AfD-Verbot bringt gar nichts, SZ, 01.09.2023, https://www.sueddeutsche.de/meinung/heitmeyer-afd-npd-autoritaerer-nationalradikalismus-rohe-buergerlichkeit-gruppenbezogene-menschenfeindlichkeit-kommentar-1.6174838?reduced=true. Gegen ein Verbotsverfahren, da nur bessere politische Arbeit helfe, die AfD zu verkleinern Von Lucke, Albrecht, Gastbeitrag: Verbieten bringt nichts, SZ, 21.11.2023, https://www.sueddeutsche.de/kultur/afd-verbot-demokratie-1.6306431?reduced=true. Es gibt darüber hinaus Überlegungen zu Verbotsverfahren gegen die AfD-Jugendorganisation Junge Alternative, bzw. einzelne Landesverbände, deren Erfolg allerdings ebenfalls nicht gesichert scheint. Vgl. zu den „gesichert rechtsextremistischen" Landesverbänden Heußner, Hermann/Pautsch, Arne, Paradoxien und Anpassungsbedarf im BVerfGG, Verfassungsblog, 28.03.2024, https://verfassungsblog.de/paradoxien-und-anpassungsbedarf-im-bverfgg/. Ebenfalls diskutiert wird, einzelnen Protagonisten der AfD (Bernd Höcke) wegen Verfolgung verfassungsfeindlicher Ziele das aktive und passive Wahlrecht nach Art. 18 GG entziehen zu lassen. Vgl. Amann, Melanie, et al., Das schärfste Schwert, Spiegel, 10.11.2023, https://www.spiegel.de/politik/deutschland/afd-hoehenflug-hilft-jetzt-nur-noch-ein-parteiverbot-a-cc651f72-fead-4d82-87ba-80af198df0f1.

⁸⁸ Siehe Bundesverfassungsgericht, Urteil vom 22.02.2023, s.o., Rdnr. 246.

⁸⁹ Rath, Christian, Eher nicht hilfreich, taz, 12.11.2023, https://taz.de/Gesetz-zu-parteinahen-Stiftungen/!5969377/: "Das Gesetz wird wohl mehr Demokratieverdrossenheit erzeugen, als alle parteinahen Stiftungen zusammen reparieren können." Ähnlich Bahners, Patrick, Falsche Freunde der Verfassung, FAZ, 16.10.2023: „fatale Dummheit". Das neue Gesetz hat zudem Begehrlichkeiten kleiner Parteien wie der Tierschutzpartei geweckt, die bemängelt, dass ihre Chancengleichheit im politischen Wettbewerb verletzt werde. Vgl. Janisch, Wolfgang, Kleine Tiere wollen ein Stück vom Kuchen, SZ, 06.05.2024, https://www.sueddeutsche.de/politik/bundesverfassungsgericht-parteinahe-stiftungen-tierschutzpartei-parteien.-foerdergeld-1.6978060?reduced=true.

⁹⁰ Vgl. etwa von Arnim, Hans-Herbert, Das System, 2001 S. 127ff. Lang, Gesetzgebung in eigener Sache, S. 35f., sieht keine „Entscheidung in eigener Sache". In puncto Verhinderung direkter Demokratie spricht er nicht überzeugend von einer „verfassungsrechtlichen Grundentscheidung". Denn Art. 20 II S. 2 GG, in dem die Abstimmungen wie eine Vorlage stehen, wäre ohne weiteres mit einer Zweidrittelmehrheit zu ändern. Wenn die CDU hier ihre Sperrminorität nutzt, um sie zu verhindern, dann ist das als Entscheidung in eigener Sache zu qualifizieren.

⁹¹ Vgl. Deckers, Daniel, Keine guten Karten für die CSU, FAZ, 15.03.2023, https://www.faz.net/aktuell/politik/inland/wahlrechtsreform-die-csu-hat-keine-guten-karten-18747892.html.

⁹² Bundesverfassungsgericht, Urteil vom 30.07.2024, 2 BvF 1/23, u.a., Rdnr. 279-283, https://www.bundesverfassungsgericht.de/SharedDocs/Entscheidungen/DE/2024/07/fs20240730_2bvf000123.html

⁹³ Ebda., Rdnr. 281.

⁹⁴ Schulze, Tobias/Lehmann, Anna, Ampel gegen Sachverstand, taz, 16.03.2023, https://taz.de/Reform-des-Wahlrechts/!5919138/.

⁹⁵ Zu den Unterstützern der Abschaffung der Grundmandatsklausel gehörten auch zahlreiche Wissenschaftler. Der Berliner Rechtsprofessor Christoph Möllers, der die Ampelkoalition bei der Reform beraten hat, hatte sich in der Anhörung noch für eine Beibehaltung der Grundmandatsklausel ausgesprochen. Später änderte er seine Meinung und sprach sich für die Neuregelung aus. Die Grundmandatsklausel sei eine politische Option, aber nicht verfassungsrechtlich geboten. Vgl. Lehmann, Timo, „Die Sonderrolle der CSU ist systematisch fragwürdig, aber historisch eingeübt", Spiegel, 18.03.2023, https://www.spiegel.de/politik/deutschland/die-sonderrolle-der-csu-ist-systematisch-fragwuerdig-aber-historisch-eingeuebt-a-dcae8d4d-e4ea-496b-9e3c-d31d9d733a00. Dieses Argument teilte im

Grundsatz Christoph Schönberger, wonach die Grundmandatsklausel von Anfang an kaum zu rechtfertigen gewesen sei, da offenkundig eine Ungleichbehandlung im Verhältnis zu anderen Parteien bestanden hätte, die weniger als fünf Prozent der Zweitstimmen erzielt hatten. Vgl. Schönberger, Christoph, Ein Nachruf ohne Tränen, Verfassungsblog, 18.03.2023, https://verfassungsblog.de/ein-nachruf-ohne-tranen/. Ähnlich Michl, Fabian, Der demokratische Normalfall, Verfassungsblog, 18.09.2023, https://verfassungsblog.de/der-demokratische-normalfall/, da es sich bei einer Parlamentsentscheidung im Bereich der Wahlrechtsgesetzgebung um einen „demokratischen Normalfall" handele. Vgl. dagegen Jesse, Eckhard, Streit ums Wahlrecht. Parteien geben kein gutes Bild ab, Recht und Politik 2023, S. 428-434 (433).

[96] Vgl. Bundesverfassungsgericht, Urteil vom 30.07.2024, s.o., Rdnr. 160, 242.

[97] Deckers, Keine guten Karten, s.o.

[98] Steinbeis, Maximilian, Nützliche Idioten, Verfassungsblog, 17.03.2023, https://verfassungsblog.de/nutzliche-idioten/, hält Schutzmechanismen für das Wahlrecht vor parteipolitisch motivierter Veränderung für angebracht.

[99] Vgl. Kingreen, Thorsten, Vom Chancentod zur Chance: Ein wahlrechtlicher Vorschlag zur Güte, Verfassungsblog, 21.03.2023, https://verfassungsblog.de/vom-chancentod-zur-chance-ein-wahlrechtlicher-vorschlag-zur-gute/.

[100] Der Koalitionsentwurf hatte ursprünglich noch eine Begrenzung der Abgeordnetenzahl auf 598 vorgesehen. Vgl. Deutscher Bundestag, Wahlrechtsreform zur Verkleinerung des Bundestages beschlossen. https://www.bundestag.de/dokumente/textarchiv/2023/kw11-de-bundeswahlgesetz-937896.

[101] Legal Tribune Online, Linke und Unionsparteien wollen gegen neues Wahlrecht vorgehen, 09.06.2023, https://www.lto.de/recht/nachrichten/n/wahlrechtsreform-unionsfraktion-linke-abstrakte-normenkontrolle-bverfg/.

[102] Rath, Christian, Unschön, aber wohl legal, taz, 18.01.2023, https://taz.de/Geplante-Wahlrechtsreform/!5906372/. Die Unionsabgeordneten Martin Plum und Volker Ullrich sprechen sich wegen dieser Möglichkeit einer schlichten Mehrheitsentscheidung, die Missbrauch in einer zentralen Verfassungsfrage ermögliche, für eine Grundgesetzänderung aus, um gewisse Strukturelemente der Wahl festzuschreiben. Vgl. Plum, Martin/Ullrich, Volker, Den Schutz des Verfassungsgerichts mit dem Wahlrecht verbinden, FAZ Einspruch, 22.02.2024,

https://www.faz.net/einspruch/den-schutz-des-verfassungsgerichts-mit-dem-wahlrecht-verbinden-19538841.html. Vgl. auch Ojak, Sven, Anstoß zu einer Wahlrechtsreformspirale im Vierjahreszyklus?, Deutsches Verwaltungsblatt 2023, S. 841-845 (845).

[103] Vgl. Bülow, Marco, Wir Abnicker, 2010, S. 92, 98. Der Bundestag selbst erklärt auf seiner Webseite eher lapidar, dass die Bundesregierung als „zentrale steuernde Ebene die meisten Erfahrungen mit der Umsetzung" habe und direkt erfahre, „wo in der Praxis Bedarf an neuen gesetzlichen Regelungen besteht". Vgl. Deutscher Bundestag, Weg der Gesetzgebung, https://www.bundestag.de/parlament/aufgaben/gesetzgebung_neu/gesetzgebung/weg-255468 (zuletzt abgerufen am 12.12.2023).

[104] Bülow, Wir Abnicker, s.o., S. 102-104.

[105] Hartmann, Bernd, Inklusive Verwaltung, 2014, S. 7. Fragwürdig sind auch Beiräte in den Ministerien, die Lobbyisten einen privilegierten Zugang zur Gesetzesvorbereitung bieten. Vgl. Döhler, Marian, Ministerialverwaltung und Interessengruppen - Neues und Vergessenes zu einem alten Thema, Zeitschrift für Politikwissenschaft 2020, S. 1-26. Ein aufsehenerregender Einzelfall war u.a. die Aufdeckung eines Cum-Ex-Lobbyisten im Bundesfinanzministerium. Vgl. Finanzwende, Der CumEx Trojaner im Bundesfinanzministerium, 14.01.2021, https://www.finanzwende.de/themen/cumex/der-cumex-trojaner-im-bmf?cookieLevel=not-set&cHash=f2ed576e85e115c6fa4d5a3b8c19a407.

[106] Siehe den Buchtitel von Leif, Thomas/Speth, Rudolf, Die fünfte Gewalt: Lobbyismus in Deutschland, 2006.

[107] Deutscher Bundestag, Lobbyregister, https://www.lobbyregister.bundestag.de/informationen-und-hilfe/informationen-fuer-interessenvertreter-863572#Wer.

[108] Detjen, Stephan, zit. in: Deutschlandfunk, Diese Transparenzregeln sollen künftig gelten, 10.03.2021, https://www.deutschlandfunk.de/einigung-auf-lobbyregister-diese-transparenzregeln-sollen-100.html.

[109] Lobbyisten müssen seit März 2024 offenlegen, welche Gesetzesvorhaben sie beeinflussen wollen. Außerdem muss der Einsatz ihrer Finanzmittel offengelegt werden. Vgl. Lange, Timo, Bundestag beschließt verbessertes Lobbyregister, LobbyControl, 19.10.2023, https://www.lobbycontrol.de/lobbyregister/bundestag-beschliesst-verbessertes-lobbyregister-112080/. Siehe dazu auch FAZ, Der Bundestag will das Lobbyregister nachschärfen, 20.10.2023, https://www.faz.net/aktuell/wirtschaft/lobbyregister-soll-aussagekraeftiger-werden-bundestag-billigt-reform-19256126.html.

[110] Mehr Fortschritt wagen, Koalitionsvertrag 2021-2025 zwischen der Sozialdemokratischen Partei Deutschlands (SPD), BÜNDNIS 90 / DIE GRÜNEN und den Freien Demokraten (FDP), S. 9, Koalitionsvertrag (bundesregierung.de), S. 9.

[111] Vor dem Regierungswechsel ist von der „Operation Abendsonne" die Rede. Zuletzt genehmigten sich Union und SPD noch eben schnell ganze 71 neue Stellen für Spitzenbeamte der höchsten Besoldungsgruppe B, die unabhängig von der Wahl und sicher bis zur Pension sind. Spiegel Online, Bundesregierung schafft 71 neue Stellen für Spitzenbeamte, 02.05.2021, https://www.spiegel.de/politik/deutschland/bundesregierung-71-neuen-stellen-fuer-spitzenbeamte-a-addfe61a-20c1-4ef8-bb40-6770667bda36. Die Ampel legte zum Regierungsantritt in einer Art „Operation Morgendämmerung" nach und „gönnte" sich eine Rekordzahl neuer Stellen. Die Rede war von zunächst mindestens 300 neuen Stellen, die noch auf 500 erhöht werden könnten. Vgl. Greive, Martin, Ampel-Koalition gönnt sich ein üppiges XXL-Format, Handelsblatt, 12.01.2022, Beamte: Ampel schafft Hunderte neue Stellen in Ministerien (handelsblatt.com).

[112] Steinbach, Armin, Schutz vor einer Politik der Köpfe, Verfassungsblog, 24.05.2024, https://verfassungsblog.de/schutz-vor-einer-politik-durch-kopfe/.

[113] Aus § 54 I Bundesbeamtengesetz geht die erhebliche Bandbreite politischer Beamter (auf Lebenszeit) hervor, die vom Bundespräsidenten frühzeitig in den einstweiligen Ruhestand geschickt werden können. Zuletzt wurde etwa der grüne Staatssekretär im Wirtschaftsministerium Patrick Graichen im Zuge der Vetternwirtschafts-Affäre von Bundesklima-schutzminister Robert Habeck in den einstweiligen Ruhestand geschickt. Seine gesichert „weiche Landung" mag juristisch in Ordnung sein, ist aber nach den Vorgängen im Ministerium politisch fragwürdig. Vgl. Stock, Oliver, 240.000 Euro und dann 5250 Euro monatlich - die fette Graichen-Rente, Focus Online, 05.06.2023, https://www.focus.de/finan-zen/news/top-beamter-im-ruhestand-nach-rauswurf-koennte-habeck-mann-graichen-ueber-2-millionen-euro-kassieren_id_194597092.html. Beispiel auf Landesebene: Mit Unverständnis wurde in Hamburg quittiert, dass der ehemalige Bezirksamtsleiter und spätere Wirtschafts-Staatsrat Torsten Sevecke im Alter von 57 Jahren aufgrund einer behördlichen Umstrukturierung nach einer Wahl (und angeblich wegen nicht sehr fleißi-gen Arbeitens) einstweilig in den Ruhestand verabschiedet wurde. Ohne noch arbeiten zu müssen, habe er bis zur Pension mit 61 Jahren fast 300.000 Euro brutto jährlich Übergangsgeld erhalten, heißt es. Vgl. Arndt, Markus, Hamburgs teuerster Radfahrer, BILD, 03.07.2020, Ex-Wirtschafts-Staatsrat Torsten Sevecke: Hamburgs teuerster Radfahrer | Regional | BILD.de.

[114] Vgl. Lindner, Josef Franz, Der politische Beamte als Systemfehler, Zeitschrift für Beamtenrecht 2011, S. 150-161 (156). Zu einseitig aus Regierungsperspektive für politische Beamte argumentierend Honer, Mathias, Die grundgesetzliche Theorie der Regierung, 2021, S. 288-292 (290f.). Der Freistaat Bayern kennt das Institut des politischen Beamten übrigens nicht, allerdings auch lange keine Regierungswechsel mehr.

[115] Czisnik, Marianne, Die verfassungsrechtliche Stellung der politischen Beamten, DÖV 2020, S. 603-612 (612).

[116] Vgl. Lindner, Der politische Beamte, s.o., S. 151, Fn. 13 mit Nachweis auf den „bedrückenden" Befund von Franz, Wolfgang, Staatssekretäre und das Leistungsprinzip, Ein Bereich massiven Rechtsbruchs der politischen Klasse, Zeitschrift für Beamtenrecht 2008, 236 (238).

[117] Von Arnim, Hans Herbert, Focus, Ämterpatronage: Bestellung geneigter Amtsträger, 10.02.2017, https://www.focus.de/politik/deutschland/deutschland-aemterpatronage-verfassungsrechtler-herbert-von-arnim-schreibt-ein-buch-darueber_id_6626897.html. Ders., Bleibt Ämterpatronage straflos?, Deutsches Verwaltungsblatt 2020, S. 481-490, https://www.uni-speyer.de/fileadmin/Ehemalige/Hans_Herbert_von_Arnim/Fachveroeffentlichungen/2021_04_18_Arnim_DVBl_2021_481.pdf. Ähnlich Diringer, Arnd, Wenn Regierungsparteien sich den Staat durch Ämterpatronage zur Beute machen können, Welt am Sonntag, 07.05.2024, https://www.welt.de/debatte/kommentare/plus251402748/Politische-Beamte-Wenn-Regierungsparteien-sich-den-Staat-durch-Aemterpatronage-zur-Beute-machen-koennen.html.

[118] Bundesverfassungsgericht, Beschluss vom 28.05.2008, - 2 BvL 11/07 -, Rdnr. 97, https://www.bundesverfassungsgericht.de/SharedDocs/Entscheidungen/DE/2008/05/ls20080528_2bvl001107.html, mit Verweis auf § 31 BRRG und Art. 33 V GG. Danach ist eine Abweichung vom sogenannten Lebenszeitprinzip durch sofortige Abberufung nur für politische Beamte erlaubt, „die nach der Art ihrer Aufgaben in besonderer Weise des politischen Vertrauens der Staatsführung bedürfen und in fortwährender Übereinstimmung mit den grundsätzlichen politischen Ansichten und Zielen der Regierung stehen müssen".

[119] Lindner, Der politische Beamte, s.o., S. 161.

[120] Im März 2024 ernannte Bundesjustizminister Marco Buschmann (FDP) seinen Parteikollegen Jens Rommel. Vgl. SWR aktuell, Neu im Amt: Jens Rommel ist Deutschlands oberster Ankläger, 04.03.2024, https://www.swr.de/swraktuell/baden-wuerttemberg/jens-rommel-generalbundesanwalt-bundesgerichtshof-amtsgericht-biberach-riedlingen-staatsanwalt-ravensburg-100.html.

[121] Vgl. Wilke, Malte, Staatsanwälte als Anwälte des Staates?, 2016, S. 298f. AA Honer zu Spitzenpositionen im BND oder im Bundesamt für Verfassungsschutz, da es um die Umsetzung des politischen Regierungsprogramms und daher „gebotene Verwaltungssteuerung" gehe. Vgl. Honer, Die grundgesetzliche Theorie, s.o., S. 290, Rdnr. 258. Dass die Dissertation von der CDU-nahen Konrad-Adenauer-Stiftung gefördert wurde, sei als Transparenzhinweis am Rande bemerkt.

[122] Bundesverfassungsgericht, Beschluss vom 09.04.2024, - 2 BvL 2/22 - https://www.bundesverfassungsgericht.de/SharedDocs/Entscheidungen/DE/2024/04/ls20240409_2bvl000222.html;jsessionid=AADAB2ED7F6FD0C8D6563E9E997481B8.internet952.

[123] Vgl. Steinbach, Schutz vor einer Politik der Köpfe, s.o., der auf die Notwendigkeit hinweist, „schlichte Gewaltenteilungsmetrik" walten zu lassen. Ranghohe Polizei-, Kriminal- und Verfassungsschutzbeamte seien „prima facie mit Gefahrenabwehr und der Verhütung und Verfolgung von Straftaten befasst", nicht mit der „Transformation politischer Programmatik in ihre Behörden". Ebenso besorgt Sehl, Markus/Genter, Oscar, So leicht könnte Höcke Verfassungsfeinde zu Spitzenbeamten machen, Legal Tribune Online, 13.02.2024, https://www.lto.de/recht/hintergruende/h/afd-thueringen-regierung-staatssekretaer-verwaltung-beamte-verfassungsfeinde-wahlen/. Eingehend bereits Czisnik, Die verfassungsrechtliche Stellung der politischen Beamten, s.o., S. 603-612.

[124] Vgl. Hochschild, Gewaltenteilung, s.o., S. 24, sowie ders., Zum Status der Dritten Gewalt in Deutschland und Europa, s.o. Vgl. dagegen allgemein Galka, Sebastian, Parlamentarismuskritik und Grundgesetz, 2014, S. 340, wonach die Bundesrepublik „von Parteipolitikern" gegründet wurde, weshalb es die „beste Verfassungsordnung" sei, die es in Deutschland je gegeben habe.

[125] Im Bundesjustizministerium wird eine nicht bindende Liste geeigneter Bundesrichter mitsamt Vorschlägen der Fraktionen, der Bundes- und Landesregierungen geführt. Deutscher Bundestag, Wissenschaftliche Dienste, Richterwahl in Deutschland, 22.01.2019, https://www.bundestag.de/resource/blob/630692/8751e69818d2f4e7575bc48d9b02a7e9/WD-3-011-19-pdf-data.pdf.

[126] Die Kandidaten müssen keine Parteimitglieder sein. Im Bundestag haben die beiden größten Fraktionen ihr Vorschlagsrecht zuletzt teilweise deshalb an FDP und Grüne abgetreten, weil sie Mehrheiten für die eigenen Kandidaten sichern müssen. Zum FDP-Vorschlag Heinrich Amadeus Wolff, der weder erzkonservativ noch erzliberal sei und daher in einigen Fällen das „Zünglein an der Waage" sein könnte, vgl. Rath, Christian, Der schwarz-gelbe Kandidat, LTO, 12.05.2022,

https://www.lto.de/recht/justiz/j/bundesverfassungsgericht-fdp-kandidat-heinrich-amadeus-wolff-verfassungsrecht-sicherheitsrecht-bayreuth/.

127 Zum Folgenden Müller-Neuhof, Jost, Hinter den Kulissen von Karlsruhe: Wie ein deutscher Verfassungsrichter gemacht wird, Tagesspiegel, 08.02.2024, https://www.tagesspiegel.de/politik/hinter-den-kulissen-von-karlsruhe-wie-ein-deutscher-verfassungsrichter-gemacht-wird-11163718.html. Wie der Würzburger Rechtsprofessor und potenzielle Kandidat für den Präsidentenposten Horst Dreier aufgrund einer Fehlinterpretation „unmöglich gemacht" wurde, erläutert Leicht, Robert, Verbrannt, ZEIT, 07.02.2008, https://www.zeit.de/2008/07/Dreier. Dort auch mehr zum Kuhhandel um die Richterposten.

128 Zimmermann, Felix W., BVerfG durfte Presseanfragen nicht abblocken, Legal Tribune Online, 27.06.2022 https://www.lto.de/recht/hintergruende/h/vg-karlsruhe-bverfg-presseanfrage-auskuenfte-bild-auskunftsanspruch-kosten-klage-rosenfelder/.

129 Ders., Vergeblich, teuer und blamabel, Legal Tribune Online, 14.09.2022, https://www.lto.de/recht/nachrichten/n/teure-anwaelte-bundesverfassungsgericht-bild-zeitung-presserecht-auskunftsanspruch/.

130 So auch John, Jannika, Das Bundesverfassungsgericht, die Bundesregierung und der Interorganrespekt, Verfassungsblog, 11.07.2022, https://verfassungsblog.de/das-bundesverfassungsgericht-die-bundesregierung-und-der-interorganrespekt/, mit dem Hinweis, dass eine solche Praxis in anderen europäischen Länder nicht bekannt sei.

131 Von Arnim, Entscheidungen, s.o., S. 540.

132 Rath, Christian, Verfassungsrichterwahl: Vor dem großen Wechsel, Legal Tribune Online, 15.04.2022, https://www.lto.de/recht/hintergruende/h/bverfg-verfassungsrichter-nachfolge-paulus-kandidat-wahl-fdp-grne-spd-union/; sowie Sanders, Anne, Schutz des Rechtsstaats – Jetzt!, Zeitschrift für Rechtspolitik 2024, S. 92f.

133 Ders., Mehr Kooperation, weniger Konflikt, taz, 27.09.2020, Richterwahl am Bundesverfassungsgericht: Mehr Kooperation, weniger Konflikt - taz.de. Vgl. bereits Duden, Konrad, Richterwahl und politische Einflussnahme, Max-Planck-Institut für ausländisches und internationales Privatrecht Hamburg, 2020, S. 645, https://papers.ssrn.com/sol3/papers.cfm?abstract_id=3587705. Gleichzeitig kann aufgrund der notwendigen Zweidrittelmehrheit das Problem einer sogenannten Sperrminorität entstehen, indem Parteien, die mehr als ein Drittel der Stimmen halten, die Wahl von Richtern blockieren. Vgl. Karpenstein, Ulrich, Wehrhafter Rechtsstaat? Zur Diskussion um die Resilienz des

Bundesverfassungsgerichts, Anwaltsblatt, 14.05.2024, https://anwalts-blatt.anwaltverein.de/de/themen/schwerpunkt/wehrhafter-rechtsstaat-diskussion-resilienz-bverfg. - In den USA werden dagegen Kandidaten mit einfacher Mehrheit gewählt.

[134] Vgl. Steinbeis, Maximilian, Ein Volkskanzler, Verfassungsblog, 09.09.2019, https://verfassungsblog.de/ein-volkskanzler/. Vgl. auch Stürner, Rolf, Rechtliche Neuerungen zur Sicherung der Unabhängigkeit der Justiz bei der Besetzung von Richterpositionen, Juristenzeitung 2022, S. 840-850 (850).

[135] Sanders, Schutz des Rechtsstaats – Jetzt, s.o., S. 93

[136] Vgl. Janisch Wolfgang, Finger weg, SZ, 14.02.2024, https://www.sued-deutsche.de/projekte/artikel/politik/bundesverfassungsgericht-karlsruhe-afd-rechtsstaat-e402506/?reduced=true.

[137] Sanders, ebda. Siehe auch Müller-Neuhof, Jost, Bundesverfassungsgericht AfD-sicher machen?: Für den Glauben an die Demokratie gibt es kein Gesetz, Tagesspiegel, 30.01.2024, https://www.tagesspiegel.de/meinung/bundesverfassungsgericht-afd-sicher-machen-fur-den-glauben-an-die-demokratie-gibt-es-kein-gesetz-11131231.html. Vorher schon Duden, Konrad, Europäische Grundwerte unter Druck – Schutz der Justiz vor parteipolitischer Einflussnahme, 2020, Richterwahl und parteipolitische Einflussnahme | Max-Planck-Institut für ausländisches und internationales Privatrecht (mpipriv.de).

[138] Vgl. Hipp, Dietmar, CSU und Freie Wähler stimmen auch für AfD-Kandidaten, Spiegel, 24.01.2024, https://www.spiegel.de/politik/deutschland/bayerisches-verfassungsgericht-csu-und-freie-waehler-stimmen-auch-fuer-afd-kandidaten-a-94fa3e29-4153-4a24-a292-73ac13a8a186.

[139] Vgl. Karpenstein, Wehrhafter Rechtsstaat?, s.o.

[140] Zur Justizministerkonferenz, die vier konkrete Vorschläge verfolgte, u.a. die Übernahme der Zweidrittelmehrheit in das Grundgesetz bei Verhindern einer Sperrminorität eines Drittels, vgl. Grunert, Marlene, So wollen die Länder das Bundesverfassungsgericht schützen, FAZ, 02.02.2024, https://www.faz.net/aktuell/politik/inland/wie-das-bundes-verfassungsgericht-geschuetzt-werden-soll-19492614.html. Vgl. auch Sehl, Markus/Genter, Oscar/Schroeter, Helena, So wollen die Länder das Verfassungsgericht schützen, Legal Tribune Online, 01.02.2024, https://www.lto.de/recht/nachrichten/n/bundesverfassungsgericht-jumiko-gesetzesentwurf-grundgesetz-verfassung-aenderung-schutz-ver-fassungsfeinde/.

[141] Siehe Karpenstein, Wehrhafter Rechtsstaat?, s.o. Weitere Vorschläge zu Blockadelösungen bei Forck, Johannes, Doppelt hält besser, Verfassungsblog, 10.05.2024, https://verfassungsblog.de/doppelt-halt-besser/. Vgl. auch Sehl, Markus, "Was für die Funktionsfähigkeit relevant ist, muss ins Grundgesetz", Legal Tribune Online, 05.02.2024, https://www.lto.de/recht/hintergruende/h/verfg-gg-aenderung-resilienz-schutz-richterwahl-blockade-union-ampel/, der einen Bundesrichter-Pool vorschlägt, aus dem in Blockadefällen Richter gelost werden könnten.

[142] Kritisch etwa Wittreck, Fabian, Empfehlen sich Regelungen zur Sicherung der Unabhängigkeit der Justiz bei der Besetzung von Richterposten?, Gutachten G zum 73. Deutschen Juristentag, Hamburg 2020/Bonn 2022, G90, https://damjura.uni-muenster.de/razuna/assets/2/5F18B2BD3BB745F79AE4F401DCB83D88/doc/75CC0989D263429AAF92984C961AEFAD/Gutachtenband_73_DJT.pdf: „Linientreue".

[143] Deutscher Bundestag, Wissenschaftliche Dienste, Richterwahl in Deutschland, s.o.

[144] Persönliche Kommunikation. Andersherum ende laut Löbbert die Unabhängigkeit des Richters „im Organigramm des Justizministers". Vgl. Löbbert, Carsten, Autonomie der Dritten Gewalt, in: NRV, 25 Jahre Landesverband Bayern, 2014, S. 8-11 (9), https://www.neuerichter.de/wp-content/uploads/2024/02/BAY-2014-06_Jubilaeumsheft_NRV_2014_RZ_web.pdf. Deutlich äußerte sich diesbezüglich schon der preußische Justizminister Adolph Leonhardt: „Solange ich über die Beförderung bestimme, bin ich gerne bereit, den Richtern ihre sogenannte Unabhängigkeit zu konzedieren." Vgl. Tappert, Wilhelm, Unabhängige Justiz ohne Selbstverwaltung?, Deutsche Richterzeitung 2018, S. 234-237 (237).

[145] Plarre, Plutonia, Vom Krankenbett auf die Anklagebank, taz, 21.2.2017, Postengeschacher in Berlin: Vom Krankenbett auf die Anklagebank - taz.de.

[146] Wilke, Staatsanwälte, s.o., S. 302, weist auf die eigentliche Aufgabe der Mitwirkung an der Gerechtigkeit und der Wahrheitsfindung im Strafprozess hin. Vgl. auch Spoerhase, Claudia, in: Staatslexikon, Staatsanwaltschaft, https://www.staatslexikon-online.de/Lexikon/Staatsanwaltschaft.

[147] Bundesverfassungsgericht, Urteil vom 19.03.2013, - 2 BvR 2628/10 -, Rdnr. 92f., https://www.bundesverfassungsgericht.de/SharedDocs/Entscheidungen/DE/2013/03/rs20130319_2bvr262810.html.

[148] Der politische Status der Generalstaatsanwälte wurde zwar 2010 abgeschafft, nicht jedoch der des Generalbundesanwalts.

[149] Titz, Andrea, Weisungsfreie Staatsanwälte, Kritische Vierteljahresschrift für Gesetzgebung und Rechtswissenschaft 2010, S. 260-267 (266), https://www.nomos-elibrary.de/10.5771/2193-7869-2010-3-260.pdf?download_full_pdf=1.

[150] Gemeint ist dabei sowohl die Weisungsabhängigkeit in Einzelfällen, als auch generell. Vgl. Carsten, Ernst S./Rautenberg, Erardo C., Die Geschichte der Staatsanwaltschaft in Deutschland bis zur Gegenwart, 3. überarb. Aufl., 2016, S. 528, wonach Staatsanwälte über Einstellungen Fälle von Anfang an der richterlichen Kontrolle entziehen können. Dies könne den Anschein politischer Abhängigkeit hervorrufen, ob sie nun tatsächlich beeinflusst waren oder nicht. Vgl. dazu auch Titz, Weisungsfreie Staatsanwälte, s.o., S. 265.

[151] Carsten/Rautenberg, Die Geschichte der Staatsanwaltschaft, s.o., S. 507. Vgl. auch den Vorschlag von Weiß, Norman, Europarechtliche Impulse für die Reform des Amtsrechts der Staatsanwaltschaft, Juristische Rundschau 2005, S. 363-370 (370), https://www.academia.edu/10087190/Europarechtliche_Impulse_f%C3%BCr_die_Reform_des_Amtsrechts_der_Staatsanwaltschaft: Abkehr vom preußischen Modell durch Abschaffung von Weisungsabhängigkeit im Einzelfall und der Fixierung eines neuen Berufsbilds des Staatsanwalts als Teil der dritten Gewalt.

[152] Für Wirbel sorgten nicht nur die vom Generalbundesanwalt Harald Range eingeleiteten Ermittlungen, die wiederum maßgeblich vom damaligen Verfassungsschutzpräsidenten Hans-Georg Maaßen (CDU, heute Werte-Union) initiiert worden waren, sondern auch die Anweisung von Bundesjustizminister Heiko Maas, die Ermittlungen einzustellen. Als Range dagegen öffentlich protestierte, war nach Rechtslage klar, was passieren würde: Maas entließ den „renitenten" Range, die Ermittlungen wurden eingestellt. Vgl. Greven, Ludwig, Zieht das Verfahren durch!, ZEIT Online, 05.08.2015, https://www.zeit.de/politik/deutschland/2015-08/maas-range-netzpolitik-org-ermittlungen-kommentar/seite-2.

[153] Siehe Deutsche Welle, EuGH: Deutsche Staatsanwälte dürfen keinen Europäischen Haftbefehl ausstellen, 27.05.2019, https://www.dw.com/de/eugh-deutsche-staatsanw%C3%A4lte-d%C3%BCrfen-keinen-europ%C3%A4ischen-haftbefehl-ausstellen/a-48897628. Ein Beispiel für einen politisch hochsensiblen Fall ist der 2018 in Deutschland auf der Durchreise festgenommene Carles Puidgemont, gegen den ein von Spanien ausgestellter Europäischer Haftbefehl vorlag.

[154] EuGH, Urteil vom 27.05.2019 (Az. C-508/18, C-82/19 und C-509/18), sowie EuGH, Urteil vom 25.07.2018, zit. bei Sehl, Markus, Deutsche Staatsanwaltschaft nicht unabhängig genug, Legal Tribune Online, 30.04.2019,

https://www.lto.de/recht/justiz/j/eugh-schlussantraege-c508-18-deut-sche-staatsanwaltschaft-unabhaengigkeit-eu-haftbefehl/. Siehe auch-Wittreck, Empfehlen sich Regelungen, s.o., G24.

155 Kaufmann, Annelie, Immer wieder Ärger mit dem Europäischen Haft-befehl, Legal Tribune Online, 30.11.2020, https://www.lto.de/recht/jus-tiz/j/eugh-c510-19-staatsanwaltschaft-weisungen-unabhaengigkeit-euro-paeischer-haftbefehl-niederlande-deutschland/.

156 Deutscher Richterbund, Rechtsstaatlichkeitsbericht: Probleme in EU-Staaten, 09.10.2020, Rechtsstaatlichkeitsbericht: Probleme in EU-Staaten - Deutscher Richterbund (DRB).

157 So wörtlich der brandenburgische Generalstaatsanwalt Erardo Cristo-foro Rautenberg, Vgl. Rautenberg, Erardo Cristoforo, Die Abhängigkeit der deutschen Staatsanwaltschaft, Goltdammers Archiv für Strafrecht 2006, S. 356 ff. (360). SPD-Mitglied Rautenberg setzte sich ab dem Jahr 2000 erfolgreich für die Beseitigung des Status der Generalstaatsanwälte als „politische Beamte" ein, die deutschlandweit im Jahr 2010 erfolgte.

158 Vgl. Heribert Prantl, Die Entfesselung der dritten Gewalt, Süddeutsche Zeitung, 06.06.2006, https://www.sueddeutsche.de/politik/kolumne-prantl-deutsche-justiz-unabhaengigkeit-europaeischer-gerichtshof-1.4469352.

159 Explizit für einen Ausschluss der parteipolitischen Dominanz über Staatsanwälte auch Carsten/Rautenberg, Die Geschichte der Staatsanwalt-schaft, s.o., S. 556. Vgl. auch Titz, Weisungsfreie Staatsanwälte, s.o.

160 Vgl. Deutscher Richterbund, Rechtsstaatlichkeitsbericht, s.o.

161 Vgl. Carsten/Rautenberg, ebda., S. 549. Ähnlich Titz, Weisungsfreie Staatsanwälte, s.o., S. 264.

162 Die Zahlen sind frappierend: Während 81,2 Prozent der Strafverteidiger schon von informellen Absprachen (Deals) erfahren hatten, war dies immerhin noch bei 59,3 Prozent der Staatsanwälte und 44,4 Prozent der Richter der Fall. Letztere gaben zu 29,4 Prozent an, diese in der eigenen Praxis erlebt zu haben. Bei den Staatsanwälten waren es 46,7 und bei den Strafverteidigern 80,4 Prozent. Die teilnehmenden Richter müssen zudem auch noch als die offeneren ihrer Berufsgruppe eingeschätzt werden, denn viele Richter boykottierten trotz zugesicherter Anonymität die Studie oder antworteten erst auf Nachhaken der Forscher. Auffällig ist, dass an Amtsgerichten, die typischerweise unter besonders großer Belastung leiden, häufiger „gedealt" wird als an Landgerichten. Ausführlich zu allem die Studie von Altenhain, Karsten/Jahn, Matthias/Kinzig, Jörg, Die Praxis der Verständigung im Strafprozess, 2020,

S. 530, https://www.nomos-elibrary.de/10.5771/9783748922094-190/e-online-befragung-justizieller-akteure-modul-4?page=1.

163Diesen Spruch zitierte die ehemalige Cum-Ex-Chefermittlerin Anne Brorhilker als sie den Dienst quittierte. Vgl. n-tv, Cum-Ex-Chefermittlerin wirft entnervt hin, 22.04.2024, https://www.n-tv.de/wirtschaft/Cum-Ex-Chefermittlerin-wirft-entnervt-hin-article24891861.html.

164 Als Erfolg sind die sogenannten "Planungszellen" in den Kommunen seit den 1970ern zu werten. Zur rechtlichen Einordnung kommunaler Bürgerräte vgl. Ernst, Christian/Friedemann, Ennio, Kommunale Bürgerräte, Verwaltungsarchiv 2024, S. 16-53. Tatsächlich gibt es mittlerweile einen reichen internationalen Schatz an Erfahrungen mit Bürgerräten, auf den an dieser Stelle nur verwiesen werden kann. Vgl. OECD, Innovative Citizen Participation and New Democratic Institutions, Catching the Deliberative Wave, Executive Summary, 10.06.2020, https://www.oecd-ilibrary.org/sites/339306da-en/index.html?itemId=/content/publication/339306da-en&_csp_=07698b7c924c319dbb92a6500bf563da&itemIGO=oecd&itemContentType=book. Das soll nicht bedeuten, dass – gerade auf Bundesebene – nicht noch Experimente und Überzeugungsbildung erforderlich sind. Vgl. Sintomer, Yves, The Government of Chance, 2023, S. 226f.; Chwalisz, Claudia, Reimagining democratic institutions: Why and how to embed public deliberation, in: OECD, Innovative Citizen Participation, ebda., https://www.oecd-ilibrary.org/sites/339306da-en/1/3/6/index.html?itemId=/content/publication/339306da-en&_csp_=07698b7c924c319dbb92a6500bf563da&itemIGO=oecd&itemContentType=book#back-endnotea0z9.

165 Mehr Fortschritt wagen, s.o., S. 8.

166 Bürgerrat Ernährung des Deutschen Bundestages, Empfehlungen an den Deutschen Bundestag, Bürgerrat „Ernährung im Wandel: Zwischen Privatangelegenheit und staatlichen Aufgaben", Berlin, 14. Januar 2024, https://www.bundestag.de/resource/blob/984354/39efba25c218ee935e26f786abbce81c/Empfehlungen_buergerrat.pdf.

167 Vgl. alle Reden in: Deutscher Bundestag, Bürgergutachten des Bürgerrats „Ernährung im Wandel", 14.03.2024, https://www.bundestag.de/mediathek?videoid=7608338#url=L21lZGlhdGhla292ZXJsYXk/dmlkZW9pZD03NjA4MzM4&mod=mediathek.

168 Ähnlich warnt der rechtspolitische Sprecher der CDU/CSU-Bundestagsfraktion Günter Krings in einem Gastbeitrag davor, dass durch Bürgerräte "die Axt an die Wurzel der repräsentativen Demokratie gelegt" werde.

Es würden durch sie fehlende Expertise der Parlamentarier und fehlende Nähe der Abgeordneten zum Volk suggeriert. Vgl. Krings, Günter, Bürgerräte dürfen nicht zur Ungleichbehandlung führen, FAZ Einspruch, 29.02.2024, https://www.faz.net/einspruch/buergerraete-duerfen-nicht-zur-ungleichbehandlung-fuehren-19555215/buergerraete-duerfen-nicht-zur-19546302.html.

[169] Schäuble war Schirmherr des Bürgerrats Demokratie, des ersten bundesweiten Bürgerrats, der vom Verein Mehr Demokratie im Jahr 2019 mit Stiftungsgeldern noch ohne Beteiligung des Bundestags veranstaltet worden war. Vgl. Mehr Demokratie, Bürgergutachten Demokratie, 2019, https://www.buergerrat.de/fileadmin/downloads/buergergutachten.pdf. Im Beirat des Bürgerrats Demokratie saßen u.a. BAGSO, BUND, Bundesverband deutscher Stiftungen, Bündnis für Gemeinnützigkeit, DGB und ZdK. In seinen Nachrufen ist Wolfgang Schäuble vor allem als Architekt der deutschen Einheit oder Initiator der Islamkonferenz gelobt worden. Was kaum Erwähnung fand, da weniger schillernd, aber doch ein wichtiges Erbe: Er hat im Bundestag den Grundstein für eine neue bürgernähere Demokratie auf Basis der Bürgerräte gelegt. Sein Ansinnen war nicht, die repräsentative Demokratie abzuschaffen, sondern diese zu ergänzen und zu stabilisieren. Schäuble, der auch Schirmherr des Folge-Bürgerrats "Deutschlands Rolle in der Welt" war, hat durch seine Unterstützung dieses innovativen Projekts große Weitsicht gezeigt. Die Frage ist, inwieweit sein Gedanke umgesetzt wird. Gerade in seiner Partei gibt es Widerstand.

[170] Beide Arten von Räten verschwanden ab 1919. Vgl. Bieber, Hans-Joachim, Bürgertum in der Revolution: Bürgerräte und Bürgerstreiks in Deutschland 1918-1920, 1992, S. 195-204.

[171] Persönliche Kommunikation mit Bundesvorstand Roman Huber, 16.03.2024.

[172] Der Bürgerrat habe das im Einsetzungsbeschluss formulierte Ziel „vollumfänglich erreicht". Dies sei auf das Engagement der teilnehmenden Bürger und ein „professionelles und agiles Prozessmanagement und eine gute Debattenkultur" zurückzuführen. Vgl. Sack/Freier, Wissenschaftliche Evaluation „Bürgerrat Ernährung im Wandel", s.o. S. 2, 7, https://www.bundestag.de/resource/blob/990584/1b386359da5b52f8c18203832ea6259e/buergergutachten_praesentation.pdf.

[173] So die Bürgerrats-Teilnehmerin Karen Bömelburg im Interview. Vgl. Diening, Deike, „So eine aufgeheizte Diskussion wie im Bundestag hat es bei uns nie gegeben", Spiegel, 15.03.2024, https://www.spiegel.de/politik/ernaehrung-wie-eine-buergerraetin-die-debatte-erlebt-a-78dae358-831d-4f69-8488-45790cf34781.

¹⁷⁴ Wehden, Simon, Der Bürgerrat ist ein demokratisches Vorzeigeprojekt, Tagesspiegel, 26.01.2024, https://background.tagesspiegel.de/agrar-ernaehrung/der-buergerrat-ernaehrung-ist-ein-demokratisches-vorzeigeprojekt, beklagt den nicht genug wertschätzenden Umgang mit Bürgerräten in der medialen Praxis. Ein Hinweis Cem Özdemirs auf den Bürgerrat sei erfolgt, aber aus einem Tagesschau-Zitat herausgeschnitten und Özdemirs Forderung nicht in den Bürgerrats-Kontext gesetzt worden.

¹⁷⁵ Mehr Demokratie e.V., Bürgergutachten Bürgerrat Demokratie, 2019, s.o.

¹⁷⁶ Bürgerrat, Empfehlungen für Deutschlands Rolle in der Welt, https://www.buergerrat.de/aktuelles/empfehlungen-fuer-deutschlands-rolle-in-der-welt/. Ausführlich zum Ablauf vgl. Deutscher Bundestag, Abteilung Wissenschaft und Außenbeziehungen - Begleitgruppe Bürgerrat, Bürgerrat zu Deutschlands Rolle in der Welt, 10.05.2021, https://www.bundestag.de/re-source/blob/843002/124daf3bdbc588044ea07052d7ec7e72/kw20_buer-gerrat_bericht_pdf-data.pdf.

¹⁷⁷ Die Skepsis ist auch in Veröffentlichungen parteinaher Stiftungen spürbar: So veröffentlichte die CDU-nahe Konrad-Adenauer-Stifung (KAS) im März 2021 eine Studie mit dem Titel „Zukunftsmodell Bürgerrat? Potenziale und Grenzen losbasierter Bürgerbeteiligung", in der sie wegen notwendig fehlender Verbindlichkeit vor überzogenen Erwartungen durch Bürgerräte warnt. Bürgerräte und Parlamente dürften nicht „in eine Legitimationskonkurrenz zueinander treten." Daher müsse das Parlament „klarer Auftraggeber des Verfahrens" bleiben. Außerdem seien positive Effekte bislang angeblich nur im engen Kreis der Teilnehmer von Bürgerräten ausgemacht worden sein. Vgl. Montag, Tobias/Beribes, Alexander, Realismus statt Euphorie, in: Fischer-Bollin, Peter (Hrsg.), Zukunftsmodell Bürgerrat, Konrad-Adenauer-Stiftung, 2021, S. 43-45, https://www.kas.de/documents/252038/11055681/B%C3%BCrgerr%C3%A4te+als+Zukunftsmodell.pdf/1d13fa68-1e50-d172-074c-08b92a162a7e?version=1.2&t=1614877052074. Trotz eingehender Besprechung unterschiedlicher Innovationsmodelle wirkt eine kurz danach erschienene Studie der FDP-nahen Friedrich-Naumann-Stiftung in der Zusammenfassung ebenfalls eher bremsend, indem sie vor einem „rigiden Strukturkonservatismus" warnt und gleichzeitig die Rolle der Parteien hervorhebt. Vgl. Wutzler, Marie/Lensch, Josef, Bürgerrepublik Deutschland, Friedrich Naumann-Stiftung, Demokratie-Innovation im 21. Jahrhundert, Juni 2021, https://www.freiheit.org/de/buergerrepublik-deutschland-demokratie-innovation-im-21-jahrhundert. Könnte die eher mäßige Begeisterung auch etwas mit der Parteinähe der Stiftungen zu tun haben?

[178] Vgl. Fanizadeh, Andreas, Die einen sagen „auf", die anderen „zu", taz, 07.07.2018, https://taz.de/Identitaere-Linke-und-rechte-Hegemonie/!5516407/, wonach es einerseits eine übermoralisierende Linke im „Katastrophismus"-Modus und andererseits eine völkische Rechte gebe, die kritikunfähige Lager bildeten.

[179] Lafont, Cristina, Unverkürzte Demokratie, 2021, S. 182.

[180] Die Idee des politischen Losens findet sich später auch in einigen Städten im Mittelalter, etwa Venedig oder Florenz, aber nicht in puncto Gesetzgebung. Darstellungen dazu gibt es bei Van Reybrouck, Gegen Wahlen, 2016, S. 74-81; Buchstein, Hubertus, Demokratie und Lotterie, 2009, S. 155-185; Sintomer, The Government of Chance, s.o., S. 1, 74-101; Pope, The Keys to Democracy, S. 90-96.

[181] Kant, Metaphysik der Sitten, s.o., S. 170f.

[182] Vgl. Ober, Demopolis, s.o., S. 103. Ihm explizit folgend: Mahoney-Smith, Melissa, Civic Dignity and Meaningful Political Participation, 2017, S. 1, https://scholarship.claremont.edu/cgi/viewcontent.cgi?article=1126&context=cgu_etd.

[183] Fukuyama bezieht die "elementare Würde gewöhnlicher Bürger" allerdings nur auf das Wahlrecht und die Rede- und Versammlungsfreiheit und übersieht dabei das Beispiel des klassischen Athens und dass das Wahlrecht heutzutage von vielen demokratisch Enttäuschten nicht mehr als ausreichend für ihre Stimmen wahrgenommen wird. Fukuyama, Francis, Identität, 2020, S. 66. Vgl. auch die Rezension von Buß, Christian, Es geht um Würde, nicht um Wirtschaft, Spiegel, 07.02.2019, https://www.spiegel.de/kultur/gesellschaft/identitaet-von-francis-fukuyama-ueber-wuerde-und-rechtspopulismus-a-1251524.html.

[184] Waldron, Jeremy, Dignity, Rank and Rights, 2012, S. 138f. Vgl. auch ders., Human dignity – A Pervasive Value, NYU School of Law, Public Law Research Paper, No 12-74, 15.10.2019, S. 13, https://papers.ssrn.com/sol3/papers.cfm?abstract_id=3463973. Siehe auch ders., Citizenship and Dignity, NYU School of Law, Public Law Research Paper No. 12-74, 03.01.2013, S. 9-14, https://papers.ssrn.com/sol3/papers.cfm?abstract_id=2196079. Waldron bezieht sich anders als Ober allerdings explizit auf das Wahlrecht und sei es nur ein „Tropfen im Ozean". Vgl. ebda., S. 20.

[185] Waldron, ebda., S. 14; sowie ders., Citizenship and Dignity, in: McCrudden, Christopher (Hrsg.), Understanding Human Dignity, 2013, S. 327-344 (341).

[186] Vgl. Debes, Remy, Dignity, Rank and Reason, Notre Dame Philosophical Reviews, 21.08.2013, https://ndpr.nd.edu/reviews/dignity-rank-and-rights/.

[187] Waldron, Citizenship and dignity, s.o., S. 340.

[188] Pointiert zu dieser Trennung in zwei Sphären Franz, Das Wahlrecht zum Deutschen Bundestag, s.o., S. 237f. Vgl. auch Isensee, Josef, Grundrechte und Demokratie, Der Staat 1981, S. 161 176 (166); „Bürger zweier Reiche". Weiterführend Murmann, Sven, Demokratische Staatsbürgerschaft im Wandel, 2000, Demokratische Staatsbürgerschaft, S. 42, 94f., 103, der innerhalb der staatlichen Sphäre das, was er „demokratische Staatsbürgerschaft" nennt, noch dazu in zwei Stufen unterteilt: Status (Staatsangehörigkeit als Mitgliedschaft) und mit Autonomie ausgestattete Person (Staatsbürger als Mit-Autor politischer Normen). Vgl. dazu auch Walter, Christian, Der Bürgerstatus im Lichte von Migration und europäischer Integration, in: Veröffentlichungen der Vereinigung der Deutschen Staatsrechtslehrer, 2013, S. 7-44 (11f., 16).

[189] Vgl. Rousseau, Der Gesellschaftsvertrag, s.o., S. 36: „Gehorsam gegen das selbstgestiftete Gesetz ist Freiheit"; sowie Kant, Immanuel, Grundlegung der Metaphysik der Sitten, in: Kant´s gesammelte Schriften, Band 4, 1911, S. 434: wonach ein vernünftiges Wesen nur dem Gesetz gehorcht, "das es zugleich selbst gibt". Vgl. auch Kant, Metaphysik der Sitten, s.o., S. 170f., wonach jeder als freier und gleicher Staatsbürger (gemeint ist zugleich der Gesetz- und Verfassungsgeber) „über sich selbst beschließt". Dabei habe jeder „keinem anderen Gesetz zu gehorchen, als zu welchem er seine Bestimmung gegeben hat". Kant beschrieb zwar – anders als Rousseau - die repräsentative Demokratie, aber in letzter Konsequenz kann „seine" Würde in heutigen Zeiten als *gesetzgeberische Autonomie* jedes Einzelnen verstanden werden. Die Bürger sollten nach dieser Auslegung *bestmöglich* in eigener Sache Verfassung und Gesetze beschließen dürfen. Vgl. auch Demko, Daniela, Zur Entwicklung einer kosmopolitisch-pluralistischen Weltrepublik, in: Stekeler-Weithofer/Zabel, Philosophie der Republik, s.o., S. 494-500 (500).

[190] Vgl. Bundesverfassungsgericht, Urteil vom 30.06.2009, - 2 BvE 2/08 -, Rdrn. 179, https://www.bundesverfassungsgericht.de/SharedDocs/Entscheidungen/DE/2009/06/es20090630_2bve000208.html. Vgl. auch dass., Urteil vom 18. März 2014, – 2 BvF 1390/12 –, Rdrn. 125, m.w.N., https://www.bundesverfassungsgericht.de/SharedDocs/Entscheidungen/DE/2014/03/rs20140318_2bvr139012.html, wonach der materielle Gehalt des Wahlrechts durch Art. 38 I S. 1 GG nur zu schützen ist, wenn es dauerhaft leerzulaufen droht, da zentrale politische Entscheidungen etwa aufgrund einer Aushöhlung der Kompetenzen des Bundestags (hier: bei zu großen Kompetenzverlusten an die EU) nicht mehr wie gehabt über die parlamentarische Repräsentation des Volkswillens getroffen werden

können. Einen „Anspruch auf Demokratie" vermittele Art. 38 I S. 1 GG nur insoweit, als durch einen Vorgang demokratische Grundsätze berührt würden, die die Ewigkeitsklausel des Art. 79 III GG dem Zugriff des verfassungsändernden Gesetzgebers entzieht.

191 Vgl. Bundesverfassungsgericht, Urteil vom 30.06.2009, s.o., Rdnr. 211.

192 Vgl. Franz, Das Wahlrecht zum Deutschen Bundestag, s.o., S. 90-97 (95f.). Unger, Das Verfassungsprinzip der Demokratie, s.o., S. 254, 258, versucht den Widerspruch einer Menschenwürde, die nicht für jedermann gilt, damit zu lösen, dass das Grundgesetz mit Art. 20 II S. 1 GG einen engeren (persönlichen) Schutzbereich durch die Reservierung für deutsche Staatsbürger ziehe. Dabei stellt sich die Frage auch nach dem *sachlichen* Schutzbereich. Da dieser von dem der Menschenwürde abweicht, wird hier explizit die Bürgerwürde als eigene Teilwürde diskutiert.

193 Anders als Franz, Das Wahlrecht zum Deutschen Bundestag, s.o., S. 272-275, die einen rein organschaftlichen Ansatz verfolgt, wird hier der dualistische Ansatz verfolgt, bei dem das Wahlrecht und andere politische Mitwirkungsrechte sowohl organschaftliche als auch individuelle Rechte (*politische* Grundrechte) sind. Die politischen Grundrechte unterfallen als demokratische (nicht private) Individualrechte dabei nicht der Menschen-, sondern der (Staats-)Bürgerwürde. Die dualistische Lehre und Praxis findet sich etwa in der Schweiz. Vgl. ebda., S. 44. Laut Tschannen, Pierre, Stimmrecht und politische Verständigung, 1995, S. 19-21, wohnt dem Stimmrecht sowohl die Perspektive des Einzelnen als auch des Kollektivs inne.

194 Ober, Demopolis, s.o., S. 111.

195 Waldron, Citizenship and Dignity, s.o., S. 341f.

196 Waldron, Dignity, Rank and Rights, s.o., S. 59f.

197 Volker Haug argumentiert explizit in Richtung eines „Partizipationsrechts", das jedermann (nicht nur Staatsbürgern) zustehe, als „eigene juristische Kategorie". Vgl. Haug, Volker M., „Partizipationsrecht" – Ein Plädoyer für eine eigene juristische Kategorie, Die Verwaltung 2014, S. 221-241 (223); Rossen-Stadtfeld, Helge, in: Hoffmann-Riem, Wolfgang/Schmidt-Aßmann, Eberhard/Voßkuhle, Andreas (Hrsg.), Grundlagen des Verwaltungsrechts, Band 2, 2012, § 29 Rdnr. 3f., beschreibt ein Partizipationsrecht auf verwaltungsrechtlicher Ebene, dessen Ziel die Aufwertung des Bürgers vom „Untertan" zum „Partner" in einem noch auszuarbeitenden „Verwaltungskooperationsrecht" sei.

198 Laut Katrin Verena Franz erfüllen die aus der Menschenwürde abgeleiteten, bloß *mittelbaren* Entscheidungsrechte (Wahlen) in der rein repräsentativen Demokratie nicht den Anspruch auf politische Selbstbestimmung. Vgl. Franz, Das Wahlrecht des Deutschen Bundestags,

s.o., S. 94. Bezeichnend das Bundesverfassungsgericht, Urteil vom 17.08.1956 (KPD-Urteil), - 1 BvB 2/51 -, Rdnr. 351, https://www.servat.unibe.ch/dfr/bv005085.html, wonach der Einzelne zwar „in möglichst weitem Umfange verantwortlich auch an den Entscheidungen für die Gesamtheit mitwirken" soll, dies dann aber - in Bezug auf die Menschenwürde - auf den „geistigen Kampf", bzw. die freie Auseinandersetzung der Ideen reduziert wird.

[199] Vgl. Wetz, Franz Josef, Illusion Menschenwürde, Aufstieg und Fall eines Grundwerts, 2005, S. 15.

[200] In diese Richtung geht zum Beispiel Klaus Ferdinand Gärditz. Danach sei die Menschenwürde nur ein *„Teilaspekt"* der (Gesamt-)Würde, da sie „kollektive Mechanismen der Herrschaftslegitimation" nicht unmittelbar thematisiere. Er unterscheidet noch dazu zwischen *individueller* und *demokratischer Selbstbestimmung*, die auf eine „gemeinsame Freiheitsidee" zurückzuführen seien. Damit unterscheidet er *de facto* den Menschenwürde- vom Bürgerwürdestrang, ohne den Begriff zu nutzen. Vgl. Gärditz, Klaus Ferdinand, Der Bürgerstatus im Lichte von Migration und europäischer Integration, Veröffentlichungen der Vereinigung der Deutschen Staatsrechtslehrer 2013, S. 49-156 (106f.). Gärditz versteht die demokratische Würde dabei rein staatsbürgerbezogen, also nicht universal wie die Menschenwürde, was die hier verfolgte Ergänzung in Art. 1 GG nicht ausschließt, sondern ein Argument für die Trennung politischer und privater Würde ist.

[201] Vgl. die Unterscheidung von *privater und politischer Freiheit* durch Habermas, Jürgen, Faktizität und Geltung, 2. Aufl., 1992, S. 122f., 154f.

[202] Vgl. Murmann, Demokratische Staatsbürgerschaft, s.o., S. 98, der von einem „vorstaatlichen Menschenrecht auf Staatsbürgerschaft" spricht, durch das die Staatsbürger sich selbst als oberste Staatsgewalt „erfinden" können.

[203] Dies auch gegen Popper, der unter Demokratie Wahlen verstand und insoweit aufgrund der Möglichkeit direkter Bürgerbeteiligungen auf Basis der Bürgerwürde hier mit dem eigenen Mittel der Falsifikation zu korrigieren ist. Vgl. Schuler, Christian, Der Philosoph Karl Popper – Leben ohne Utopie und letzte Gewissheit, BR Podcast, Bayern 2, 06.03.2024, https://www.br.de/mediathek/podcast/radiowissen/der-philosoph-karl-popper-leben-ohne-utopie-und-letzte-gewissheit/2089948.

[204] Eingehend und konsequent zu dieser Unterscheidung Dingeldey, Von unmittelbarer Demokratie zur Repräsentation, s.o. Dingeldey schlussfolgert, dass die erst in der Moderne auftretende repräsentative Demokratie als eine neuartige „Herrschaft der Wenigen" eher eine „moderate Herrschaft der Wenigen, der Oligarchen" sei. „Repräsentative

Demokratie" sei ein Oxymoron (ein Wort, das einen Widerspruch in sich selbst darstellt), da es sich nicht um eine Demokratie (Volksherrschaft) im strengen und ursprünglichen Sinne der athenischen „Demokratie klassischen Antlitzes" handele. Vgl. ebda., S. 377f. In diesem Essay wird vor diesem durchaus zum Nachdenken zwingenden Hintergrund selbstverständlich dennoch von einer Demokratie ausgegangen, aber einer deutlich *schwächeren* Form als sie mit einem Modell möglich wäre, das sich an das über 2000 Jahre alte Vorbild des klassischen Athens anlehnt.

[205] Den Begriff „Bürgersouveränität" verwendet Kleger, Heinz, Demokratisches Regieren, 2018, S. 209, 212. Danach ist der einzelne Bürger trotz des kollektiven gemeinsamen Handelns das „eigentliche Subjekt des Handelns wie auch der einzige Adressat". Bürger und Bürgerschaft könnten nur zusammen gedacht werden – und zwar als Bürgersouverän. Ähnlich schon Marquis de Condorcet, wonach dem Kollektiv des Volkes die Pluralität der Bürger gegenüberstehe, die tugendhafte, vernunftbegabte und politisch verantwortungsbewusste Individuen seien. Vgl. Schaffner, Martin, Rousseau, Condorcet und die Figur des Volks in der Französischen Revolution, 2013, S. 239. Eher schlagwortartig findet sich der Begriff in Parteiveröffentlichungen. Vgl. etwa FDP, Europa stärken – mit klaren Regeln, https://www.fdp.de/seite/europa-staerken-mit-klaren-regeln.; sowie SPD-Fraktion im Bayerischen Landtag, Forum III – Demokratie, Staat, Kommune, https://bayernspd-landtag.de/abgeordnete/arbeitsforen/forum-iii-demokratie-staat-kommune/.

[206] Vgl. Menke, Christoph, Theorie der Befreiung, 2022, S. 102.

[207] Weitere das allgemeine Demokratiedefizit "verzerrende" Begriffe sind das "Recht auf Teilhabe", wonach etwa einer gehbehinderten Schülerin ein Taxi zur Schule zusteht, und das "Selbstbestimmungsgesetz", wonach jeder seinen Namen und Geschlechtseintrag ändern kann. Dieses sind Ableitungen aus der Menschenwürde. Vgl. dazu Spiegel, Sozialbehörde muss Taxi für gehbehinderte Schülerin zahlen, 08.05.2024, https://www.spiegel.de/panorama/bildung/sozialbehoerde-muss-taxi-fuer-gehbehinderte-schuelerin-zahlen-a-30925b67-d303-406f-8b5f-79e41baf5094. Chebout, Lucy, Der lange Weg zur Selbstbestimmung, beck aktuell, 06.05.2024, https://rsw.beck.de/aktuell/daily/magazin/detail/forum-njw-2024-19-der-lange-weg-zur-selbstbestimmung.

[208] Von Jhering, Rudolf; Kampf ums Recht, Vortrag vor der Wiener Juristischen Gesellschaft am 11.03.1872, https://wjg.at/geschichte/.

[209] Vgl. Fukuyama, Idenität, s.o., S. 13, 16, 58f., mit Verweis auf Hegels Aussage, dass die Menschheitsgeschichte durch solche Kämpfe in Schwung gebracht worden sei.

210 Vgl. Menke, Christoph, Autonomie und Befreiung, 2. Aufl., 2022, S. 49, 87f., wonach dem Kampf um die konkrete Autonomie der Kampf um den „sozialen Raum", in dem diese artikuliert wird, vorausgehen müsse. Das lässt sich so lesen, dass erst aus einer Erkenntnis heraus bessere demokratische Verfahren zu schaffen sind, die zu einer gegenseitigen Anerkennung der Bürger und im zweiten Schritt zu konsensfähigen Ergebnissen führen.

211 Fukuyama, Francis, Das Ende der Geschichte, 1992.

212 Das waren die Volksentscheide zur Fürstenenteignung 1926 und über den Young-Plan 1929. Der erste wirkte sogar eher stabilisierend, der zweite kam laut Frank Decker „bereits voll im Zangengriff der Extremisten von links und rechts" zustande, taugt also aufgrund der Umstände nicht als Gegenargument. Vgl. Decker, Frank, Aporien der Volksgesetzgebung, in: Mannewitz, Tom (Hrsg.), Die Demokratie und ihre Defekte, 2018, s.o., S. 233; sowie Galka, Parlamentarismuskritik, s.o., S. 60. Siehe auch Schwieger, Christopher, Volksgesetzgebung in Deutschland, 2005, S. 325-331, 374. Das hohe Beteiligungsquorum von 50 Prozent lud Gegner von vornherein dazu ein, die Abstimmung zu boykottieren, da sie andernfalls durch ihre bloße Teilnahme am Volksentscheid dem Begehren geholfen hätten. Vgl. Dreier, Horst, Idee und Gestalt des freiheitlichen Verfassungsstaates, 2014, S. 411 m.w.N. Hitler wiederum nutzte als Diktator Volksentscheide viermal zur Akklamation. Vgl. Decker, ebda. Gemäß Art. 73 I WRV war der Reichspräsident ermächtigt, potenziell ein im Reichstag beschlossenes Gesetz zum Volksentscheid bringen, was eine Aushöhlung der parlamentarischen Demokratie bedeutet hätte. Vgl. Winkler, Daniela, Direktdemokratische Beteiligung bei umweltrelevanten Vorhaben – Möglichkeiten und Grenzen, in: Braun Binder, Nadja, et al. (Hrsg.), Jahrbuch für direkte Demokratie 2020, 2021, S. 37-61 (45, Fn. 39), https://www.nomos-elibrary.de/10.5771/9783748928782-37/direktdemokratische-beteiligung-bei-umweltrelevanten-vorhaben-moeglichkeiten-und-grenzen?page=1.

213 Vgl. Der Parlamentarische Rat 1948–1949, Akten und Protokolle, Band 9, Plenum, bearbeitet von Wolfram Werner, 9. Sitzung des Plenums vom 06.05.1949, 1986, S. 111f. Heuss sagte allerdings auch: *„Cave canem, ich warne davor, mit dieser Geschichte die künftige Demokratie zu belasten. (…) Ein Volksentscheid führe zu einer „Erschütterung des mühsamen Ansehens, worum sich die Gesetzgebungskörper, die vom Volk gewählt sind, noch werden bemühen müssen, um es zu gewinnen."* Siehe auch Galka, Parlamentarismuskritik, s.o., S. 71; Kahl, Wolfgang, Nachhaltigkeitsverfassung, 2018, S. 277; sowie Dreier, Idee und Gestalt, s.o., S. 412.

214 Meyer, Hans, Volksabstimmungen im Bund: Verfassungslage nach Zeitgeist, Juristenzeitung 2012, S. 538-546 (542, Fn. 36).

215 Generell gegen Referenden "von oben" und insbesondere die Kenia-Koalition in Sachsen vor der Einführung derart missbrauchsanfälliger Volksentscheide warnend Heußner, Hermann K., Sächsischer Schnellschuss, Verfassungsblog, 05.01.2024, https://verfassungs-blog.de/sachsischer-schnellschuss/.

216 Bis heute findet über die Hälfte aller Volksabstimmungen weltweit in der Schweiz statt, und dies auf allen staatlichen Ebenen. Im Schnitt wird jeder Schweizer in der vierjährigen Legislaturperiode 36 Mal zur Abstimmung gebeten. Vgl. dazu Longchamp, Claude, in: Heinrich-Böll-Stiftung, Demokratie-Tagung: Vorbild Schweiz?, 17.11.2023, https://www.youtube.com/watch?v=5smHoePPbnY. Zu betonen ist, dass die Schweizer bei Haushaltsfragen üblicherweise vorsichtig abstimmen. Eine Ausnahme machten sie bei der 13. Monatsrente. Vgl. Spiegel, Mehrheit stimmt in der Schweiz für 13. Monatsrente, 03.03.2024, https://www.spiegel.de/ausland/schweiz-mehrheit-stimmt-in-volksabstimmung-13-monatsrente-a-7e31f39e-d8ba-47d2-991c-c5a999594768.

217 Vgl. Moeckli, Silvano, So funktioniert direkte Demokratie, 2018, S. 170f., wonach die Zufriedenheit darauf beruhe, dass die politische Elite einen kleineren Spielraum für die Verfolgung eigener Interessen habe und die Bürger einen größeren, was dem Motiv der athenischen Demokratie gleichkommt.

218 Auf diesen ebenfalls neuen Ausdruck gehe ich später noch näher ein. Vgl. z.B. Popp, Christoph, Nachhaltigkeit und direkte Demokratie, 2020, S. 378: *„Die Nachhaltigkeit verwirklicht sich formell institutionell oder sie verwirklicht sich nicht."* Volksentscheide auf Landesebene werden laut Untersuchungen bei klar erkennbarem Nachhaltigkeitsgehalt immer im Sinne der Nachhaltigkeit entschieden, während Bürgerentscheide auf kommunaler Ebene schon mal dem „Nimby-Effekt" unterlägen und Eigeninteressen eine größere Rolle spielten. Vgl. ebda., S. 375. Wichtig sei es im Entscheidungsprozess auf gute Fragestellungen und angemessene Quoren zu achten, da hier Fehler drohten.

219 Lübbe-Wolff, Gertrude, Demophobie, 2023, S. 147.

220 Sie vertritt nur die Nützlichkeit von Volksentscheiden auf Länder- und kommunaler Ebene und hat bislang alle Gesetzesinitiativen auf Bundes-ebene blockiert. Zusammen mit Teilen der FDP stemmte sie sich 2002 erfolgreich gegen einen Versuch der rot-grünen Regierung, die direkte Demokratie einzuführen, bei dem schließlich 96 Stimmen an der notwendigen Zweidrittelmehrheit fehlten. Vgl. Deutscher Bundestag, 14. Wahlperiode, Drucksache 14/8503. Der Entwurf war auf Drängen der

Grünen entstanden. Vgl. Decker, Frank, Direkte Demokratie auf Landes- und Bundesebene, Welche Verfahren sind geeignet?, Zeitschrift für Parlamentsfragen 2018, S. 639-657 (652). Bei den Koalitionsverhandlungen 2013 stellte sich Bundeskanzlerin Angela Merkel erneut gegen bundesweite Volksentscheide, während Sigmar Gabriel (SPD) und Horst Seehofer (CSU) damals dafür eintraten, abgeordnetenwatch.de: Sigmar Gabriel (SPD) (archive.org). Für einen detaillierten Überblick über die gescheiterten Gesetzesentwürfe auf Bundesebene vgl. Decker, Aporien, s.o., S. 231f., der zweifelt, ob die im Vergleich zu den Ländern bei Quoren und Themen weitergehenden Entwürfe rechtlich überhaupt Bestand gehabt hätten. Ebda., S. 239. Siehe auch die Chronologie von Mehr Demokratie, gesetzentwurf, 2. Aufl. 2018, S. 23, https://www.mehr-demokratie.de/fileadmin/pdf/MD-Gesetzentwurf_Volksentscheid.pdf. Am ehesten sind noch einige Politiker der Ost-CDU für die direkte Demokratie.

[221] Die Grünen als klassisch basisdemokratische Partei warfen das Thema im Jahr 2020 über Bord, das sie seit ihrer Gründung vertreten hatten. Seither treten sie stattdessen für Bürgerräte ein. Vgl. ZEIT Online, Grüne lehnen bundesweite Volksentscheide ab, s.o. Offenbar sehen es die Grünen mittlerweile sogar als erforderlich an, die direkte Demokratie auf die kommunale Ebene zu beschränken und selbst da sehen sie Probleme wegen Ja-Nein-Polarisierungen. Vgl. Eckert, Leon, in: Heinrich-Böll-Stiftung NRW, Demokratie-Tagung: Vorbild Schweiz - Wie direkte Beteiligung das Mitspracherecht aller prägen kann, 18.11.2023, https://www.youtube.com/watch?v=uPGvfQbfEMY, mit dem Beispiel der Standortwahl eines Rathauses, wo es nur um links oder rechts von der Straße gegangen sei statt um die entscheidenden pachtrechtlichen Hintergründe. Die SPD, die schon 1869 im Eisenacher Programm das Thema direkte Gesetzgebung gesetzt hatte und noch 2013 einen Gesetzentwurf vorgelegt hatte, hat sich 2017 davon verabschiedet, indem der Begriff mit „Bürgerbeteiligung" ersetzt wurde, so dass beide Parteien nur *unverbindliche* Bürgerpartizipation wünschen. Vgl. Decker, Frank, Bürgerräte – Abhilfe gegen die Repräsentationskrise oder demokratisches Feigenblatt?, Zeitschrift für Parlamentsfragen 2021, S. 125-140 (127). Eine Diskussion zur SPD-Position findet sich hier: 2017-12-08 Argumentationspapier SPD und direkte Demokratie.pdf (mehr-demokratie.de). Die FDP, die regelmäßig die repräsentative Demokratie als Staatsform hervorhebt, sah 2017 noch Bedarf für den „probeweisen Ausbau" von Volksgesetzgebung in Ländern und Kommunen[221], als ob dort nicht schon genug probiert worden ist. Im Jahr 2021 wurde eine europäische Volksabstimmung über eine Europäische Verfassung als Ziel ausgegeben.

222 Zitiert bei Dörner, Andreas/Vogt, Ludgera (Hrsg.), Sprache des Parlaments und Semiotik der Demokratie, 1995, S. 77.

223 Rinaldi, Gabriel, Ist da jemand?, FAZ, 05.09.2020, Mitgliedschaft in Parteien: Ist da jemand? (faz.net) .

224 Brown, Wendy, Die schleichende Revolution, 2018, S. 8, 100f., 111, wonach der „Neoliberalismus" den „Homo oeconomicus" auf Kosten des „Homo politicus" geschaffen habe. Zum Begriff „Homo cooperativus" vgl. Nanz, Patrizia/Leggewie, Die Konsultative, Mehr Demokratie durch Bürgerbeteiligung, 2016, S. 45. Ebenso könnte vom Homo democraticus die Rede sein.

225 Laut einer Umfrage des rheingold Instituts ziehen sich die Deutschen wegen der Überforderung durch gesellschaftliche Themen zunehmend in private „Zuversichts-Oasen" zurück. Dies führt auch dazu, dass Teile sich schämen, nicht stärker gesellschaftlich aktiv zu sein, weil sie *eigentlich* politisch interessiert sind und das Feld nicht einfach mächtigen Politikern überlassen wollen, sondern gern an Kompromissen mitarbeiten würden. Vgl. eine Hörermeinung hier: Roehl, Michael, Wenn die Welt zu kompliziert wird – Der Rückzug ins Private, Deutschlandfunk, 25.08.2023, https://www.deutschlandfunk.de/wenn-die-welt-zu-kompliziert-wird-der-rueckzug-ins-private-dlf-362844a3-100.html.

226 Mesquin kann mit klein übersetzt werden, wodurch der sozialdemokratische Staatsrechtslehrer Hermann Heller den Bourgeois als Kleinbürger kritisiert. Vgl. Heller, Hermann, Kämpfen für die Demokratie, herausgegeben von Hubertus Buchstein und Dirk Jörke, 2023, S. 119. Das Zitat erschien in Hellers Aufsatz „Bourgeois und Bürger" im Jahr 1932, in dem er beobachtete, dass das Kleinbürgertum sich „erleichtert" hinter die Rassenlehre „flüchtete", da diese einen Vorwand bot, sich gegen die aufstrebende Arbeiterschaft zu schützen. Vgl. Buchstein, Hubertus/Jörke, Dirk, Nachwort: Hermann Hellers Wille zur Demokratie, ebda., S. 149-181 (174).

227 Kurbjuweit, Dirk, Was unsere Demokratie besser machen kann, Spiegel, 03.05.2019, https://www.spiegel.de/politik/verfassungsreform-was-unsere-demokratie-besser-machen-kann-a-00000000-0002-0001-0000-000163724142.

228 Vgl. die Einnahme von Soma als befriedende Glücksdroge in: Huxley, Aldous, Schöne neue Welt. Ein Roman der Zukunft, Fischer Klassik Taschenbuch, 7. Aufl., 2018.

229 Menke, Christoph, Theorie der Befreiung, s.o., S. 224, 578.

[230] Ebda., S. 289ff. (296): Der Selbständige ist nur ein Individuum, indem er sich selbst dazu macht."

[231] Vgl. Franz, Das Wahlrecht zum Deutschen Bundestag, s.o., S. 273.

[232] Bertolt Brecht, Paragraph 1, https://dokumen.tips/documents/bertolt-brecht-paragraph-1.html?page=1.

[233] Manow, (Ent)Demokratisierung, s.o., S. 68f., spricht von der „Nominie-rungskontrolle" der Parteien.

[234] Vgl. Grimm, Dieter, Die Zukunft der Verfassung, 1991, S. 393. Ähnlich der ehemalige BGH-Richter Thomas Fischer hin. Vgl. Fischer, Thomas, Dieses Gesetz ist ein Witz!, Zeit, 26.06.2014. Den Art. 21 GG deutlich positiver bewertend Scholz, Krise der parteienstaatlichen Demokratie?, S. 9, wonach das Grundgesetz die politischen Parteien „in den Rang einer verfassungsrechtlichen Institution" gehoben habe. So wörtlich auch das Bundesverfassungsgericht, Urteil vom 17.08.1956, s.o., wonach Parteien zu den „Integrationsfaktoren" im Staate gehören. Die „Mitwirkung" der Parteien sowie die notwendig parteipolitisch überformte Bundesregierung geradezu idealisierend Honer, Die grundgesetzliche Theorie, s.o., S. 122ff.

[235] Bundesverfassungsgericht, Urteil vom 21.7.2000, – 2 BvH 3/91 –, Rdnr. 61, https://www.bundesverfassungsgericht.de/SharedDocs/Entscheidun-gen/DE/2000/07/hs20000721_2bvh000391.html.

[236] Vgl. Dreier, Art. 146, s.o., S. 2027, Rdnr. 14.

[237] Kluth, Winfried, Aufgaben und Perspektiven der Rechtspolitik, Zeitschrift für Rechtspolitik, 2017, S. 194-197 (196).

[238] Der Schlussartikel will einem rechtswidrigen Revolutionsversuch gewissermaßen früh „die Maske der Legalität" rauben. Müller, Albrecht, Die Revolution ist überfällig – Aber sie ist verboten, 2020, ist zu entgegnen, dass in Deutschland theoretisch – bei Einigkeit der Bürger – über Art. 146 GG eine *legale Verfassungsrevolution* möglich ist. Laut Scriba hat bereits die friedliche Revolution in der DDR ihre Legalität aus der Gewinnung des demokratischen Rechtsstaats erlangt. Vgl. Scriba, Florian, "Legale Revolution"?: Zu den Grenzen verfassungsändernder Rechtssetzung und der Haltbarkeit eines umstrittenen Begriffs, 2009, S. 349. Schilling, Theodor, Eine neue Verfassung für Deutschland, Der Staat 2014, S. 95-119 (S. 99, 104), beschreibt legale Revolutionen als „halbrevolutionär" oder „Revolutionen im Rechtssinne". – „Legale Revolution in Permanenz" wird bereits der Prozess der fortschreitenden öffentlichen Meinungsbildung genannt. Vgl. Hofmann, Hasso, Über Volkssouveränität, in: Koller, Peter/Hiebaum, Christian, Jürgen Habermas: Faktizität und Geltung, 2016, S. 185-191 (188) - Der Begriff „Revolution" hat in Deutschland, historisch betrachtet, nicht unbedingt ein negatives Image.

Neben der Wende 1989 ist an die gescheiterte Revolution von 1848/49 und die Matrosenrevolution 1918 zu denken, als Matrosen meuterten, weil sie trotz der bereits feststehenden Kriegsniederlage gegen die Royal Navy in See stechen sollten. Die daraus folgende Revolution beendete auf deutscher Seite den Weltkrieg und führte am 09.11.1918 zur Ausrufung der Weimarer Republik. Vgl. etwa Visotschnig, Erich, Nicht über unsere Köpfe, 2018, S. 138.

[239] Während die Regierung im repräsentativen System legal nur durch ein konstruktives Misstrauensvotum im Bundestag zu Fall gebracht werden kann, setzt Art. 146 GG den Hebel am gesamten politischen System des Grundgesetzes an. Vgl. Huber, Peter M., Art. 146, in: Sachs, Michael, Grundgesetz, 7. Aufl., 2014, Art. 146, S. 2657, Rdnr. 11. Heckel, Martin, Die deutsche Einheit, s.o., S. 41.

[240] In dem Sinne Hain, Karl Eberhard., Art. 79, in: Von Mangoldt, Hermann/Klein, Friedrich/Starck, Christian, Grundgesetz, 7. Aufl. 2018, Band 2, Art. 20-82, S. 2247, Rdnr. 42. Vgl. Huber, Art. 146, s.o., S. 2470, Rdnr. 10. Lepsius, Oliver, Dynamik, Legitimität, Differenz, Interpretation: Das Grundgesetz wird 70, Recht und Politik 2019, S. 118-129 (119f.), spricht von einem „Hebel, der die Ewigkeitsgarantie außer Kraft setzt". - Tatsächlich ist die Anwendung des Art. 146 GG nur dann überhaupt geboten, wenn Art. 79 III umgangen werden *muss*, weil das Grundgesetz nicht flexibel genug für eine Reform wäre. Dies wäre laut Huber, ebda., S. 2473, Rdnr. 20, etwa dann der Fall, wenn ein Grundrecht abgeschafft, den Ländern die Staatsqualität abgesprochen werden oder eine grundlegende Änderung des Staatsaufbaus erfolgen soll. Ansonsten wäre eine umfassende Revision möglich, die in ihren einzelnen Teilen vom Bundestag verabschiedet werden könnte, wenn auch nicht muss. Offen gelassen wurde dies vom Bundesverfassungsgericht, Urteil vom 30.06.2009, Rdnr. 216f., https://www.bundesverfassungsgericht.de/SharedDocs/Entscheidungen/DE/2009/06/es20090630_2bve000208.html. Kontra diese Interpretation aufgrund Vorrangs der Ewigkeitsgarantie des Art. 79 III Herdegen, Matthias, Grenzen der Verfassungsgebung, in: Depenheuer, Otto/Grabenwarter, Christoph, Verfassungstheorie, 2010, S. 349-371 (354-356, 362), mit dem allerdings wenig überzeugenden Argument, wonach es bei der Wiedervereinigung 1990 „wohl" eine „Erwartung der verfassungsändernden Mehrheit" gegeben habe, das Risiko einer neuen Verfassung beherrschbar zu machen. Daher könnten die Bestandsgarantien des Art. 79 III GG nur durch „revolutionären Umsturz" aufgehoben werden.

[241] Isensee, Josef, Selbstpreisgabe des Grundgesetzes?, in: FAZ, 28.8.1990, S. 10.

[242] Kriele, Martin, Eine Sprengladung unter dem Fundament des Grundgesetzes, Die Welt, 26.08.1990, S. 5.

243 Petra Pau fordert nicht einfach eine Abstimmung, sondern noch in dieser Legislaturperiode den Beschluss über einen Verfassungskonvent. Siehe, Spiegel, Bundestagsvize, s.o.

244 So das Bundesverfassungsgericht, Urteil vom 30.06.2009, s.o., Rdnr. 179. Vgl. auch Sauer, Heiko, Demokratische Legitimation zwischen Staatsorganisationsrecht und grundrechtlichem Teilhabeanspruch, Der Staat 2019, S. 7-40 (17). Die Volkssouveränität und die daraus abgeleitete verfassungsgebende Gewalt schlössen ein, dass eine neue Verfassungsgebung politisch-faktisch immer, auch ohne jegliche rechtliche Bindung, möglich ist. Vgl. Winterhoff, Christian, Verfassung – Verfassunggebung – Verfassungsänderung, 2007, S. 308, 472. Grimm, Die Zukunft der Verfassung, ebda., S. 23. AA Isensee, Josef, Das Volk als Grund der Verfassung, 1995, S. 73, wonach die verfassungsgebende Gewalt des Volkes ein „Klapperstorchmärchen für Volljuristen" sei.

245 Zum Folgenden Eggert, Friederike, Verfassungsablösung, 2020, S. 268. Das Recht auf Verfassungsablösung kann zunächst nur als Forderung im politischen Prozess ausgeübt werden. Ebda., S. 259.

246 Eggert, ebda., S. 255, 274, mit Verweis auf John Locke, S. 233. Für eine absolute Mehrheit auch Cramer, Philipp, Artikel 146 zwischen offener Staatlichkeit und Identitätsbewahrung, 2014, Artikel 146, S. 256f. Da es sich um ein grundrechtsgleiches Recht handelt, ergibt sich trotzdem eine individuelle Einklagbarkeit im Falle eines beschränkenden Rechtsakts des Staates. Es könnte dann auch ein Einzelner Individualverfassungs-beschwerde nach Art. 93 I Nr. 4a GG erheben. Eggert, ebda., S. 259f. Hintergrund ist das Lissabon-Urteil des Bundesverfassungsgerichts. Dieses hat für den Fall des drohenden Verlusts der Staatlichkeit an die Europäische Union durch zu viel Kompetenzabgaben ein beschwerde-fähiges Grundrecht aus Art. 146 GG in Verbindung mit dem Wahlrecht (Art. 38 I GG) abgeleitet, dessen Aushöhlung sonst drohte. Vgl. Bundes-verfassungsgericht, Urteil vom 30.06.2009, s.o., Rdnr. 179f. Siehe auch Sauer, ebda., S. 36, wonach Art. 146 für sich „kein Grundrecht" sei. Dabei bezieht sich Sauer allerdings auf das Maastricht-, nicht aber das spätere Lissabon-Urteil. Vgl. Bundesverfassungsgericht, Urteil vom 12.10.1993 (Maastricht-Urteil), - 2 BvR 2134/92, 2 BvR 2159/92 -, Rdnr. 89, https://www.servat.unibe.ch/dfr/bv089155.html. Dies einordnend Cramer, Artikel 146, s.o., S. 238f., 241, ebenfalls mit Betonung der Kombination mit Art. 38 I GG. So oder so konstatieren Beobachter, das Bundesverfassungsgericht habe im Lissabon-Urteil „sein Faible für die direkte Beteiligung des Volkes entdeckt". Vgl. Kottmann, Matthias/ Wohlfahrt, Christian, Der gespaltene Wächter?, in: Zeitschrift für ausländisches öffentliches Recht und Völkerrecht, 2009, S. 443-470 (449).

247 Ebda., S. 252.

[248] Der Gesetzgeber sollte laut Cramer wegen seiner starken politischen Rolle nur „treuhänderisch" durch technische Hilfe an einem tendenziell „aus der Mitte des Volkes" gebildeten Verfassungskonvent mitwirken. Vgl. Cramer, Art. 146, s.o., S. 256f., 264. Vgl. auch Schilling, Eine neue Verfassung für Deutschland, s.o., S. 104f. Laut Eggert, ebda., S. 268, müsste der Gesetzgeber im Fall einer erfolgreichen Klage das Verfahren ausgestalten. Prinzipiell gegen staatliche Hilfe wendet sich Christoph Möllers, weil sich der Staat nicht aktiv daran beteiligen dürfe, die Ewigkeitsklausel des Art. 79 III GG zur Disposition zu stellen. „Betreute oder regulierte Verfassunggebung" gebe es nicht. Vgl. Möllers, § 5 Demokratie, s.o., S. 361, Rdnr. 79. Dagegen spricht wie erwähnt, dass ein Verfahren gemäß Art. 146 GG ausnahmsweise die Ewigkeitsklausel übergehen darf. Schon um nach Sinn und Zweck des Schlussartikels die Friedlichkeit des Verfahrens zu gewährleisten, müsste sich der Staat im Ernstfall mit technischer Hilfe in die Pflicht nehmen lassen. Ob Initiatoren ganz ohne ihn ein gültiges förmliches Abstimmungsverfahren der notwendigen Größenordnung organisieren können, erscheint fraglich.

[249] So Dreier, Horst, Ein neues Deutschland. Wer mehr Europa will, braucht eine andere Verfassung. Aber das Volk muss man dafür nicht fragen, in: ZEIT, 20.10.2011, S. 2, https://www.jura.uni-wuerzburg.de/fileadmin/02160100/Elektronische_Texte/455451528_PDB_20111020142630_1_.pdf.

[250] Die Mehrheit im Parlamentarischen Rat und die Ministerpräsidenten hatten Bedenken, dass die KPD einen Volksentscheid über die Gründung des Weststaats für ihre Propaganda nutzen würde. Vgl. Jung, Otmar, Grundgesetz und Volksentscheid, 1994, S. 335. Über die Notwendigkeit einer Volksabstimmung wurde dennoch gestritten. Zu den Befürwortern des „Gründungsplebiszits" zählte insbesondere der CDU-Delegierte Heinrich von Brentano. Seinem Gedanken, dass das Grundgesetz dem Volk *prinzipiell* vorgelegt werden müsste, schloss sich der FDP-Vertreter Thomas Dehler im Grundsatz an. Der KPD-Vertreter Max Reimann warf den Gegnern „Angst vor dieser Abstimmung" vor. Vgl. Der Parlamentarische Rat, Band 9, s.o., S. 596.

[251] Vgl. MDR fragt, Demos und Proteste – was machen die mit unserer Gesellschaft?, Januar 2024, S. 11, https://www.mdr.de/nachrichten/mitmachen/mdrfragt/mdrfragt-ergebnisse-demos-und-proteste-100.html. Die Umfrage war nicht-repräsentativ, ist aber in der Tendenz eindeutig.

[252] Dies erkennt Philip Manow als Ablenkungstaktik. Vgl. Manow, (Ent-)Demokratisierung, s.o., S. 139: *„Den Demokraten erkennt man daran, dass er den Antidemokraten erkennt, benennt, bekämpft."* Gemeint sind die Vertreter der repräsentativen Demokratie.

²⁵³ Peter Unruh betont zu Recht, dass Art. 146 GG nur die *Möglichkeit* einer Verfassungsablösung in den Raum stelle. Vgl. Unruh, Peter, Art. 146, in: Von Mangoldt, Hermann/Klein, Friedrich/Starck, Christian, Grundgesetz, 7. Aufl. 2018, Band 3, S. 2549, Rdnr. 28; Huber, Art. 146, s.o., S. 2471, Rdnr. 14.

²⁵⁴ Vgl. Dreier, Art. 146, s.o.

²⁵⁵ Fragwürdig – aber in der konkreten Formulierung wohl eher nicht verfassungsfeindlich – ist folgender Auszug aus einer Rede des damaligen AfD-Bundessprechers Alexander Gauland im Jahr 2016: *„Wir lieben nicht die Verfassung, wir lieben unser Volk. Aber wir wissen, dass die Verfassung richtig und nützlich ist und wir stehen für sie ein. Sie ist ein Kleid, das man verändern kann."* Gauland, Alexander, in: Haselrieder, Michael/Herzlieb, Anne, Chancen und Risiken eines AfD-Verbots, ZDF, frontal, 27.02.2024, https://www.zdf.de/politik/frontal/demokratie-chancen-risiken-afd-ver-bot-100.html. Gefährlich wird der „Unser Volk"-Mythos dann, wenn er offen nationalistisch bis rassistisch verstanden wird. Gravierender sind insofern Ausdrücke wie „Remigration" und „Umvolkung", die in demselben Magazin-Bericht von AfD-Politikern fallen und eine gewisse Parallele zur „Blut und Boden"-Ideologie der Nationalsozialisten erkennbar werden lassen. Wer die AfD verbieten lassen will, sollte wohl insbesondere Nachweise völkischer Ideologie sammeln, da völkerrechtlich nur Verfassungen zulässig sind, die den Kern der Menschenrechte und Rechte von Minderheiten als *ius cogens* (zwingend von den Staaten einzu-haltendes Völkerrecht) achten. Vgl. Winterhoff, Verfassung, s.o., S.252-254, 473.

²⁵⁶ Vgl. schon Kant, Immanuel, Metaphysik der Sitten, s.o., S. 220f.: „(A)llmähliche Reform nach festen Grundsätzen (...) in kontinuierlicher Annäherung zum höchsten politischen Gut, zum ewigen Frieden", da sich sonst „zwischeninne ein Augenblick der Vernichtung alles rechtlichen Zustandes ereignen" würde.

²⁵⁷ Vgl. Kempen, Bernhard, Verfassung und Politik, in: Depenheuer, Otto/Grabenwarter, Christoph, Verfassungstheorie, 2010, S. 929-952 (947).

²⁵⁸ Höchst interessante Schlussfolgerung von Lorenz, Susanne, Bilder der Demokratie - Zur politischen Ikonographie Athens im 5. und 4. Jahrhundert v. Chr, in: Dement'eva, Vera V./Schmitt, Tassilo (Hrsg.), Volk und Demokratie im Altertum, 2010, S. 54. Der Althistoriker Martin Dreher relativiert auf Nachfrage, dass das Relief stark gelitten habe und nur die Richtung des Kopfes diese Aussage stütze.

²⁵⁹ Soviel sollte klar sein: Die Abstimmung dürfte nicht zum falschen Zeitpunkt erzwungen werden. Vorschlag: Sie könnte idealerweise als finaler

Akt vorgenommen werden, wenn die Grundgesetzänderungen bereits in der Praxis über einen längeren Zeitraum ihre Funktionsfähigkeit bewiesen haben und eine deutliche Mehrheit absehbar ist. Erst mit der Abstimmung würde aus dem Grundgesetz als provisorische Verfassung eine permanente „Fairfassung" der Bürger, die freilich auch jederzeit änderbar bleiben muss.

[260] Hansen, Mogens Herman, Die Athenische Demokratie im Zeitalter des Demosthenes: Struktur, Prinzipien und Selbstverständnis, 1995, S. 65, 171.

[261] Aristoteles, Philosophische Schriften, Band 4, Politik, Felix Meiner Verlag, 2019, 1281b.

[262] Ebda., 1278 b.

[263] Geist (thymos) und Intellekt waren laut Aristoteles die entscheidenden Voraussetzungen, die die Athener für die Gründung ihrer Polis mitbrachten. Vgl. Mann, Christian, Politische Partizipation und die Vorstellung des Menschen als *zoon politikon*, 2009, S. 51-95 (90), https://www.academia.edu/7905651/Politische_Partizipation_und_die_Vorstellung_des_Menschen_als_zoon_politikon.

[264] Pico della Mirandola, Giovanni, De hominis dignitate - Über die Würde des Menschen, 1990, S. 7, https://meiner-elibrary.de/media/upload/leseprobe/9783787309597.pdf. Vgl. dazu Kirste, Die Würde des Menschen, S. 105f.

[265] Kirste, Stephan, The Human Right to Democracy as a Capstone of Law, in: Horn, Anita, The Human Right to Democracy, 2019, S. 61f. (62).

[266] Leider erwähnt auch Bundespräsident Frank-Walter Steinmeier in Bezug auf das notwendige „Wir" nicht die Optionen der Bürgerräte und der direkten Demokratie und übergeht damit eine sich aufdrängende Idee für ein wachsendes „Wir". Vgl. Steinmeier, Frank-Walter, Wir, 2024.

[269] 60 bis 70 Prozent aller Abgeordneten sind von vornherein über Parteilisten abgesichert, die von den Parteien intern aufgestellt werden. Oebbecke, Janbernd, Minimierung politischer Kosten durch Verwaltungsrecht, DÖV 2017, S. 749ff. (750).

[269] Die Stärkung des Wir-Gefühls durch die Demonstrationen ist zentrales Ergebnis einer repräsentativen tiefenpsychologischen Untersuchung des rheingold Instituts. Vgl. Grünewald, Stephan/Poulakos, Ismene, Zwischen Weckruf und Bumerang – psychologische Wirkungen der Demonstrationen gegen Rechtsextremismus, Januar 2024, https://www.rheingold-marktforschung.de/rheingold-studien/psychologische-wirkungen-der-demonstrationen-gegen-rechtsextremismus/.

269 Die Autoren der Studie, ebda., mahnen vor der Kehrseite: „Allerdings beschreiben Demonstrierende auch, dass deren bestärkende und tröstliche Wirkung wieder verpuffe. Schnell fühle man sich wieder in den alten Alltagslasten gefangen, auf sich alleine zurückgeworfen und ohnmächtig bestehenden Krisen ausgeliefert."

270 Eine erfreuliche Stimme, die „wehrhafte Demokratie" nicht mit Durchgreifen mittels Verfassungsschutz und Parteiverbot gleichsetzt, ist Hacke, Jens, Wehrhafte Demokratie, Aus Politik und Zeitgeschichte 9-11, 2024, S. 25-31. Für ihn liegt ein „Kommunikationsdefizit" zwischen Regierung und Bürgern vor. Es seien „Krisenfelder und politische Verwerfungen als Ergebnisse von (immerhin korrigierbaren) politischen Versäumnissen" zu begreifen. Sodann müssten *präventiv* Ursachen bekämpft werden statt „wohlfeile Feindeserklärungen" abzugeben. Freilich seien die zugrundeliegenden Missstände oft nicht klar zu erkennen, was für diffuse Ängste sorge. Entscheidend sei, dass Demokratie eine Perspektive der Hoffnung und Verbesserung geben müsse. Ähnlich vorwärtsgewandt wegen fehlender Repräsentativität und Bürgerbeteiligung Morina, Christina, zitiert von Monath, Hans, Ursachen des Rechtspopulismus: „Demokratie funktioniert nur, wenn sie sich stets erneuert", Tagesspiegel, 23.04.2019, https://www.tagesspiegel.de/kultur/demokratie-funktioniert-nur-wenn-sie-sich-stets-erneuert-4059853.html.

271 Hervorgehoben wurde dabei das Zitat eines Teilnehmers aus Jena, wonach er „unter den gegenwärtigen Bedingungen nur alle 4 Jahre bedingt Einfluss nehmen kann." Vgl. tagesschau24, 29.01.2024, https://www.mdr.de/nachrichten/mitmachen/mdrfragt/video-793824.html. Weitere Details dazu finden sich hier: MDR.de, Befragte finden Demos wirkungsvoller als Parteiarbeit, 30.01.2024, https://www.mdr.de/nachrichten/deutschland/politik/mdrfragt-umfrage-ergebnis-bauernproteste-zusammenhalt-demos-rechtsextremismus-100.html.

272 Andere Umfragen ergeben eine zu 79 Prozent positive Haltung zu Bürgerräten. Vgl. Sack, Detlef/Freier, Nora, Verian, Bergische Universität Wuppertal, Institut für Demokratie- und Partizipationsforschung, Forschungsstelle Bürgerbeteiligung, Wissenschaftliche Evaluation „Bürgerrat Ernährung im Wandel", Blitzlicht, 20.02.2024, S. 2, 5, https://www.bundestag.de/resource/blob/990584/1b386359da5b52f8c18203832ea6259e/buergergutachten_praesentation.pdf.

273 Ober, Josiah, Three kinds of dignity, 2009, S. 7, https://law.yale.edu/sites/default/files/documents/pdf/Intellectual_Life/LTW-Ober.pdf. Ähnllich Waldron, Citizenship and Dignity, s.o., S. 340: „nicht dasselbe Konzept, aber in weiten Teilen übereinstimmend".

[274] Rousseau, Der Gesellschaftsvertrag, s.o., S. 29f.

[275] Vgl. Oelkers, Jean-Jacques Rousseau, s.o.

[276] Rousseau, Jean-Jacques, Discours sur les sciences et les arts (Discours 1), 1750, S. 18, https://www.rousseauonline.ch/pdf/rousseauonline-0034.pdf. Vgl. auch Pfetsch, Theoretiker der Politik, s.o., S. 265. Rousseau gab sich nicht der Illusion hin, dass sein optimistisches Bild vom Citoyen und seine Vorstellung einer Republik, in der alle sich dem Gemeinwohl unterordnen, in seiner Zeit umzusetzen war. Vgl. dazu Herb, Karlfriedrich, Politische Philosophie, in: Ders./Taureck, Bernhard H.F., Rousseau-Brevier. Schlüsseltexte und Erläuterungen, 2011, S. 75-92 (87–90).

[277] Manin, Bernard, Kritik der repräsentativen Demokratie, 2007, S. 297, 304.

[278] Kritisch etwa Unger, Das Verfassungsprinzip der Demokratie, s.o., S. 33, der zu Recht darauf hinweist, dass das grundrechtlich eingeräumte Recht auf die Artikulation von Meinung keine rechtlichen Bindungen erzeuge. - Vgl. dagegen Kirste, Die Würde des Menschen, s.o., S. 108, 116, der – wie verbreitet in der Staatsrechtslehre - den Wahlbürger als Bürger im „status activus", bzw. als Citoyen erblickt. Ebenso Schmitt-Glaeser, Walter, Die grundrechtliche Freiheit des Bürgers zur Mitwirkung an der Willensbildung, in: Isensee, Josef/Kirchhof, Paul (Hrsg.), Handbuch des Staatsrechts der Bundesrepublik Deutschland, Band III, 3. Aufl., 2005, S. 229-262 (231). Vgl. auch Sauer, Demokratische Legitimation, s.o., S. 21, der im Grundgesetz „kein Individualrecht auf Legitimationsteilhabe" erblickt.

[279] Vgl. Icking, Johannes, Menschenrechte als Teilhaberechte an politischen Gesellschaften, 2020, S. 88ff., der die menschliche Präferenz für Gerechtigkeit und Fairness hervorhebt.

[280] Vgl. Waldron, Citizenship and Dignity, s.o., S. 342.

[281] Vgl. Kunig, Philip/Kotzur, Markus, in: von Münch, Ingo/Kunig, Philip, Grundgesetz, Kommentar, Band 1, 7. Aufl., 2021, S. 98, Art. 1, Rdnr. 95.

[282] Genau deshalb galt es in der athenischen Demokratie, Entscheidungen möglichst im Konsens zu treffen, was laut Ober gelang und maßgeblich zum Erfolg und Wohlstand Athens beitrug. Vgl. Ober, Demopolis, s.o., S. 152. Vgl. dazu Spagnoli, Filip, Homo democraticus, 2003, S. 111: *„Wenn Du Gesetze befolgen musst, mit denen Du nicht übereinstimmst, hast Du keine Kontrolle über Dein Leben."*

[283] Vgl. Murmann, Demokratische Staatsbürgerschaft, s.o., S. 89.

[284] Vgl. Buchenau, Stefanie, Bestimmung und Perfektibilität: Menschenwürde in der Aufklärung, in: Brandhorst, Mario/Weber-Guskar, Eva (Hrsg.), Menschenwürde, S. 178-205 (185). So auch Ehlers, Nils, Der

Widerspruch zwischen Mensch und Bürger bei Rousseau, 2004, S. 105, der in Weiterentwicklung der Gedanken Jean-Jacques Rousseaus vom „neuen Bourgeois" spricht, der unter Nutzung des „kreativen Potenzials" der beiden Rollen die individuelle Entfaltung des Menschen und das Pflichtgefühl des Bürgers gegenüber der Gesellschaft lebt. Kant schrieb: „Ohne alle Würde kann nun wohl kein Mensch im Staate sein, denn er hat wenigstens die des Staatsbürgers (...)." Vgl. Kant, Metaphysik der Sitten, S. 190.

[285] Vgl. Fukuyama, Identität, s.o., S. 56-69 (65).

[286] Luther King jr., Martin, Ich habe einen Traum, 28.08.1963, https://usa.usembassy.de/etexts/soc/traum.htm. King sprach von einer Schuld der Gesellschaft, einem nicht eingelösten demokratischen „Schuldschein" der Verfassung, die für jeden Amerikaner da sei.

[287] Brown, Alex, Hate Speech Law: A Philosophical Examination, 2015, S. 142. Siehe auch Gardner, James, The Dignity of Voters – A ´Dissent´, University of Miami Law Review 2010, S. 455, der die Bürgerwürde ebenfalls von der Menschenwürde abstrahiert, aber auf das Wahlrecht bezieht. Beide zit. bei Loots, Barbara E., Civic Dignity as the Basis for Public Participation in the Legislative Process, in: Botha, Henk/ Schaks, Nils/Steiger, Dominik, Das Ende des repräsentativen Staates? Demokratie am Scheideweg - The End of the Representative State? Democracy at the Crossroads, 2016, S. 257-272 (263f., Fn. 25), https://www.jstor.org/stable/j.ctv941vr3.16?refreqid=excelsior%3Adb2fe0e0ec3b81d24a3fc5285a67c9b7&seq=1#metadata_info_tab_contents.

[288] Vgl. auch die Parallelbestimmung Art. 59 I a zur Nationalversammlung. Die südafrikanische Verfassung stammt aus dem Jahr 1996, vgl. Constitution of the Republic of South Africa, 1996: Chapter 4 - Parliament | South African Government (www.gov.za).

[289] So Richter Ngcobo für die Mehrheit In: Constitutional Court of South Africa, Doctors for Life International v Speaker of the National Assembly and Others (CCT12/05) [2006] ZACC 11; 2006 (12) BCLR 1399 (CC); 2006 (6) SA 416 (CC) (17 August 2006), Rdnr. 115, https://www.saflii.org/za/cases/ZACC/2006/11.html. Letztlich reichte dem Gericht der Wortlaut des Abschnitts 72 I a) für die Feststellung einer *Pflicht der Verfassungsorgane, Schritte zu unternehmen, dass die Öffentlichkeit am Gesetzgebungsprozess adäquat teilhaben kann.* Siehe ebda., Rdnr. 120.

[290] Wahrheits- und Versöhnungskommission Südafrikas: https://www.justice.gov.za/trc/.

[291] Vgl. Loots, Civic dignity, s.o., S. 264f. m.w.N.

[292] Tatsächlich drängt sich mit an vorderster Stelle die Information auf, dass die Stadt Tegernsee im Jahr 2016 (!) Adolf Hitler und Paul von Hindenburg nach 83 Jahren die Ehrenbürgerwürde aberkannt hat. Vgl. Abendzeitung, Nach 83 Jahren: Tegernsee entzieht Hitler Ehrenbürgerschaft, 07.04.2016, https://www.abendzeitung-muenchen.de/bayern/nach-83-jahren-tegernsee-entzieht-hitler-ehrenbuergerschaft-art-336441.

[293] Ober, Demopolis, s.o., S. 72.

[294] Vgl. ebda., S. 83, 94.

[295] Kleger, Heinz, Demokratisches Regieren, 2018, S. 363. Laut Emanuel Richter brauche und solle der Aktivbürger ausdrücklich nicht jederzeit aktiv sein, da er bewusste Rückzugsmöglichkeiten ins Private brauche. Die Aktivität sollte bei den wechselnden „Aggregatzuständen" allerdings nie aus dem Auge verloren werden. Vgl. Richter, Emanuel, Die Wurzeln der Demokratie, 2008, S. 247ff.

[296] Ausführlich zum Begriff und dem Rechtsprinzip der Nachhaltigkeit Popp, Nachhaltigkeit und direkte Demokratie, s.o., S. 15-81.

[297] Brand, Karl-Werner/Jochum, Georg, Der deutsche Diskurs zu nachhaltiger Entwicklung, 2000, S. 78-80, https://www.sozialforschung.org/wordpress/wp-content/uploads/2009/09/kw_brand_deutscher_nachh_diskurs.pdf. Es handelt sich um die Enquete-Kommission des 13. Deutschen Bundestags unter dem Titel „Konzept Nachhaltigkeit. Vom Leitbild zur Umsetzung" als Nachfolge-Kommission der Enquete-Kommission des 12. Deutschen Bundestags "Schutz des Menschen und der Umwelt".

[298] Ebda., S. 184.

[299] Forst, Rainer, Normativität und Macht, 2015, S. 23, 192.

[300] Vgl. Oswald, Clemens, Bürgerdemokratie statt Bürgerbeteiligung, eNewsletter Netzwerk Bürgerbeteiligung 01/2021, 13.04.2021, S. 2, https://www.netzwerk-buergerbeteiligung.de/fileadmin/Inhalte/PDF-Dokumente/newsletter_beitraege/1_2021/nbb_beitag_oswald_210413.pdf.

[301] Christmann, Anna, Die Grenzen direkter Demokratie, 2012, S. 47., Vgl. auch Kägi, Werner, Rechtsstaat und Demokratie – Antinomie und Synthese, in: Demokratie und Rechtsstaat, Festgabe zum 60. Geburtstag von Zaccaria Giacometti, 1953, S. 107-142 (141), der dennoch den Ausdruck „demokratischer Rechtsstaat" bevorzugt, https://www.legalanthology.ch/t/kaegi_rechtsstaat-und-demokratie_1953.pdf. In einem anderen Zusammenhang hat Bundeswirtschaftsminister Robert Habeck die „ökologisch-soziale Marktwirtschaft" so definiert, dass die Marktwirtschaft die „treibende Kraft" sei und ökologogisch-soziale Rahmenbedingungen erforderlich seien, um die Kräfte des Marktes in eine Richtung zu lenken,

die dem *Gemeinwohl* diene. Vgl. Habeck, Robert, Bundespressekonferenz, Phoenix, 26.01.2022. Siehe dazu auch den Begriff der „Gemeinwohl-Ökonomie" bei Felber, Christian, Gemeinwohl-Ökonomie, 2018.

[302] So auch Christmann, ebda., S. 254, die für die Zwecke ihrer Arbeit anders als hier eine rechtsstaatliche Demokratie als Demokratie mit nur „geringer Rechtsabsicherung" definiert. Vgl. S. 46.

[303] Oswald, Bürgerdemokratie statt Bürgerbeteiligung, s.o. Ähnlich der Philosoph Rainer Forst, der eine „Normativität" der Demokratie fordert, unter die er Gerechtigkeit, Freiheit, Solidarität und Toleranz subsumiert: "Es ist und bleibt Aufgabe der Demokratie als Praxis kollektiver Rechtfertigung, die Kräfte und Machtverhältnisse zu zivilisieren und zu transformieren, die willkürlich über das Leben der Menschen bestimmen oder die zumindest nicht ausreichend gemeinwohlverträglich kontrolliert werden. Nur wenn diese Transformation und Kontrolle gelingt, erfüllt die Demokratie ihren Zweck der Gerechtigkeit." Das beschreibt eine Art Zirkel, in dem die Demokratie das Recht schaffen muss, das Gerechtigkeit in ihr schaffen soll. Vgl. Meyer, Thomas, Gegen das ewige Eigeninteresse, Süddeutsche Zeitung, 20.06.2022, https://www.sueddeutsche.de/kultur/rainer-forst-die-noumenale-republik-rezension-1.5605818.

[304] Bäumlin, Richard, Die rechtsstaatliche Demokratie, 1954, S. 93f.

[305] Pöthe, Zitha, Perikles in Preußen, Die Politik Friedrich Wilhelms II. im Spiegel des Brandenburger Tores, 2014, S. 400, https://www.welt.de/geschichte/article157518142/Seit-225-Jahren-ist-das-Tor-Berlins-Wahrzeichen.html.

[306] Reiche, Jürgen, Symbolgehalt und Bedeutungswandel eines politischen Monuments, in: Arenhövel, Willmuth/Bothe, Rolf (Hrsg.), Das Brandenburger Tor 1791-1991, 1991, S. 270-316 (274).

[307] Ausführlich dazu: Schubert, Charlotte, Perikles, 2012.

[308] Aufgrund seiner mitreißenden rhetorischen Fähigkeiten sind sich Historiker über die Person Perikles nicht einig. Raaflaub, Kurt A., Democracy, in: Kinzl, Konrad H., A Companion to the Classical World, 2006, S. 387-415 (399), zitiert den Demokratie-Kritiker Thukydides, der von einer faktisch undemokratischen Regentschaft des „ersten Mannes" sprach. Schubert, Perikles, s.o., S. 209f., beschreibt allerdings die Verdienste des „Demokraten" Perikles und erblickt den „Tyrannen" Perikles vor allem im brutalen und imperialistischen Auftreten gegenüber anderen Griechen, was seine unbestreitbaren Leistungen zuweilen überlagere. – Auch Nichthistoriker wagen Einschätzungen: Tarkiainen, Tuttu, Die athenische Demokratie, 1972, S. 134, beschreibt eine Art berechnenden Aristokraten, der es geschickt versteht, das Volk zu verführen. Flaig, Egon, Wie entscheidungsfähig sind Demokratien?, in: Graf, Friedrich Wilhelm/Meier,

Heinrich, Die Zukunft der Demokratie, S. 121-169 (157), betont, dass die allgemeine Deliberation sehr wohl auch schon mal dazu führte, dass Perikles Abstimmungen verlor, so dass unter ihm also tatsächlich die besseren Argumente durchgedrungen seien und er sich nicht immer mit seiner Macht und seinem Geschick durchsetzte.

[309] Vgl. Vorländer, Hans, Grundzüge der athenischen Demokratie, in: Informationen zur politischen Bildung 332, 1/2017, S. 6-13 (12); sowie Bleicken, Jochen, Die athenische Demokratie, 4. Aufl., 1995, S. 50, 402.

[310] Bleicken, ebda., S. 410; Vorländer, ebda., S. 12.

[311] Bleicken, ebda., S. 398.

[312] Thukydides, Geschichte des Peloponnesischen Krieges, in: Thukydides, übersetzt und herausgegeben von Georg Peter Landmann, 2002, S. 111ff.; Meier, Christian/Veyne, Paul, Kannten die Griechen die Demokratie?, 2016, S. 124; Saage, Richard, Politische Partizipation und Apathie in antiker und moderner Perspektive, in: Otten, Henrique Ricardo/Sicking, Manfred, Kritik und Leidenschaft: Vom Umgang mit politischen Ideen, 2011, S. 154, https://www.ssoar.info/ssoar/bitstream/handle/document/70034/ssoar-2011-otten_et_al-Kritik_und_Leidenschaft_Vom_Umgang.pdf?sequence=1&lnkname=ssoar-2011-otten_et_al-Kritik_und_Leidenschaft_Vom_Umgang.pdf.

[313] Bleicken, Die athenische Demokratie, s.o., S. 495.

[314] Vgl. Aristoteles, Politik, Buch 1, 2, 3 und 6, sowie Kloft, Die athenische Demokratie, s.o., S. 42.

[315] Saage, Politische Partizipation und Apathie, s.o., S. 154.

[316] Meier/Veyne, Kannten die Griechen die Demokratie?, s.o., S. 106ff.; Bleicken, Die athenische Demokratie, s.o., S. 396, 75.

[317] Maier, Christoph, Gewaltenteilung bei Aristoteles und in der Verfassung Athens: Keine freiheitliche Demokratie ohne multipolare Institutionenordnung, 2006.

[318] Aufgrund des Fehlens von Menschenrechten wird der Begriff „rechtsstaatlich" in Anführungszeichen gesetzt. Strukturell gab es sehr wohl rechtsstaatliche Elemente.

[319] Die Ekklesia hatte zunächst im Namen der Schutzgöttin Athena entschieden, fasste jedoch bald „Beschlüsse des Volkes", bzw. „von Rat und Volk", was das irdische, selbstverantwortliche und gemeinschaftsbezogene Selbstverständnis des Gremiums unterstreicht. Vgl. Rausch, Isonomia in Athen, 1999, S. 305ff. (344).

320 Hansen, Die Athenische Demokratie, s.o., S. 148, 157, 213-219; Vorländer, Grundzüge, s.o., S. 10; Vgl. Sutter, Patrick, Die politische Ordnung Athens, 2005, S. 52. Die sogenannte Popularklage, bei der der Kläger nicht in seinen subjektiven Rechten verletzt sein muss, gibt es in der Bundesrepublik nur in Bayern und gegen bayerische Vorschriften, vgl. Art. 98 S. 4 Verfassung des Freistaates Bayern in Verbindung mit Art. 55 Gesetz über den Bayerischen Verfassungsgerichtshof.

321 Sutter, ebda.; Hansen, ebda., S. 167-183.

322 Vgl. Pope, Maurice, The Keys to Democracy, 2023. Burnheim, John, Über Demokratie, Alternativen zum Parlamentarismus, 1985.

323 Pope, ebda., S. 175.

324 Ebda., S. 149ff.

325 Ebda., S. 170.

326 Vgl. ebda., S. 150.

327 Die starke Rolle der Parteien ergibt sich eher indirekt aus den Repräsentativstrukturen des Grundgesetzes, die ohne Parteien praktisch undenkbar sind. Vgl. Burnheim, Über Demokratie. s.o., S. 167.

328 Vgl. Rousseau, Gesellschaftsvertrag, s.o., S. 76, 111, wonach jeder jeden kennen solle und eine Einfachheit der Sitten, weitgehende Gleichheit der gesellschaftlichen Stellung sowie wenig bis gar kein Luxus erforderlich seien. Rousseau sah seine Heimatstadt Genf als ideale Größenordnung für eine Republik gegenüber Großstädten wie Paris oder London. Vgl. Oelkers, Jean-Jacques Rousseau, s.o., S. 89. Vgl. auch Baron de Montesquieu, Charles de Secondat, Vom Geist der Gesetze, 1748, Buch XI, 6, https://www.projekt-gutenberg.org/montesqu/schrifte/chap004.html, der die anzustrebende Selbstregierung in großen Staaten für „unmöglich" hielt und in kleinen „mancherlei Unzuträglichkeiten" unterworfen sah. Vgl. auch Schmidt, Manfred G., Demokratietheorien, 2013, S. 90; Pfetsch, Frank R., Theoretiker der Politik, 2012, S. 283. Dafür, dass Überschaubarkeit für eine Demokratie hilfreich ist, spricht, dass die athenische Demokratie nicht nur aus kleinen Einheiten bestand, sondern die Menschen sich sehr ähnlich waren, so dass von einer wirtschaftlich und kulturell homogenen Gemeinschaft ausgegangen werden kann. Korsukéwitz, Sabine, Auf dem Weg zum Bürgerstaat, Deutschlandfunk Kultur, 08.11.2006, https://www.deutschlandfunkkultur.de/auf-dem-weg-zum-buergerstaat-100.html. Zum Thema Größe vgl. auch Dreier, Horst, Das Problem der Volkssouveränität, in: Stekeler-Weithofer/Zabel, Philosophie der Republik, S. S. 37-56 (39, 41, 44).

329 Vgl. z.B. Ober, Demopolis, s.o., S. 154; Sintomer, The Government of Chance, s.o., S. 184.

[330] Vgl. Mahoney-Smith, Civic Dignity, s.o., S. 13f.

[331] Pope, Hugh, Afterword, in: Pope, The Keys to Democracy, s.o., S. 178.

[332] So die Politikwissenschaftlerin Hélène Landmore im Vorwort, ebda., S. xi.

[333] Ebda., S. 164f.

[334] Erwähnenswert ist auch noch die Utopie die des britisch-amerikanischen Politikwissenschaftlers John P. McCormick, der sich anhand der Ideen Nicolo Machiavellis in einem Gedankenexperiment große Versammlungen vorstellt, in die Bürger Gesetze einbringen, sowie ein Volkstribunat nach dem römischen Vorbild einer *tribunis plebis*. McCormick bezeichnet Machiavelli als stärksten Befürworter der athenischen Demokratie, während Rousseau diesbezüglich überbewertet werde. Vgl. McCormick, John P., Die aktuelle Krise der Demokratie und der populistische Schmerzensschrei, in: Jörke, Dirk/Nachtwey, Oliver (Hrsg.), Das Volk gegen die (liberale) Demokratie?, 2017, S. 41-54 (48). Ausführlich: Ders., Machiavellian Democracy, 2011.

[335] Grundlegend Alexy, Robert, Theorie der Grundrechte, 1978, S. 75-77; sowie ders., Rechtssystem und Praktische Vernunft, Rechtstheorie 1987, S. 405-419 (407f.). Vgl. auch Reese, Birgit, Die Verfassung des Grundgesetzes, 2013, S. 78ff. (mit Nachweisen zur Rechtsprechung des Bundesverfassungsgerichts, welches den Begriff der Optimierung verwendet); Steiger, Dominik, Gewaltenteilung als Mittel zur Konzeptualisierung von Partizipation, in: Botha, Henk/Schaks, Nils/Steiger, Dominik, Das Ende des repräsentativen Staates?, Demokratie am Scheideweg, 2016, S. 355-383 (377-379); sowie Riechelmann, Frank, Die Angemessenheit der Begriffe – oder: Das Schutzgut des verfassungsrechtlichen Vertrauensschutzes, Zeitschrift für Rechtsphilosophie 2023, S. 97-115 (104-108): Gebot der Realisierung eines Ideals, wobei die Prinzipien im Wege der Abwägung zur praktischen Konkordanz zu bringen sind. Vgl. auch Kahl, Wolfgang, Juristisches Fachgutachten zur Aufnahme der Nachhaltigkeit in die Verfassung für das Land Nordrhein-Westfalen, April 2021, S. 29, 47, https://wupperinst.org/fa/redaktion/downloads/projects/FS_NHS_NRW_FM_A4_Juristisches_Fachgutachten.pdf. Konkret für das Demokratieprinzip vgl. Bryde, Brun-Otto, Das Demokratieprinzip des Grundgesetzes als Optimierungsaufgabe, in: Redaktion Kritische Justiz (Hrsg.), Demokratie und Grundgesetz, 2001, S. 57-70 (62f.), Engels, Andreas, Die Verfassungsgarantie kommunaler Selbstverwaltung, 2014, S. 103-137 (insb. S. 106, 118, 122ff., 123: „Leitgedanke" Demokratie), sowie Neupert, Rechtmäßigkeit, s.o., S. 107, und Reßing, Maximilian, Prinzipien als Normen mit zwei Geltungsebenen, Archiv für Rechts- und Sozialphilosophie 2009, S. 28-48. Zurückhaltender – allerdings pro Bürgerräte - Berger, Philip, Grundgesetz und aleatorische Demokratie,

2024, S. 168, 225, der das Demokratieprinzip als „Optimierungsgebot ohne Optimierungspunkt" beschreibt. Vgl. auch Unger, Sebastian, Das Verfassungsprinzip der Demokratie, s.o., S. 92, 99, 261. Für das Rechtsstaatsprinzip: Klatt, Matthias, Rechtsstaat, in: Hilgendorf, Eric/Joerden, Jan C., Handbuch Rechtsphilosophie, 2021, S. 436f. (437), https://www.academia.edu/31803059/_2017_Rechtsstaat.

[336] Vgl. Popper, Karl R., Das Elend des Historizismus, 3. Aufl., 1971, S. 47-74.

[337] Ders., Logik der Forschung, 11. Auflage, 2005, S. 17.

[338] Popper richtete sich gegen jeglichen Absolutheitsanspruch. Wer sich Prüfungen nicht aussetze, verfolge Dogmen. Vgl. Schuler, Der Philosoph Karl Popper, s.o.

[339] Wallimann-Helmer, Ivo, Institutionen einer Nachhaltigen Demokratie, Bulletin SAGW 2020, S. 33-36 (33). https://www.sagw.ch/fileadmin/redaktion_sagw/dokumente/Publikationen/Bulletin/20_3_Der_Nachhaltige_Staat/Wallimann_Helmer.pdf; Kahl, Juristisches Fachgutachten, s.o., S. 29; sowie Löw Beer, David, Demokratie und Nachhaltigkeit, https://www.rifs-potsdam.de/de/forschungsbereich/demokratie-und-nachhaltigkeit.

[340] Vgl. Kahl, Wolfgang, Juristisches Fachgutachten, s.o., S. 17, 29f.

[341] Der Autor vertritt im gesamten Werk ausdrücklich seine persönliche Meinung, nicht die des Vereins.

[342] Zit. bei Nix, Christoph, Über die Gerechtigkeit, Recht und Politik 2017, 480-496 (480). Bohley wird in der Wortwahl unterschiedlich zitiert, die Aussage bleibt aber gleich.

[343] Vgl. Hillgruber, Christian, Verfassungsrecht zwischen normativem Anspruch und politischer Wirklichkeit, in: Veröffentlichungen der Vereinigung der Deutschen Staatsrechtslehrer, 2008, S. 7-56 (8ff.), https://www.degruyter.com/document/doi/10.1515/9783110977097.7/html.

[344] Vgl. Neupert, Rechtmäßigkeit, s.o., S. 107.

[345] Schütt-Wetschky, Gewaltenteilung, s.o., fordert aufgrund der aus seiner Sicht als gesetzt zu denkenden repräsentativen Demokratie ein „realistisches" Konzept, welches nicht änderbare Sachverhalte wie die „faktische Gruppenstruktur" im Parlament (Fraktionen und Fraktionsdisziplin) akzeptieren müsse. Damit weicht er das möglichst konsequent umzusetzende Staatsprinzip der Gewaltenteilung zugunsten eines Vorrangs der Repräsentation und Realpolitik auf, die zu beachten sind, bei denen aber nicht starr und dogmatisch stehengeblieben werden sollte, weil die Wissenschaft sonst ihren Auftrag aus den Augen verliert.

[346] Müller, Albrecht, Machtwahn, 2006.

[347] Vgl. etwa Von Arnim, Die politische, die wirtschaftliche und die mediale Klasse, s.o., S. 27. Ders., Das System: die Machenschaften der Macht, 2006.

[348] So wörtlich der Rechtsprofessor Florian Meinel. Zur Rechtfertigung der Gewaltenverschränkung heißt es bei ihm, dass die „Informalisierung" von Parlament und Regierung eine „ganz wesentliche Funktionsbedingung des parlamentarischen Regierungssystems" und eine „große Leistung der Volksparteien" sei. Vgl. Meinel, Florian, Vertrauensfrage, 2019, S. 82f. Vgl. auch den Diskussionsbeitrag von Isensee, Zeitschrift für Parlamentsfragen, s.o., S. 462, der namentlich nicht auf von Arnim gemünzt war, aber gut in seine Richtung passen dürfte: *„Man hat den Eindruck, dass der angebliche Sumpf der Abgeordnetenselbstbedienung zugleich das Biotop gewisser Kritiker ist, die sich auf billige Weise als republikanische Moralisten und Günstlinge der Medien darstellen können, indem sie alle Parlamente, vom Bundestag bis zu den Landtagen, als korrupt und selbstbedienerisch vorführen."*

[349] Von Arnim, Hans Herbert, Parteienfinanzierung in Deutschland, DÖV 2020, S. 593-603 (603), https://www.uni-speyer.de/fileadmin/Ehemalige/Hans_Herbert_von_Arnim/Fachveroeffentlichungen/2020_07_23__DOEV_2020__593.pdf. Ähnlich Lang, Gesetzgebung in eigener Sache, s.o., S. 523f. In der Schweiz mit seiner ausgeprägt direkten Demokratie gibt es keine staatliche Parteienfinanzierung. In Deutschland könnten solche Abstimmungen derzeit nur auf Länderebene durchgeführt werden.

[350] Vgl. Kant, Metaphysik der Sitten, s.o., S. 172f.

[351] Sauer, Demokratische Legitimation, S. 26, betont zu Recht, dass es aus dem Zusammenhang gerät, dass in der repräsentativen Demokratie das Volk der Träger der Gewalten ist, während die Gewalten ihre „Manager" sind. Maus, Ingeborg, Justiz als gesellschaftliches Über-Ich, 2018, S. 210, sieht ebenfalls die Souveränität als *allumfassende* Staatsgewalt und höchste Quelle des Rechts, die letztlich alle drei Gewalten umfasst, auch die Legislative, mit der sie oft gleichgesetzt wird. Der Souverän ist danach nicht nur Gesetzgeber, sondern Verfassungsgeber und definiert, wie die Staatsgewalten einzeln und gegeneinander zu funktionieren haben. Er sei gut beraten, Menschen- und Bürgerrechte, Staatsprinzipien und –gewalten zu einem optimalen Ausgleich zu bringen.

[352] Buchstein, Hubertus, Wählen, Losen und politische Gerechtigkeit – Plädoyer für einen „demokratisch deliberativen pouvoir neutre", Zeitschrift für Politikwissenschaft 2012, S. 395-405 (403), weist auf die 16-köpfige Kommission hin, die seit 1987 in Washington State die Diäten festsetzt. Neun Mitglieder sind ausgelost. Eine markante Abweichung von

der Höhe der Diäten in anderen US-Bundesstaaten ist seither nicht erkennbar. Allerdings sei das Thema Politikergehälter aus dem Fokus populistischer Kritik verschwunden.

353 Vgl. Streit, Entscheidung in eigener Sache, s.o., S. 190-197, 210f., der eine im Grundgesetz zu verankernde beratende Sachverständigenkommission zur Politikfinanzierung vorschlägt, die der Bundespräsident beruft (neue Art. 60a und 76 IV GG). Vgl. auch Waldthausen, J. Christian v., Gesetzgeberische Gestaltungsfreiheit und öffentliche Kontrolle im Verfahren zur Festsetzung der Abgeordnetenentschädigung, 2000, S. 319-332; sowie Morlok, Martin, Entscheidungen in eigener Sache – eine analytische Skizze, Verfassungsblog, 06.09.2023, https://verfassungsblog.de/entscheidungen-in-eigener-sache-eine-analytische-skizze/. Für eine Enquete-Kommission für Änderungen des „Rechts der Politik" Pilniok, Arne, Gemeinwohlsicherung im Recht der Politik, Verfassungsblog, 11.09.2023, https://verfassungsblog.de/gemeinwohlsicherung-im-recht-der-politik/, S. 190-197.

354 Vgl. Lang, Gesetzgebung in eigener Sache, s.o., S. 518, wonach die Ergebnisse erfahrungsgemäß „nicht durchschlagend" seien und bei Entscheidungsbefugnissen zudem Bedenken im Hinblick auf das demokratische Prinzip bestünden. Letztere ließen sich durch Einbeziehung des Souveräns wohl vermeiden.

355 Bürgerrat, Belgischer Bürgerrat für Reform der Parteienfinanzierung, 25.05.2023, https://www.buergerrat.de/aktuelles/belgischer-buergerrat-fuer-reform-der-parteienfinanzierung/. Die Kosten für den Bürgerrat beliefen sich auf 250.000 Euro aus *privaten* Beiträgen. Laut der durchführenden Organisation sei das ungefähr so viel, wie die Parteien täglich vom belgischen Staat erhalten.

356 Dreier, Grundgesetz-Kommentar, Art. 79 III, s.o., S. 2047, Rdnr. 39.

357 Vgl. Streit, Thilo, Entscheidung in eigener Sache, 2006, s.o., S. 202f.

358 Deutscher Bundestag, Fechner und Warken leiten Kommission zur Reform des Wahlrechts, 07.04.2022, https://bundestag.de/dokumente/textarchiv/2022/kw14-pa-wahlrechtskommission-konstituierung-887588. Die Sachverständigen waren von den Fraktionen zu benennen, soweit zwischen ihnen kein Einvernehmen über die Benennung herzustellen war.

359 Buchstein, Hubertus/Hein, Michael, Eine Obergrenze für den Bundestag: Wie die dringend nötige Reform des deutschen Wahlrechts gelingen könnte, Verfassungsblog, 05.10.2017, https://verfassungsblog.de/eine-obergrenze-fuer-den-bundestag-wie-die-dringend-noetige-reform-des-deutschen-wahlrechts-gelingen-koennte/. Die GroKo hatte in der letzten Legislaturperiode eine Kommission aus Abgeordneten, Wissen-

schaftlern und Bürgern vorgesehen, um Antworten auf Fragen zum Wahlalter (16 Jahre?), zur Dauer der Legislaturperiode und zur paritätischen Besetzung des Bundestags zu entwickeln. Für einen Bürgerrat auch Grotz, Florian/Pukelsheim, Friedrich, Fehlleistung Wahlrechtsreform, FAZ, 06.09.2022, https://www.faz.net/aktuell/politik/bundestagswahlrecht-fehlleistung-wahlrechtsreform-16940863.html.

[360] Siehe etwa Pokraka, Daniel, Größere Wahlkreise sind das kleinste Übel, tagesschau.de, 17.01.2023, https://www.tagesschau.de/kommentar/ampel-entwurf-wahlrechtsreform-kommentar-101.html. Die Nachteile seien nicht sehr gravierend: Ohnehin schon recht große Wahlkreise in ländlichen Gebieten würden wachsen und beim Neuzuschnitt von Wahlkreisen würden sich zwei Abgeordnete um einen neu entstehenden Wahlkreis streiten. Aber das sei laut Pokraka völlig korrekt, „nicht das Problem der Wähler". Vgl. auch Jesse, Eckhard, Streit ums Wahlrecht, Recht und Politik 2023, S. 428-434 (433), der nach der erwartbaren Schmach in Karlsruhe ein kooperativeres Vorgehen der Parteien erwartet und detaillierte Vorschläge zur Anpassung der Wahlkreise macht, so dass auch hier die Sollzahl von 598 Abgeordneten erreicht wird.

[361] Von Arnim, Entscheidungen des Parlamentes, s.o., S. 539; sowie ders., Das Machtspiel um die Sperrklauseln, Spiegel, 24.03.2014, https://www.spiegel.de/politik/deutschland/sperrklauseln-ein-gastkommentar-von-hans-herbert-von-arnim-a-960438.html.

[362] So wörtlich Oebbecke, Minimierung politischer Kosten, s.o., S. 753.

[363] Siehe Stupp, Markus, Parteienvielfalt in Deutschland, Ist die Fünf-Prozent-Sperrklausel noch zeitgemäß?, 05.12.2013, Parteienvielfalt in Deutschland (regierungsforschung.de). Stupp schlägt vor, sich am niederländischen Modell mit einer sehr niedrigen, je nach Wahlausgang flexiblen Sperrklausel zu orientieren.

[364] Die SPD mit der heutigen Ministerpräsidentin Anke Rehlinger hat die Wahl im März 2022 bei sinkender Wahlbeteiligung zwar klar gewonnen. Es gab aber 10 Prozent der Stimmen für kleine Parteien, so dass die Wähler gerade nicht ausdrücklich ihre vollständige Unterstützung der SPD zum Ausdruck gebracht haben, die dennoch die absolute Mehrheit der Sitze erlangte. Deutlich mehr als 50 Prozent haben *nicht* Rehlinger gewählt, die trotzdem als große Wahlsiegerin im Landtag „durchregieren" kann.

[365] Göbel, Michel, Die Wahlrechtsreform zwischen falschverstandener Folgerichtigkeit und Konfrontationskurs, DÖV 2023, S. 569-578 (578); Ojak, Anstoß zu einer Wahlreformspirale, s.o., S. 845.

[366] Vgl. Bundesverfassungsgericht, Urteil vom 30.07.2024, s.o., Rdnr. 228.

367 Bundesverfassungsgericht, Beschluss vom 19.09. 2017 - 2 BvC 46/14 -, Rdnr. 79, BVerfG, Beschluss vom 19. 9. 2017 – 2 BvC 46/14 (lexetius.com). Die Regeln für die Wahl zum Europäischen Parlament seien laut Bundesverfassungsgericht nicht übertragbar. Vgl. Rdnr. 76.

368 Mehr Demokratie, Wahlrecht: Absenkung der Fünf-Prozent-Hürde jetzt möglich, https://www.mehr-demokratie.de/mehr-bewegen/kampagnen/wahlrechtsklage. Zu den Auswirkungen einer Dreiprozentklausel vgl. die von Prof. Thorsten Kingreen im Namen von 4242 Privatpersonen erhobene Verfassungsbeschwerde, https://www.mehr-demokratie.de/mehr-bewegen/kampagnen/wahlrechtsklage.

369 Vgl. von Arnim, Entscheidungen des Parlamentes, s.o., S. 537. Im Fall der Europawahlen hatte er im Namen von 19 kleinen Parteien geklagt sowie mehr als 1000 Bürgern. Zu beachten ist als Besonderheit, dass im Europäischen Parlament jetzt schon 160 Parteien vertreten sind und fast alle Beschlüsse von den beiden großen Fraktionen, den Sozialdemokraten und den Bürgerlichen, gemeinsam getroffen werden, die mehr als die Hälfte der Mandate haben.

370 Wie parteipolitisch überlagert das Verfahren selbst innerhalb der Ampel ist, zeigt der Einsatz der FDP für eine Sperrklausel nicht über zwei Prozent. Meier, Albrecht, Sperrklausel für Europa?, Tagesspiegel, 29.03.2024, https://www.tagesspiegel.de/politik/sperrklausel-fur-europawahlen-kommt-2029-das-aus-fur-volt-die-partei-und-co-9513878.html.

371 Vgl. Schroeter, Helena, Weg für Sperrklausel im Europawahlrecht ist frei, Legal Tribune Online, 29.02.2024, https://www.lto.de/recht/hintergruende/h/bverfg-2bve623-die-partei-sonneborn-sperrklausel-europawahl-organstreitverfahren-verfassungsbeschwerde/.

372 Vgl. Lehmann, Timo, Ideenloser Wahlkampf, Spiegel, 04.06.2024, https://www.spiegel.de/politik/deutschland/europa-wahlkampf-die-parteien-verschaukeln-die-buerger-kommentar-a-613ca507-0a94-48fa-b628-d39bcb7b8f43. – Die Kleinparteien, die Sitze erringen konnten, aber in fünf Jahren aufgrund der Umstellung aus dem EU-Parlament ausgeschlossen werden könnten, sind die Freien Wähler (2,7 Prozent), Volt (2,6 Prozent), Die Partei (1,9 Prozent), die Tierschutzpartei (1,4 Prozent), die Familien-Partei die ÖDP, die Partei des Fortschritts (alle 0,6 Prozent) und die Piratenpartei (0,5 Prozent). Insgesamt haben diese Parteien über 14 Prozent der Stimmen erhalten.

373 Die 16- bis 24jährigen gaben mit in Summe 28 Prozent tatsächlich den 28 Kleinparteien die meisten Stimmen, solange diese noch nicht durch eine Sperrklausel „geblockt" wurden. Dies ging vor allem zu Lasten der Grünen, aber offenbar stellten auch die anderen Parteien für diese Wählergruppe keine Alternative dar. Vgl. Tagesschau, 09.06.2024.

[374] Van Reybrouck, Gegen Wahlen, s.o., S. 61.

[375] Vgl. Diringer, Arnd, Eine Ersatzstimme für Mehr Demokratie?, Welt am Sonntag, 14.04.2022, https://www.welt.de/debatte/kommen-tare/plus238162933/Arnd-Diringer-zur-Saarlandwahl-Eine-Ersatzstimme-fuer-mehr-Demokratie.html. Vgl. auch Jesse, Streit ums Wahlrecht, s.o.

[376] Oels, Wolfgang, Democracy for Future, 2021, S. 73.

[377] Da Differenzierung mehr Gerechtigkeit bedeutet, ist grundsätzlcih davon auszugehen, dass durch mehr Repräsentation im Bundestag auch mehr Stabilität erreicht wird. „Klare Mehrheitsverhältnisse", die auf dem Ausschluss kleinerer Parteien beruhen, mögen ein stärkeres Regieren erlauben, sorgen aber auch für Unzufriedenheit bei vielen, die ihre (Minderheits-)Stimme nicht ausreichend gehört fühlen, was insgesamt ein Nachteil des Mehrheitsprinzips ist. Bürgerräte füllen diese Lücken, indem sie anders als Regierungsfraktionen aktiv danach streben, Minderheiten zur allgemeinen Zufriedenheit in ihre Lösungen zu integrieren.

[378] Bundesverfassungsgericht, Beschluss vom 19.09.2017, s.o., Leitsatz und Rdnr. 81.

[379] Wegweisend Rinne, Jonathan R., Die multivariate Themen-Wahl, Überlegungen zu einem neuen direktdemokratischen Instrument, 2012. Zum Komplex „Agenda-Wahlen" gibt es neuere Forschungen der Philosophin Julia Jakobi, besprochen hier: Wiegmann, Katharina/ Tappeiner, Julia, 3 Alternativen für eine bessere Demokratie, Perspective Daily, 22.08.2023, https://perspective-daily.de/article/2722-3-alternati-ven-fuer-eine-bessere-demokratie/probiere.

[380] Hasel, Verena Friederike, Wir wollen mehr als wählen, 2019, S. 29.

[381] In Bayern wurde die 2015 von der CSU über einfaches Gesetz eingeführte konsultative Volksbefragung (früherer Art. 88a Landeswahlgesetz) vom Bayerischen Volksgerichtshof aufgehoben. Es hätte einer Verfassungsänderung für dieses „neuartige Instrument der unmittelbaren Demokratie, das die geltenden verfassungsrechtlichen Regelungen zur Staatswillensbildung modifiziert" bedurft. Vgl. Bayerischer Verfassungsgerichtshof, 21.11.2016, S. 2, 3. Leitsatz, sowie Rdnr. 104, https://www.bayern.verfassungsgerichtshof.de/media/images/bayverfgh/15-viii-14u.a-entscheidung.pdf. Unterstützend Grzeszick, Art. 20 II, s.o., S. 57, Rdnr. 115.

[382] Der Verein Mehr Demokratie feierte die eben erwähnte Entscheidung als „Sieg für die Demokratie", da die gekippte Bestimmung nur Befragungen „von oben" mit Akklamationscharakter erlaubt habe, die abzulehnen seien. Vgl. Strohmenger, Simon, Volksbefragung als Farce entlarvt!, 21.11.2016,

https://bayern.mehr-demokratie.de/presse/presse-einzelansicht/volksbe-fragung-als-farce-entlarvt. Eine Entwertung der Volksgesetzgebung sieht auch Pautsch, Arne, Das „Plebiszit von oben" als Störfall der (direkten) Demokratie? – Warum Volksbefragungen verfassungsrechtlich und verfassungspolitisch bedenklich sind, in: Heußner, Hermann K. /Pautsch, Arne /Wittreck, Fabian (Hrsg.), Direkte Demokratie, Festschrift für Otmar Jung, 2021, S. 143-160 (159f.).

[383] Zum Folgenden vgl. Sanders, Anne, Damit alles bleibt wie es ist, s.o., https://www.libra-rechtsbriefing.de/L/damit-alles-bleibt-wie-es-ist/. In den erwähnten Kommissionen sitzen neben juristischen Laien auch Richter und Mitglieder der Anwaltschaft. Die Politik darf von den Besetzungsvorschlägen nicht ohne Begründung abweichen.

[384] Wittreck, Empfehlen sich Regelungen, s.o., G92, Nr. 7.

[385] Ebda., G74f.

[386] Persönliche Kommunikation.

[387] Das Losen von Richtern ist nicht abwegig. Es war die Idee der sogenannten „Justiz-Initiative" in der Schweiz, die bei der Volksabstimmung 2021 zwar scheiterte, aber wohl einen erneuten Anlauf erleben wird. Der Ablauf wäre hier wie folgt: Erst würde eine Kompetenzprüfung stattfinden, dann das Losen der konkreten Richter. Vgl. SRF, Justiz-Initiative scheitert am Volks- und Ständemehr, 28.11.2021, bundesrichter-justiz-initiative-scheitert-am-volks-und-staendemehr. Sanders und Faltinat sprechen von einer „faszinierenden Lösung". Vgl. Sanders, Anne/Faltinat, Elisabeth, Unabhängige Richterauswahl durch Kompetenzprüfung und Los, Verfassungsblog, 26.11.2021, https://verfassungs-blog.de/unabhangige-richterauswahl-durch-kompetenzprufung-und-los/. Ziel der Initiative war auch, über Lebenszeitstellen die Gefahr zu mindern, dass Parteien Richtern mit Nichtwiederwahl drohen könnten, wenn diese gegen die Parteilinie entschieden. Auch für Deutschland gibt es erste Vorschläge, zwar nicht regulär, aber notfalls in Blockadefällen, Bundesrichter zu losen. Vgl. Sehl, "Was für die Funktionsfähigkeit relevant ist, muss ins Grundgesetz", s.o.

[388] Zit. bei Suliak, Hasso, Revolution beim Richterwahlverfahren blieb aus, Legal Tribune Online, 23.09.2022, https://www.lto.de/recht/hintergru-ende/h/73-deutscher-juristentag-2022-beschluesse-djt-bonn-richterwahl-autonome-systeme-rente-unmittelbarkeitsprinzip-digitale-plattformen/. Dem Deutschen Richterbund geht der Vorstoß nicht weit genug. Es blieben Einfallstore politischer Einflussnahme, die insbesondere im Hinblick auf die Gefahr einer nicht ausreichenden Verfolgung des Rechtsextremismus bei Wahlerfolgen rechter Parteien zu schließen seien. Vgl. Tagesspiegel, 02.05.2024, https://www.tagesspiegel.de/politik/kritik-vom-richterbund-

buschmann-will-weisungsrecht-gegenuber-staatsanwalten-nicht-abschaf-
fen-11606954.html.

[389] Vgl. Sehl, Markus, Gesetz gegen geheime Weisungen an Staatsanwälte, Legal Tribune Online, 22.04.2024, https://www.lto.de/recht/justiz/j/refe-rentenentwurf-reform-weisungsrecht-justizminister-staatsanwaltschaf-ten/.

[390] Prantl, Die Entfesselung, s.o.

[391] Wilke, Staatsanwälte, s.o., S. 305f. Vgl. auch Carsten/Rautenberg, ebda., S. 556.

[392] Persönliche Kommunikation.

[393] Vgl. Ideen verbinden – Chancen nutzen, Schleswig-Holstein gestalten, Koalitionsvertrag 2022-2027, zwischen CDU Landesverband Schleswig-Holstein und Bündnis 90/Die Grünen Landesverband Schleswig-Holstein, 22.06.2022, S. 111, https://www.cdu-sh.de/sites/www.cdu-sh.de/files/ko-alitionsvertrag_2022-2027_.pdf.

[394] Deutscher Richterbund, §§ 10ff. Entwurf für ein Landesgesetz zur Selbstverwaltung der Justiz (Stand 01.02.2010), https://www.drb.de/fileadmin/DRB/pdf/Selbstverwaltung/100325_DRB-Gesetzentwurf_Selbstverwaltung_der_Justiz.pdf: „Justizverwaltungsräte". Die Neue Richtervereinigung (NRV) plädiert für eine Zusammensetzung aus zwei Drittel Richtern und einem Drittel vom Parlament gewählter Mitglieder, die weder der Legislative noch der Exekutive angehören. Vgl. NRV, Demokratie *statt* Hierarchie, NRV-Info/Hessen, 2/2024, S. 26f., https://www.neuerichter.de/wp-content/uploads/2024/02/RLP-2011-03_Info.pdf.

[395] Papier, Hans-Jürgen, „Kein radikaler Systemwechsel in der Justiz", Zeitschrift für Rechtspolitik 2009, S. 125f.

[396] Vgl. Wittreck, Empfehlen sich Regelungen, s.o., G79f.

[397] Vgl. Cornils, Matthias, Gewaltenteilung, in: Depenheuer, Otto/Graben-warter, Christoph, Verfassungstheorie, 2010, S. 657-702 (657, 673).

[398] Vgl. ebda., S. 697, m.w.N., der etwa ein „Verbot der Desavouierung" von Gewalten durch andere Gewalten für erforderlich hält. Grundsätzlich ist diese Regel eng zu interpretieren, was etwa ganz klar den Ausschluss von „Befangenheitsentscheidungen" der Legislative bedeutet.

[399] Flaig, Egon, Wie entscheidungsfähig sind Demokratien?, in: Graf, Friedrich Wilhelm/Meier, Heinrich, Die Zukunft der Demokratie, S. 121-169 (151).

⁴⁰⁰ Es gab *mehrere Vorschläge* für Grundgesetzänderungen von einigen Parteien. Verwiesen werden soll hier vor allem auf einen interessanten Vorschlag von Mehr Demokratie. Vgl. Mehr Demokratie, gesetzentwurf, 2. Aufl. 2018, https://www.mehr-demokratie.de/fileadmin/pdf/MD-Gesetzentwurf_Volksentscheid.pdf, S. 7-9, verbunden mit einem Bundesabstimmungsgesetz. Für einen Überblick der Praxis obligatorischer Referenden in den Bundesländern bis Ende 2018 vgl. Rehmet, Frank, Mehr Demokratie, Volksentscheide in den deutschen Bundesländern seit 1945 aufgrund von obligatorischen Referenden, 20.12.2018: https://www.mehr-demokratie.de/fileadmin/pdf/VE-Liste_Obligatorische_Referenden.pdf.

⁴⁰¹ Vgl. Prantl, Heribert, Ein Geschenkvorschlag zum 70. Jubiläum des Grundgesetzes, md magazin 04/2018. S. 4-7 (6), https://www.mehr-demokratie.de/fileadmin/pdf/2018-10-04_mdmagazin04-2018_prantl-gratulation.pdf. Vgl. auch Meyer, Volksabstimmungen im Bund, s.o., S. 542: nicht erfüllter Gesetzgebungsauftrag an das Parlament. Dreier, Idee und Gestalt, s.o., S. 410: „nicht eingelöste Verheißung". Scheub, Ute, Demokratie, 2017, S. 26: „ständiger Verfassungsbruch". Zurückhaltender Sachs, Michael, in: Ders., Grundgesetz, Kommentar, 9. Aufl., 2021, Art. 20, Rdnr. 31, wonach kein verpflichtender Verfassungsauftrag bestehe.

⁴⁰² Die Eltern des Grundgesetzes haben in den Art. 76 bis 78 und 82 GG abschließend organisatorische Regeln für Gesetzesvorhaben aufgestellt, die für Abstimmungen in keiner Weise passen, da sie ausdrücklich nur für die Repräsentativorgane Bundestag und Bundesrat gelten. Art. 79 GG formuliert zudem ganz klar, dass Gesetze „*vom Bundestage* beschlossen" werden. Vgl. Pracht, Volksabstimmung in das Grundgesetz, s.o., S. 109. Siehe auch Sade, Markus, Verfassungsrechtliche Möglichkeiten und Grenzen zur Einführung direktdemokratischer Elemente, Leipzig Law Journal 2023, S. 44-58 (53f.), https://www.jura.uni-leipzig.de/fileadmin/Fakult%C3%A4t_Juristen/Leipzig_Law_Journal/LLJ_2021/_4_Sade_Direktdemokratische_Elemente.pdf. Es fehlt auch eine Ermächtigungsgrundlage für ein Abstimmungsgesetz analog zur Regelung des Art. 38 III GG für das Bundeswahlgesetz. Vgl. Mehr Demokratie, gesetzentwurf, s.o., S. 5. Vgl. auch Winkler, Direkt-demokratische Beteiligung, s.o., S. 47, mit Hinweis auf den sogenannten „Wesentlichkeitsgrundsatz". - Dagegen fragt Prantl, Ein Geschenk-vorschlag, s.o., S. 7, provokativ: „*Warum soll man das Grundgesetz ändern, um etwas hineinzuschreiben, was dort schon ausdrücklich steht?*" Ähnlich Meyer, Volksabstimmungen im Bund, s.o., S. 542. Zu weiteren Gegenstimmen vgl. Schwieger, Volksgesetzgebung, s.o., S. 375.

⁴⁰³ Zu den erfolgreichen Volksentscheiden gehörte u.a. der mit knapp 61 Prozent der Stimmen in Bayern im Jahr 2010 angenommene Entscheid für ein Rauchverbot in der Gastronomie (Beteiligung: 37,7 Prozent).

404 Die Instrumente der direkten Demokratie sind vielfältig. Ausführlich: Patzelt, Werner J., Weshalb wird der Wert plebiszitärer Instrumente verkannt, und wie beugt man dem vor?, in: Heußner, Hermann K. /Pautsch, Arne /Wittreck, Fabian (Hrsg.), Direkte Demokratie, Festschrift für Otmar Jung, 2021, S. 97-126 (107-120). Siehe auch Moeckli, So funktioniert direkte Demokratie, s.o., S. 53-58, sowie die Überblicke bei Rehmet, Frank/Wagner, Neelke/Weber, Tim Willy, Volksabstimmungen in Europa, 2020, S. 171, und Hentschel, Karl-Martin, Demokratie für morgen, 2019, S. 90.

405 Der Verein Mehr Demokratie führt hier Statistik. 14 davon waren erfolgreich und drei endeten mit einem Teilerfolg. Vgl. Rehmet, Frank, Mehr Demokratie, Volksbegehrensbericht 2024; S. 5, 14, 16, 25, https://www.mehr-demokratie.de/fileadmin/pdf/2024/Publikationen/240529_VBB_2024_web.pdf. In neun Bundesländern fand noch kein Volksentscheid statt. Siehe auch das von Mehr Demokratie über Vergabe von Schulnoten für die besten Verfahren erstellte Ranking, bei dem Bayern und Bremen führen und das Saarland abgeschlagenes Schlusslicht ist: Mehr Demokratie, volksentscheidsranking, 2021, 2021-06-22_VE-Ranking-2021_Web.pdf (mehr-demokratie.de). Laufende Volksbegehren sind hier aufgelistet: Mehr Demokratie, Laufende Verfahren auf Landesebene, https://www.mehr-demokratie.de/themen/volksbegehren-in-den-laendern/laufende-verfahren.

406 Rehmet, Volksbegehrensbericht 2024, s.o., S. 23.

407 Beispiele für kürzlich erfolgreiche Volksbegehren ohne Volksentscheid sind auch „Artenvielfalt & Naturschönheit in Bayern" (2019), „Rettet die Bienen" (2019) in Baden-Württemberg und „Artenvielfalt" in Niedersachsen (2020).

408 Hamburger Abendblatt, Fraktionen von CDU und Grünen: Kompromiss zu „Bürgerbegehren", 15.05.2024, https://www.abendblatt.de/hamburg/article242343358/Fraktionen-von-CDU-und-Gruene-Kompromiss-zu-Buergerbegehren.html.

409 Vgl. Würtenberger, Thomas, Verfassungsänderungen und Verfassungswandel des Grundgesetzes, Der Staat 2012, S. 287-317 (315).

410 Diese nicht ganz unwichtige Information zur Person findet sich nicht auf der Webseite der Universität Bonn, https://www.politik-soziologie.uni-bonn.de/de/personal/decker-frank-prof-dr, aber auf der Seite der SPD-Grundwertekommission, https://grundwertekommission.spd.de/ueber-die-kommission (beide abgerufen am 22.06.2024). Mitglied der Kommission ist danach u.a. auch der Politikwissenschaftler Wolfgang Merkel. Es ist nicht nur hier, sondern generell zu beobachten, dass Wissenschaftler Parteinähe im Lebenslauf nicht erwähnen.

[411] Vgl. Decker, Frank, Wer ist das Volk? Anmerkungen zum Verhältnis von direkter Demokratie und Populismus, in: Stiftung Mitarbeit (Hrsg.), Direkte Demokratie, Chancen – Risiken – Herausforderungen, 2020, S. 50-64 (63). Er nimmt sich allerdings teilweise selbst das Argument, indem er als positiven Effekt auf die Integration populistischen Protests hinweist, was mäßigend wirke und Populisten zwinge, genau zu argumentieren, S. 60-62.

[412] Bühlmann, Marc, Verständnisse und Missverständnisse – die direkte Demokratie der Schweiz als Chance, in: Stiftung Mitarbeit, ebda., S. 4-23 (19).

[413] Vgl. Fatke, Mathias/Freitag, Markus, Direct Democracy: Protest Catalyst or Protest Alternative?, Political Behavior 2013, S. 237-260.

[414] Bühlmann, Verständnisse, s.o., S. 19, Fn. 16.

[415] Kahl, Juristisches Fachgutachten, s.o., S. 29.

[416] Kempen, Verfassung und Politik, s.o., S. 944.

[417] Generell skeptisch zum Verhältnis Politik und Wissenschaft Gärditz, Klaus Ferdinand, Hoflieferanten, 2023. Als ein Beispiel nennt er den nach Parteienproporz zusammengestellten Deutschen Ethikrat. Vgl.ebda., S. 69.

[418] Kahl, Juristisches Fachgutachten, s.o., S. 29, schlägt wegen guter Erfahrungen auf Kommunal- und Landesebene und in der Schweiz direkte Demokratie als Ergänzung vor. Gute Maßnahmen seien laut Kahl außerdem ein Wahlrecht von Geburt an, ein Ombudsmann für Nachhaltigkeitsfragen und ein Ausschuss für Zukunftsfähigkeit. Ebda.,S. 142.

[419] Berger, Till, Partizipation - ein Kernelement nachhaltiger Entwicklung, Thema Umwelt, 02/2021, S. 8f. (9), https://pusch.ch/magazin/artikel/partizipation-ein-kernelement-nachhaltiger-entwicklung.

[420] Heidenreich, Felix, Nachhaltigkeit und Demokratie, 2023, S. 139. Laut Stephan Grünewald werden Nachhaltigkeitsthemen noch nicht aktiv selbst von den Bürgern angepackt, da sich die Bürger in eine Art passive „Nachspielzeit" begeben hätten. Vgl. Roehl, Wenn die Welt zu kompliziert wird, s.o.

[421] Popp, Nachhaltigkeit und direkte Demokratie, s.o., S. 376, 378f., wünscht sich baldige Einsicht in die Notwendigkeit der direkten Demokratie, da es sonst womöglich „zu spät" werden könnte, „(um) die Probleme des Anthropozäns bewältigen zu können".

[422] Diesen Ausdruck verdanke ich Antoine Vergne von Missions Publiques. Passend wäre es auch hier an einen großen Werkzeugkasten oder – schön im Sinne von „Staatskunst" – an eine bunte Malerpalette zu denken.

[423] Begriff von Menke, Christoph, Kritik der Rechte, 2018, S. 334.

[424] Das Erste, Faktencheck zu Maischberger, 26.04.2023, https://www.daserste.de/information/talk/maischberger/fakten-check/faktencheck-maischberger-308.html.

[425] Ziekow, Jan, Rechtsgutachten zu den rechtlichen Rahmenbedingungen des Tätigwerdens von losbasierten Bürgerräten in ergänzender Funktion zur Beschlussfassung durch den Deutschen Bundestag, 15.05.2021, https://deutschlands-rolle.buergerrat.de/fileadmin/downloads/rechts-gutachten-buergerrat-bundesebene.pdf.

[426] Art. 1 IV der Landesverfassung lautet: *„Das Land bekennt sich zur direkten Demokratie in Form von Volksbegehren, Volksabstimmungen und Volksbefragungen und fördert auch andere Formen der partizipativen Demokratie."* Der Verzicht auf Experten in Bürgerräten in Vorarlberg ist für mich allerdings ein Defizit.

[427] Vgl. zum Folgenden die Webseite des Bürgerdialogs (https://www.buergerdialog.be/) sowie BertelsmannStiftung, Shortcut 7, Das Ostbelgien-Modell, März 2022, https://www.bertelsmann-stiftung.de/de/unsere-projekte/demokratie-und-partizipation-in-europa/shortcut-archiv/shortcut-7-das-ostbelgien-modell. Die Wortwahl ist dabei anders als in Deutschland: Der Bürgerrat ist für die Themenfindung zuständig. Die Bürgerversammlungen beratschlagen über diese Themen, agieren also als das, was hier Bürgerrat genannt wird, und legen dem (ostbelgischen) Parlament ihre Empfehlungen vor, die in einem gemeinsamen Ausschuss diskutiert und in der Regel im Konsens beschlossen werden. Alle Mitglieder der Bürgerversammlung werden zur Vorstellung ihrer Vorschläge und zur Diskussion der Antwort des zuständigen Parlamentsausschusses eingeladen. Das Parlament muss sich in mindestens drei Debatten mit den Empfehlungen auseinandersetzen. Gibt es keinen Widerstand, gilt, dass die Empfehlungen umgesetzt werden. Die Bürgerräte, die einmal pro Monat tagen, überprüfen den Folgeprozess der politischen Umsetzung. Sie werden aus gelosten ehemaligen Teilnehmern der Bürgerversammlungen zusammengesetzt. Zur Erörterung der Fortschritte ist ein Jahr nach Übergabe der Empfehlungen eine Plenarsitzung anzuberaumen. Außerdem gibt es noch ein Ständiges Sekretariat, welches die Auslosungen organisiert und und administrative Unterstützung leistet sowie dem Bürgerrat in regelmäßigen Abständen Umsetzungsberichte vorlegt. Bürgerräte sind üblicherweise auf zwei Jahre angelegt.

[428] Zum Folgenden vgl. Parlament der Deutschsprachigen Gemeinschaft Belgiens, Dokument 101 (2021-2022), Nr. 3, Empfehlungen der Bürgerversammlung vom 19. September 2020 zum Thema „Pflege geht uns alle an! Wie können die Pflegebedingungen für Personal und Betroffene verbessert werden?", Abschlussbericht, 30.03.2022, S. 44f.,

https://www.buergerdialog.be/fileadmin/user_upload/101_2021-2022_Nr._3_BV1-Pflege_Abschlussbericht.pdf.

[429] Vgl. Initiative Bürgerrat für Aachen, https://www.buergerrat-aachen.de/; Bürgerrat, Bald ständig was LOS in Aachen, 30.03.2022, https://www.buergerrat.de/aktuelles/bald-staendig-was-los-in-aachen/.

[430] Über Themenvorschläge entscheidet ein Bürgerforum aus zehn Ratsmitgliedern und sieben sachkundigen Bürgern sowie zwei beratenden Mitgliedern des Senioren- und Integrationsrates, welches auch das gesamte Verfahren bis zur Umsetzung organisiert. Die in der Pilotphase noch vertretenen Vertreter der Gründungsinitiative „Bürgerrat für Aachen" und aus Fraktionen werden nach den ersten drei Bürgerräten „ausrolliert". Die Vorschläge können von Einwohnern (mit mindestens 125 Unterschriften) eingereicht werden, von einem vorherigen Bürgerrat, von den Ratsfraktionen und von Dezernenten der Stadtverwaltung. Bei der Auswahl der Themen kann der Bürgerrat auf Vorschläge zurückgreifen, die ihm entweder von mindestens zwei seiner Mitglieder, von einer Parlamentsfraktion, von der Regierung oder von mindestens 100 Bürgern unterbreitet werden. Der Bürgerrat formuliert dann die genaue Fragestellung, die von einer Bürgerversammlung beraten werden soll. Der Unterschied zum ostbelgischen Modell ist, dass hier die Politik über das Thema aus den zahlreichen Möglichkeiten entschieden hat. Es mag ein Grund gewesen sein, warum die CDU-Fraktion Aachen für den Bürgerrat zu gewinnen war. Vgl. CDU-Fraktion Aachen, Eine neue Form der Bürgerbeteiligung: Der Bürgerrat, 12.05.2021, https://www.cdu-fraktion-aachen.de/aktuelles/details/Eine-neue-Form-der-Buergerbeteiligung-Der-Buergerrat-1403N/.

[431] Initiative Bürgerrat für Aachen, Bürgerrat startet, Oktober 2023, https://irp.cdn-website.com/cbad4367/files/uploaded/Pressemitteilung-B%C3%BCrgerrat-231025-GH.pdf.

[432] Bürger*innenrat Aachen, BürgerInnengutachten 2023, https://buerge-rinnenrat.aachen.de/wp-content/uploads/2024/01/BuergerInnengutach-ten2023_web.pdf. Empfehlungen wurden zu folgenden Handlungsfeldern erstellte: 1. Identität & Bottom-up, 2. Freizeit und Kultur, 3. Mobilität, 4. Klima, 5. Öffentliche Räume und Leerstand.

[433] Einen Überblick über Bürgerräte in Deutschland und der Welt gibt die Webseite www.buergerrat.de. Zu Pionieren der letzten Jahre zählten u.a. private Bürgerrats-Initiativen in Berlin und Frankfurt/Main. Der Frankfurter Demokratiekonvent von „mehr als wählen" e.V. ging von Studenten aus und kann ohne weiteres als „self-made" bezeichnet werden inklusive sogenannter aufsuchender Beteiligung in sozial schwächeren Vierteln. Vgl. mehr als wählen e.V., Handlungsempfehlung für bessere Bürgerbeteiligung, Frankfurter Demokratiekonvent 2019, https://usercon-

tent.one/wp/www.demokratiekonvent.de/wp-content/uplo-ads/2019/05/Handlungsempfehlung_neu.pdf. In Berlin-Friedenau freute sich eine weitere „self made"-Initiative über Fördermittel in Höhe von 150.000 Euro, die zum Anlass genommen wurden einen Bürgerrat nach Vorarlberger Modell zur Zukunft von Friedenau zu veranstalten, mit einer – wie spät erkannt wurde - zu weich formulierten Fragestellung. Vgl. BürgerInnenräte in Friedenau, www.nur-mut.org.

[434] Ziekow, Rechtsgutachten, s.o., S. 36. Zum Konzept der „Konsultative" vgl. Nanz, Patrizia/Leggewie, Claus, Die Konsultative, s.o. Rohr, Jascha, In unserer Macht, 2013, S. 48, nennt diese von Bürgern ausgeübte Gewalt eine weitere Gewalt neben den drei Staatsgewalten. Solange sie unverbindlich bleibt, passt diese Einordnung. Im Hintergrund steht aber immer, dass sich der Verfassungsgeber *theoretisch* jederzeit, so er es für angemessen oder notwendig erachtet, und so er einen gemein-samen Weg findet, auch als nicht nur beratende, sondern verbindlich und wegweisend agierende oberste Staatsgewalt gerieren könnte (Art. 146 GG). Dies ginge etwa – bei andauernd gezielter Bedeutungsschwäche von Bürgerräten - über die Einforderung einer Bürgerdemokratie durch mehr partizipative und direkte Demokratie und konsequente Gewaltenteilung.

[435] Vgl. Huber, Peter M., Die Vorgaben des Grundgesetzes für kommunale Bürgerbegehren und Bürgerentscheide, Archiv des öffentlichen Rechts, 2001, S. 165-203 (183-186), wonach das Grundgesetz Abstimmungen neben Wahlen „in einem Atemzug" nenne. In der Folge lehnt Huber zu Recht einen absoluten Vorrang der rein repräsentativen Demokratie ab (teils „Dominanzprinzip" genannt). Dafür spreche, dass die genannten Abstimmungen eine *direktere* Repräsentation ermöglichen als Wahlen.

[436] ZEIT, Irland stimmt für gleichgeschlechtliche Ehe, 23.05.2015, https://www.zeit.de/politik/ausland/2015-05/irland-homo-ehe-referen-dum; Pieper, Stephanie, Ein klares "Yes" für Recht auf Abtreibung, tagesschau.de, 05.03.2019, https://www.tagesschau.de/ausland/irland-abtreibung-referendum-107.html.

[437] Weitere Bürgerräte in Irland in den letzten drei Jahren haben sich deutlich für ein Referendum zur Verankerung des Artenschutzes in der Verfassung sowie konkrete Maßnahmen zum Schutz der biologischen Vielfalt ausgesprochen. Bürgerrat, Irischer Bürgerrat für Artenschutz, 05.04.2023, https://www.buergerrat.de/aktuelles/irischer-buergerrat-fuer-artenschutz/.

[438] Sotschek, Ralf, Klatsche für die Regierung, taz, 10.03.2024, https://taz.de/Verfassungsreferendum-in-Irland/!5997082/; Bürgerrat, Nach Bürgerrat, Referenden zu Geschlechtergerechtigkeit gescheitert, 09.03.2024, https://www.buergerrat.de/aktuelles/nach-buergerrat-refer-enden-zu-geschlechter-gerechtigkeit-gescheitert/.

[439] Ehs, Tamara, Die demokratische Gleichheit des Loses: Aus der Nische des Rechtswesens zurück in die Politik, momentum Quarterly 2019, S. 14-26 (20), https://webapp.uibk.ac.at/ojs2/index.php/momentum/article/viewFile/2942/2276.

[440] Vgl. Demoscan, Eine niederschwellige Abstimmungshilfe von Bürger:innen für Bürger:innen, https://demoscan.ch/de/.

[441] Vgl. Bürgerrat, Bürgerentscheide mit Bürgerräten kombinieren, https://www.buergerrat.de/aktuelles/buergerentscheide-mit-buergerraeten-kombinieren/. Zu den debattierten Themen gehörten Mindeststrafen für Straftäter, Legalisierung der Marihuana-Abgabe zu medizinischen Zwecken, Reform der Gewerbesteuer, usw. Laut Yves Sintomer war es wegen der folgenden Abstimmungen notwendig, im Bürgerrat eher Mehrheitsmeinungen zu bilden statt reinen Konsens. Vgl. Sintomer, The Government of Chance, s.o., S. 213f.

[442] Vgl. Art. 50 VI Hamburgische Verfassung.

[443] Vgl. nur die Aufstellung abgelehnter Volksbegehren in Hamburg bei Reimann, Michael, Gebot der Bestimmtheit und Klarheit eines Gesetzes, Mehr Demokratie, 15.11.2023, https://hh.mehr-demokratie.de/news-einzelansicht/gebot-der-bestimmtheit-und-klarheit-eines-gesetzes. Die Präsidentin des Hamburgischen Verfassungsgerichts Birgit Voßkühler sprach auf einer Veranstaltung von Mehr Demokratie im Oktober 2023 davon, dass die Abstimmungsvorlagen ausreichend klar und verständlich formuliert sein müssen. Die Vor- und Nachteile müssten für die Bürger abzuschätzen sein. Dies gelte umso mehr, desto komplexer die Materie sei. Bislang steht der Landeswahlleiter als Vertreter der Freien und Hansestadt Hamburg als unverbindlicher Berater zur Verfügung.

[444] Vgl. Bundesverfassungsgericht, Beschluss des Plenums vom 08.12.1952, - 1 PBvV 1/52 -, Rdnr. 31, 36, https://www.servat.unibe.ch/dfr/bv002079.html. Zu § 97 BVerfGG a.F., der nach nur drei Anwendungen vornehmlich aus politischen Gründen abgeschafft wurde, vgl. ausführlich Burmeister, Frank, Gutachten des Bundesverfassungsgerichts zu völkerrechtlichen Fragen, 1998, S. 165-177, 214-216 m.w.N. Gründe waren die angebliche Wesensfremdheit der Gutachtenerstattung, wonach die Justiz nur für die Entscheidung von Streitfällen zuständig sein solle, und die Gefahr einer Ansehensminderung für das Bundes--verfassungsgericht, wenn sich die Verfassungsorgane nicht an seine nicht bindende Rechtsauffassung hielten. Die damals geltende Zuständigkeit des Plenums des Bundesverfassungsgerichts für die Gutachtenerstattung gemäß § 97 III BVerfGG a.F. wurde von Kritikern als „Fehlkonstruktion des Gesetzes" bezeichnet. Laut Burmeister litt die Regelung an „systematischen Ungereimtheiten und wurde für Zuständigkeitsmanipulationen missbraucht", was laut ihm allerdings korrigierbar wäre.

[445] So geschieht es allerdings in der Schweiz, wo Bundesjuristen etwa die 13. Monatsrente nach dem gewonnen Volksentscheid 2024 so beurteilten, dass diese im Jahr 2026 auch ohne Gesetzesänderung direkt zu zahlen ist, weil der Text des Volksentscheids direkt anwendbar sei. Vgl. Schöchli, Hansueli, Die höheren AHV-Renten fliessen auf jeden Fall ab 2026 – auch wenn die Finanzierung noch nicht steht, Neue Zürcher Zeitung, 12.03.2024, https://www.nzz.ch/schweiz/die-hoeheren-ahv-renten-fliessen-auf-je-den-fall-ab-2026-auch-wenn-die-finanzierung-noch-nicht-steht-ld.1821847.

[446] Denkbar wären auch andere Bezeichnungen wie u.a. *Loskammer, 3. Kammer, Demokratierat oder Nachhaltigkeitsrat.* Vgl. Pfeffer, Janosch/Renn, Ortwin/Newig, Jens, Bürgerräte: Wem nutzen sie wirklich?, https://www.boell.de/de/2023/07/07/wem-nutzen-buergerraete-wirk-lich. Buchstein, Wählen, Losen und politische Gerechtigkeit, s.o., S. 399, spricht von einer Loskammer, bzw. einem „House of Lots". Für einen anderen institutionellen Vorschlag im Bereich der Gesetzgebung vgl. Kahl, Wolfgang, Nachhaltigkeitsverfassung, s.o., S. 53ff., 104, 136, 138, der einen wissenschaftlichen Nachhaltigkeitsrat mit suspensivem Vetorecht und einen Ausschuss für Zukunftsfragen, bzw. nachhaltige Entwicklung fordert. Der Ausschuss wurde schon im Jahr 2004 von Edgar Göll vorgeschlagen und soll sich aus Angehörigen der einschlägigen Fachausschüsse bilden. Vgl. Göll, Edgar, Nachhaltigkeit als Herausforderung für Parlamente, Zeitschrift für Parlamentsfragen 2004, S. 68-80 (76). S. 53ff. Weniger passend wäre die Einrichtung des von Claus Leggewie beschriebenen „Rates der Weisen", da es sich bei diesem Gremium aus NGO-Vertretern und Wissenschaftlern um eine „Expertokratie" mit nicht ausreichend legitimer Entscheidungsge-walt handeln würde. Vgl. Leggewie, Claus, Klimaschutz erfordert Demokra-tiewandel, in: vorgänge 02/2010, S. 35–43 (41), https://www.humanistische-union.de/publikationen/vorgaenge/190-vorgaenge/publikation/klima-schutz-erfordert-demokratiewandel/.

[447] Die Bürgerkammer könnte auch ein eigenes Onlineforum zu bestimmten aktuellen Themen betreiben. Ähnlich Rohr, Jascha/Oppold, Daniel/Ehlert, Hanna/Hörster/Nanz, Patrizia, Bundesrepublik 3.0: ein Beitrag zur Weiterentwicklung und Stärkung der parlamentarisch-repräsentativen Demokratie durch mehr Partizipation auf Bundesebene: Abschlussbericht, im Auftrag des Umweltbundesamtes, Februar 2019, S. 27, https://www.umweltbundesamt.de/publikationen/bundesrepublik-30. Die Eingaben könnten bei Erreichen eines bestimmten Unterschriftenquorums zwingend übernommen werden müssen. Siehe den Vorschlag von 200.000 Unterschriften von Ziekow, der auch hier greifen könnte. Vgl. Ziekow, Rechtsgutachten, s.o., S. 82. Dafür spricht, dass es hier nur um die *Befassungspflicht* der Kammer ginge, keine Verbindlichkeit.

[448] Die Bürger könnten bei diesem Modell *agieren*, nicht nur reagieren. In einer zurückhaltenderen Variante fordert die BürgerInnengutachten Partei (BGP), ca. 120 Gesetzentwürfe pro Jahr, vor den Abstimmungen über Gutachten bewerten zu lassen. Vgl. https://www.buergerinnengutachten-partei.de/forderung.

[449] Laut Patrick Heinemann sollten Bürger verfassungsrechtlich "ein Mindestmaß an Verteidigungsfähigkeit" beanspruchen können. Er leitet diesen Anspruch aus dem Anspruch auf intertemporale Freiheitssicherung aus dem Klima-Beschluss des Bundesverfassungsgerichts ab. Heinemann, Patrick, Ein Grundrecht auf Verteidigung?, Verfassungsblog, 04.01.2024, https://verfassungsblog.de/ein-grundrecht-auf-verteidigung/.

[450] In sehr unterhaltsamer Weise hinterfragt die ZDF-Satiresendung „Die Anstalt" die Entstehung der Schuldenbremse und ihren dogmatischen Gebrauch durch Bundesfinanzminister Christian Lindner, der in Wissenschaft und Politik kaum Unterstützer habe, da Schulden *für Investitionen* in Zeiten wirtschaftlichen Abschwungs von Experten grundsätzlich gutgeheißen würden und Sparen Rechtspopulisten in die Karten spiele. Auch könne der Klimaschutz als unbeherrschbare Notlage als Begründung genommen werden. Vgl. ZDF, Die Anstalt, 12.03.2024, https://www.zdf.de/comedy/die-anstalt/die-anstalt-vom-12-maerz-2024-100.html.

[451] Staatsleistungen heißt u.a., dass der Staat die Gehälter von Geistlichen (Bischöfe, Weihbischöfe, Domvikare, Kanoniker, Pfarrer, etc.) bezahlt, aber auch das Pfarrerstudium, die Militärseelsorge, Baulasten, ja sogar Glocken und Orgeln bis hin zum Weihrauch. Schon in der Weimarer Reichsverfassung stand In Art. 138, auf den Art. 140 GG verweist, klipp und klar, dass die „Staatsleistungen", die der deutsche Staat seit der Zeit der Säkularisation an die Kirchen zahlt, abzulösen, d.h. gegen Entschädigungen zu beenden sind. Dies muss über die Landesgesetze geschehen, wobei der Bund, die Grundsätze aufzustellen hat. Das ist ein zwingender Auftrag, noch aus der Weimarer Zeit, allerdings ohne Fristsetzung. Der Staat verstößt In Folge nach Meinung vieler tatsächlich seit über 100 Jahren gegen diese verfassungsrechtliche Pflicht. Vgl. Wernsmann, Rainer/Geiß, Nikolai, Der verfassungsrechtliche Rahmen der Ablösung der Staatsleistungen an die Kirchen, DÖV 2022, S. 650-658 (658), sowie Humanistische Union, Unsere Stellungnahme zur Ablösung der Staatsleistungen, 07.04.2021, https://www.humanistische-union.de/thema/stellungnahme-zum-gesetzentwurf-der-fraktionen-fdp-die-linke-und-buendnis-90die-gruenen-bundestags/. Vgl. auch bereits Graebert, Jochen/Oswald, Clemens, ARD, Panorama, Unsinnige Steuersubventionen – Milliardensegen für die Kirche, 17.10.2002, https://daserste.ndr.de/panorama/ar-chiv/2002/Unsinnige-Steuersubventionen-Milliardensegen-fuer-die-Kir-chen,erste7860.html. Die Ampel hat zwar im Koalitionsvertrag das im

ersten Schritt notwendige Grundsätzegesetz angekündigt, das im Dialog mit Kirchen und Ländern erarbeitet werden soll. Vgl. Mehr Fortschritt wagen, s.o., S. 88. Aber es gibt Widerstand von den Ministerpräsidenten. Kritisch etwa der Staatsrechtler Bodo Pieroth bei Wrede, Insa, Kirche: Staatsleistungen vor dem Aus?, Deutsche Welle, 13.06.2023, https://www.dw.com/de/kirche-staatsleistungen-vor-dem-aus/a-65847714. Der Publizist Carsten Frerk weist darauf hin, dass es nicht stimme, dass die Staatsleistungen sozialen Einrichtungen der Kirchen verloren gehen würden, da diese ohnehin nahezu vollständig vom Staat bezahlt würden. Am Ende dürften wohl die Höhen der Ablösungssummen die entscheidende Rolle spielen, wenn die Ablösung denn wirklich in der Ampelzeit gelingt.[451] Skeptisch Humanistische Union, ebda.

[452] Klauser, Natalie, Von der Dienstpflicht zur Chancenzeit, kurzum, Konrad-Adenauer-Stiftung, November 2022, https://www.kas.de/documents/252038/7442725/Von+der+Dienst-pflicht+zur+Chancenzeit.pdf/a9c6b865-46e8-2b8f-dae5-3b84ca318039?version=1.0&t=1668772995475. Vgl. Ipsen, Jörn, Rechts-fragen einer allgemeinen Dienstpflicht, Recht und Politik 2023, S. 140-146. Bundesverteidigungsminister Boris Pistorius hat eine Wehrpflicht nach schwedischem Modell ins Gespräch gebracht. Vgl. Rath, Christian, Schwedisches Modell nur mit Grundgesetzänderung, Legal Tribune Online, 27.12.2023, https://www.lto.de/recht/hintergruende/h/schwedisches-modell-in-deutschland-personal-bundeswehr-wehrpflicht-verfassung/. Zur Möglichkeit der Wiedereinführung der allgemeinen Wehrpflicht vgl. bereits Heinemann, Patrick, Wehrpflicht für Willige?, Legal Tribune Online, 18.04.2023, https://www.lto.de/recht/hintergruende/h/angriffskrieg-wehrpflicht-einfuehrung-gleichheitssatz-wehrgerechtigkeit-motivation/. Aus Gleichheitsgründen müsse die Einberufungspraxis umfassend und gleichmäßig erfolgen. Dabei könne auch die Motivation der Eingezogenen berücksichtigt werden. Vgl. auch Freudenberg, Dirk, Die Wehrplicht als ver-fassungsrechtliches Gebot, Zeitschrift für Rechtspolitik 2024, S. 17-20.

[453] Vgl. die Planung der Zentralbibliothek „Oodi" in Helsinki durch die Bürger u.a. über einen „Baum der Träume" (Tree of Dreams). Lemola, Johanna, Oodi as textbook case of service design, 26.04.2019, https://oodihelsinki.fi/en/oodi-textbook-case-service-design/. Noch ziemlich neu ist das „Forum Recht", für das in Karlsruhe und Leipzig Neubauten entstehen sollen. Im Kuratorium, das laut Webseite über alle grundsätzlichen Fragen der Stiftung entscheidet und das die fachliche Kontrollinstanz der Geschäftsführung ist, sitzen ausschließlich Parteimit-glieder. Wissenschaftler sitzen nur im unterstützenden Stiftungsbeirat. Auf der Webseite fragt das Forum Recht: „Was ist eigentlich Rechtsstaat?" Die Antwort zum Punkt Partizipation: „Unser Grundgesetz *schützt* das Recht auf Teilhabe. Der Rechtsstaat sorgt dafür, dass dieses Recht eingehalten werden kann – entsprechend der Gesetze. Mittel der Partizipation sind z.B.

Wahlen und Proteste." (Hervorhebungen vom Autor). Vgl. Stiftung Forum Recht, Partizipation, https://www.rechtundrealitaet.de/partizipation (zuletzt abgerufen am 07.03.2024). Dieser Ansatz, der das geltende Recht des Rechtsstaats widerspiegelt, bleibt *weit* hinter dem Partizipationsansatz dieses Essays und der Idee der Änderbarkeit auch von Verfassungsrecht zurück. Zudem wird auf der Webseite weder Gewaltenteilung, noch Gewaltenverschränkung thematisiert.

[454] Dazu gehören auch Whistleblower-Regelungen sowie die in manchen Bereichen unzureichende Gewährung von Klagebefugnissen, was hier aus Platzgründen nicht weiter ausgeführt werden soll.

[455] Vgl. Buchstein, Wählen, Losen und politische Gerechtigkeit, s.o., S. 401-404. Ein eher unauffälliges, nichtsdestotrotz wichtiges Thema sind im Baurecht die sogenannten vorhabenbezogenen Bebauungspläne (§12 BauGB), durch die Projektgegner mittels bewusster Einengung des Planungsbereichs „auf Abstand" gehalten werden können. Dammann, Lena, Bürgerbeteiligung und Partizipationsmöglichkeiten im Rahmen von Wohnungsbauvorhaben, Rechtsgutachten im Auftrag der Fraktion DIE LINKE in der Hamburgischen Bürgerschaft, 2012, S. 51, spricht von „Stückwerkplanung", die Investoreninteresssen begünstige.

[456] Zur geringeren demokratischen Legitimation von Bürgerräten gegenüber Wahlen insbesondere bei verfassungsrechtlichen Fragen vgl. Berger, Grundgesetz und aleatorische Demokratie, s.o., S. 386. Weniger spricht verfassungsrechtlich dagegen, Loskammern Vetorechte einzuräumen. Ebda. Eine weitere Ausnahme sind laut Berger Entscheidungen bei Befangenheitsthemen. Hier empfehle es sich, dass sich das Parlament vorab an eine Entscheidung der Loskammer bindet statt ihm Befugnisse per Gesetz zu übertragen. Vgl. ebda., S. 130, sowie Buchstein, ebda., S. 404.

[457] Eine Begründungspflicht oder auch die Pflicht zur Erstattung eines Umsetzungsberichts des Bundestags bedürften einer Grundgesetzänderung, weil solche Pflichten in der rein repräsentativen Demokratie nicht vorgesehen sind. Ziekow, Rechtsgutachten, s.o., S. 61, 34-38, 46, 92. Da Bürgerräte oft zahlreiche Empfehlungen erarbeiten, ist darauf zu achten, dass zu den Empfehlungen einzelne Begründungen erfolgen.

[458] Vgl. das ähnliche Modell einer „Bundesbeteiligungswerkstatt", die Empfehlungen an Bundesregierung und Bundestag abgeben kann, aber auch – was eine Grundgesetzänderung voraussetzt - mit Gesetzesinitiativrecht ausgestattet werden und darüber hinaus Volksinitiativen und Referenden einleiten könnte. Vgl. Rohr/Oppold/Ehlert/Hörster/Nanz, Bundesrepublik 3.0, S. 35.

[459] Vgl. Greifeld, Andreas, Volksentscheid durch Parlamente, 1983, S. 111, 117, wonach Abstimmungen zwar nicht unbegrenzt möglich sein sollten,

aber Ausnahmen immer dann gefordert seien, wenn die Kompetenz des Parlaments zur Gesetzgebung „fragwürdig" erscheint, was vor allem dann der Fall sei, wenn es um „Pflichten des Parlaments vor dem Bürger" gehe (z.B. Wahlrecht, Veränderung des Staatsgebiets und Änderung von Verfassungsgrundsätzen).

[460] Vgl. Huber, Die Vorgaben des Grundgesetzes, s.o., S. 183, wonach direktdemokratische Volksabstimmungen gerade keine „Gegengewalt" zu repräsentativdemokratischen Wahlen sind, sondern gleichrangig. Insofern sind Abstimmungen gerade Teil einer für die Zukunft gedachten Identität des Grundgesetzes, welche somit nicht *rein* repräsentativ behauptet werden kann. Überholt Scholz, Rupert, Krise der parteienstaatlichen Demokratie?, s.o., S. 6, wonach das Grundgesetz eine strikt mittelbare, bzw. repräsentative Demokratie vorsähe. Scholz übergeht dabei die Möglichkeit von Grundgesetzänderungen und gemäß Art. 79 III GG nicht mögliche Änderbarkeit von Art. 20 II GG, der Abstimmungen vorsieht, indem er seine Meinung aus der *„gegebenen* konstitutionellen Lage" ableitet (Hervorhebung vom Autor).

[461] Vgl. Buchstein, Wählen, Losen und politische Gerechtigkeit, s.o., S. 404.

[462] Es gibt diverse Befürworter von Volksentscheiden, die das pure Modell wie in der Schweiz bevorzugen, um ihre originäre Frage zur Abstimmung gestellt zu bekommen. Allerdings hätte das Vorschalten von Bürgerräten mehrere Vorteile: Erstens die Formulierungshilfe und damit die geringere Gefahr, vor dem Verfassungsgericht zu scheitern, zweitens die potenziell höhere Akzeptanz aufgrund eines im Bürgerrat gefundenen Kompromisses vor dem Hintergrund von Faktenchecks und Deliberation. Der Bürgerrat könnte die Abstimmungsfrage natürlich auch übernehmen. Drittens könnte ein Bürgerrat, etwa im Auftrag des Bundestags, die Gegenposition nach Ablehnung der Volksinitiative erarbeiten. Diese könnte als konsensfähige Empfehlung helfen, dass ein Verfahren weniger polarisiert würde.

[463] Zum Sonderproblem derjenigen, die nicht gut genug lesen können, vgl. Rötheli, Valentina, Ist das Abstimmungsbüchlein für viele zu komplex?, SRF, 23.04.2022, https://www.srf.ch/news/abstimmungen-15-mai-2022/einfachere-sprache-ist-das-abstimmungsbuechlein-fuer-viele-zu-komplex.

[464] Vgl. Deutscher Bundestag, Drucksache 20/6708 - Antrag: Mehr Demokratie wagen - Echte Bürgerbeteiligung durch bundesweite Volksentscheide statt Bürgerräte, 09.05.2023, https://dserver.bundestag.de/btd/20/067/2006708.pdf. Vgl. dazu den Antrag der Ampel und der Linken 20/6709 - Antrag: Einsetzung eines Bürgerrates "Ernährung im Wandel: Zwischen Privatangelegenheit und staatlichen Aufgaben", https://dserver.bundestag.de/btd/20/067/2006709.pdf.

465 Vgl. Visotschnig, Erich, Nicht über unsere Köpfe, 2018, S. 23-37. Das systemische Konsensieren wirkt durch seine besonders differenzierte Bewertung von Lösungen - „Notenvergabe" der Teilnehmer von 0 (kein Widerstand) bis 10 (totaler Widerstand) – besonders konstruktiv.

466 Dabei handelt es sich um eine Methode, bei der die Teilnehmer im Kreis wie um ein Goldfischglas herumsitzen. Es reden dabei nur die wenigen, wechselnden Teilnehmer im inneren Kreis. Vgl. Ernst-Klett-Verlag, Eine Fishbowl-Diskussion durchführen, https://www2.klett.de/sixcms/media.php/229/Arbeitsblatt_313273_0023.pdf.

467 Sofort einsetzbare, ggf. schnell zu Ergebnissen kommende Bürgerräte sind bislang nicht Teil des Konzepts, könnten sich aber – nur falls machbar! – für schlagartig auftretende größere Problemfälle anbieten. Beispiele: Die „Zeitenwende" hätte parallel von einem Bürgerrat bearbeitet werden können. Ein Bürgerrat hätte vorsorglich auch zum Thema Haushalt eingesetzt werden können, etwa als klar wurde, dass die Ampel womöglich mit 60 Milliarden Euro aus dem Sondervermögen Corona „spielt". Das hätte der Ampel womöglich zwei Jahre später eine Niederlage vor dem Bundesverfassungsgericht erspart, die das Land in eine veritable Haushaltskrise gestürzt hat (noch dazu ohne „Plan B"). Ebenso wäre die Maut-Frage für einen stehenden, schnell einsatzfähigen Bürgerrat geeignet gewesen, um Folgen ganz „ohne Parteibrille" einzuschätzen. Der damalige Bundesverkehrsminister Andreas Scheuer konnte so ohne Sorge vor Haftung einen Schaden in Höhe von 243 Mio. Euro verursachen.

468 Auf Landesebene zeichnet sich in Berlin ein solcher Fall ab. Denn die GroKo will entgegen eines Volksentscheids von 2014 das Tempelhofer Feld bebauen und dafür – ohne Rechtsgrundlage – erneut eine Bürgerwerkstatt (dieses Mal mit 500 gelosten Bürgern) veranstalten und abstimmen lassen. Bemerkenswert ist die Vorgabe: Es werde dieses Mal nicht um das Ob, sondern nur das Wie einer Bebauung gehen, so Stadtentwicklungssenator Christian Gaebler (SPD). Kritiker bemängeln einen plumpen Trick: Vgl. Peter, Erik, Fake-Demokratie des Senats, 09.12.2023, https://taz.de/Bebauungsplan-Tempelhofer-Feld-in-Berlin/!5978702/.

469 Rohr, In unserer Macht, s.o., S. 48; Rohr/Oppold/Ehlert/Hörster/Nanz, Bundesrepublik 3.0.

470 Deutscher Bundestag, Schlußbericht der Enquete-Kommission Verfassungsreform des Deutschen Bundestages, 1976, Drucksache 7/5924. Dabei lag ein begrenzter Auftrag vor, ein Verzicht auf eine Totalrevision und die Maßgabe, dass das repräsentativ-parlamentarische System keinesfalls zu schwächen sei. Zum Thema Partizipation ließ sich die Kommission gar nicht ein, es ging nur um minimale Verbesserungen des Wahlakts. Vgl. Wahl, Rainer, Empfehlungen zur Verfassungsreform: Zum Schlußbericht der Enquete-Kommission Verfassungsreform, Archiv des öffentlichen Rechts

1978, S. 477-521 (479, 488-490), Empfehlungen zur Verfassungsreform: Zum Schlußbericht der Enquete-Kommission Verfassungreform on JSTOR.

[471] Vgl. Scholz, Rupert, Grundgesetz zwischen Reform und Bewahrung, 1993; Bremers, Markus, Die Gemeinsame Verfassungskommission, 2001; Fischer, Peter, Reform statt Revolution, 1995; Konegen, Norbert/Nitschke, Peter (Hrsg.), Revision des Grundgesetzes?, 1997; Kurp, Matthias, Die Arbeit der Gemeinsamen Verfassungskommission und ihre Außenwirkung 1997, S. 233-244.

[472] Vgl. zur Gemeinsamen Verfassungskommission Huber, Art. 146, s.o., S. 2657 („lustlos"). Vgl. Guggenberger/Meier, Der Souverän auf der Neben-bühne, S. 11: *Die an sich zuständigen politischen Gremien und Gruppen (Parlamente, Informationszentralen für politische Bildung, Parteien, Gewerkschaften und Kirchen) unterließen fast alles, um die Debatte öffentlich zu machen."*

[473] Hofmann, Hasso, Über Verfassungsfieber, Ius Commune 1990, S. 310-317 (310).

[474] Entwurf, Verfassung der Deutschen Demokratischen Republik, Arbeitsgruppe „Neue Verfassung der DDR" des Runden Tisches, April 1990. Einleitend heißt es, der Entwurf sei „im Auftrag des Zentralen Runden Tisches von einer Arbeitsgruppe aus Vertretern aller am Runden Tisch mit-wirkenden Parteien und politischen Bewegungen unter Einbeziehung von Verfassungsexperten geschaffen" worden, http://www.documentar-chiv.de/ddr/1990/ddr-verfassungsentwurf_runder-tisch.html.
Vgl. Guggenberger, Bernd/Stein, Tine (Hrsg.) Die Verfassungsdiskussion im Jahr der deutschen Einheit, 1991, insb. S. 350ff., sowie Thaysen, Uwe, Der Runde Tisch. Oder: Wo war das Volk?, 1990, und zuletzt Tüffers, Bettina, Verpasste Chancen?, Aus Politik und Zeitgeschichte, 9-11, 2024, S. 18-23.

[475] Vgl. Willoweit, Dietmar, Deutsche Verfassungsgeschichte, 2013,, S. 407-409. So bei aller - scheinbaren - Verfassungseuphorie vorhergesagt von Hofmann, Über Verfassungsfieber, s.o., S. 310f.: „Niemand kann im Ernst glauben, dass die Bevölkerung der DDR vor der Vereinigung mit der Bundesrepublik noch schnell per Plebiszit einen soliden Verfassungsneubau beziehen und sich so aus freien Stücken doch noch als eigene Staatsnation etablieren möchte." Das Projekt einer neuen gesamt-deutschen Verfassung wiederum sei „weder von nationalen Gefühlen noch von der Hoffnung auf etwas ganz Neues" getragen, so dass letztlich keine „Verfassungsinfektion" wie in Frankreich vor 200 Jahren zu diagnostizieren sei.

[476] Beck, Ralf-Uwe/Burwitz, Martin, 30 Jahre Verfassungsentwurf des Zentralen Runden Tisches der DDR, mdmagazin 02/2020, S. 6-8 (8),

https://www.mehr-demokratie.de/fileadmin/pdf/2020-04-16_mdmagazin_02-20_web.pdf.

477 Vgl. Dreier, Horst, Das Grundgesetz unter Ablösungsvorbehalt?, in: Ders. (Hrsg.), Macht und Ohnmacht des Grundgesetzes, Sechs Würzburger Vorträge zu 60 Jahren Grundgesetz, 2009, S. 169-172. Als Kohl am 19.12.1989 seine große Rede in Dresden hielt, sagte er: „Mein Ziel bleibt, wenn die historische Stunde es zulässt, die Einheit unserer Nation." Parallel hatten DDR-Bürgerrechtler wie Annemarie Müller Sorge, „den Mund aufzumachen", da keine Diskussionsbereitschaft mehr bestanden habe. Vgl. von Hammerstein, Leonie, DW, 19.12.2019, Dresden 1989: Helmut Kohls schwierige Rede, https://www.dw.com/de/dresden-1989-helmut-kohl-steigt-aufs-rednerpodest/a-51720096. Auch das Bundesverfassungsgericht erwähnte damals die „historische Chance der Herstellung der Einheit Deutschlands". Vgl. Bundesverfassungsgericht, Beschluss vom 18.09.1990, – 2 BvE 2/90 –, Rdnr. 11, https://www.servat.unibe.ch/dfr/bv082316.html.

478 Zu den Mitgliedern aus den unterschiedlichsten Bereichen der Gesellschaft gehörten Wolf Biermann, Marianne Birthler, Bärbel Bohley, Fritz Pleitgen, Lea Rosh, Otto Schily bis hin zu Jürgen Habermas. Vgl. Die Mitglieder der Redaktionsgruppe und des Arbeitsausschusses des Kuratoriums, in: Kuratorium für einen demokratisch verfaßten Bund deutscher Länder in Zusammenarbeit mit der Heinrich-Böll-Stiftung (Hrsg.), Vom Grundgesetz zur deutschen Verfassung, Verfassungsentwurf und Denkschrift, 1991, S. 9–70 (69). Vgl. auch Tüffers, Verpasste Chancen, s.o., S. 22.

479 Guggenberger, Bernd, in: Ders./Meier, Andreas, Der Souverän auf der Nebenbühne, 1994, S. 12f.; Guggenberger, Bernd/Preuß, Ulrich K./Ullmann, Wolfgang (Hrsg.), Eine Verfassung für Deutschland, 1991.

480 Rath, Martin, Ein vergessenes Stück staatsrechtlicher Phantasie, Legal Tribune Online, 03.04.2011. Zwanzigster Jahrestag Verfassungsentwurf für Deutschland: Ein vergessenes Stück staatsrechtlicher Phantasie (lto.de).

481 Zur Stärkung der "Bürgerlegislative" sollte von jedem Bürger eine Volksinitiative mit mindestens 100.000 Unterstützern in den Bundestag eingebracht werden können. Bei Ablehnung durch diesen hätten die Initiatoren beim Bundestagspräsidium die Durchführung eines Volksbegehrens beantragen können. Bei einer Zustimmung von mindestens einer Million Stimmberechtigten innerhalb eines halben Jahres wäre dieses Gesetzesvorhaben, vorausgesetzt der Bundestag hätte es nach wie vor nicht umgesetzt, den Abstimmungsberechtigten als Volksentscheid vorgelegt worden (Art. 82a).

482 Vgl. Die Mitglieder der Redaktionsgruppe und des Arbeitsausschusses des Kuratoriums, s.o., S. 49; sowie Schanetzky, Tim, Verfassungsreform und

direkte Demokratie im deutsch-deutschen Einigungsprozess, in: Ders./Freimüller, Tobias/Meyer, Kristina/Steinbacher, Sybille/Süß, Dietmar/Weinke, Annette, 2020, S. 285-295 (292), https://dokumen.pub/demokratisierung-der-deutschen-errungenschaften-und-anfechtungen-eines-projekts.html.

[483] Tocha, Wigbert, Die Kirchenartikel streichen?, in; Guggenberger/Meier, Der Souverän auf der Nebenbühne, s.o., S. 95-99.

[484] Banditt, Christopher, Die Verfassung des "Kuratoriums für einen demokratisch verfassten Bund deutscher Länder", Deutschland-Archiv, 16.10.2014, https://www.bpb.de/themen/deutschlandar-chiv/193078/die-verfassung-des-kuratoriums-fuer-einen-demokratisch-verfassten-bund-deutscher-laender/.

[485] Rath, Martin, Gegenentwürfe zum Grundgesetz: Staatsfeindliches und staatskritisches Denken, Legal Tribune Online, 17.09.2023, https://www.lto.de/recht/feuilleton/f/grundgesetz-verfassung-staat-kri-tik-gruene-gebauer-blankertz/.

[486] Guggenberger, in: Guggenberger/Meier, Der Souverän auf der Nebenbühne, s.o., S. 15.

[487] Diese Zahl fordert die brandenburgische Verfassung in Art. 115 II für die Einsetzung einer verfassungsgebenden Versammlung. Für einen Verfassungskonvent auf Bundesebene fordert Cramer eine Initiative von mindestens der „absoluten Mehrheit" aller deutschen Staatsbürger. Vgl. Cramer, Artikel 146, s.o., S. 256f., sowie Moelle, Henning, Der Verfassungsbeschluß nach Artikel 146 Grundgesetz, 1996, S. 199. – Das Quorum sollte allerdings nicht zu hoch angesetzt werden. 10 Prozent der Stimmberechtigten stellen einen guten Wert für den ersten Schritt zur Vorbereitung des Verfassungskonvents dar.

[488] Vgl. Heckel, Die deutsche Einheit, s.o., S. 43: 20 bis 25 Prozent für ein erfolgreiches Volksbegehren.

[489] Negativbeispiele sind hier etwa die zuletzt gescheiterten Verfassungsreferenden in Chile. Es gab gleich zweimal stark tendenziöse Entwürfe, erst von links, dann von rechts, so dass die deutlichen Ablehnungen Zeichen dafür sind, dass eine Verfassung eine „Fairfassung" für alle sein muss, um annehmbar zu sein.

[490] Die Kombination Verfassungskonvent und *Volksabstimmung* (statt einer theoretisch ebenso möglichen Nationalversammlung) ist Mehrheitsmeinung, wenn es um die Frage der „freien Entscheidung" über die neue Verfassung geht. Dies macht Sinn, weil das Grundgesetz, übrigens entgegen der ursprünglichen Vorstellungen der Besatzungsmächte, nicht einem Referendum unterworfen wurde. Verfassungspolitisch daher stark

für eine Volksabstimmung Dreier, Horst, Ein neues Deutschland. Wer mehr Europa will, braucht eine andere Verfassung. Aber das Volk muss man dafür nicht fragen, in: ZEIT, 20.10.2011, S. 2, https://www.jura.uni-wuerzburg.de/fileadmin/02160100/Elektronische_Texte/455451528_PDB_20111020142630_1_.pdf. Vgl. auch Eggert, Friederike, Verfassungsablösung, 2020, s.o., S. 38, 50. Im Fall des Wegs über eine Nationalversammlung würden die Bürger eine Vertretung wählen, die über die neue Verfassung beschließt. Vgl. Cramer, Artikel 146, s.o., S. 259, m.w.N. ; sowie Winterhoff, Verfassung, s.o., S. 308. Vorbilder sind etwa die Weimarer Reichsverfassung und die Verfassung der USA. Dreier, Art. 146, s.o., S. 2050f., Rdnr. 52f. Hölscheidt, Wie viel neues Deutschland ist möglich?, s.o., S. 72, m.w.N. Unruh, Art. 146, s.o., S. 2549, Rdnr. 26.

[491] Dreier, Das Grundgesetz - Eine Verfassung auf Abruf, s.o. Vgl. auch Theurer, Jochen, Die Ablösung des Grundgesetzes durch Art. 146 GG, 2011, S. 126.

[492] Für ein eigenständiges hohes Quorum Huber, Art. 146, s.o., S. 2473, Rdnr. 21. Mit der Mehrheit zufrieden: Cramer, Artikel 146, s.o., S. 253: „Entscheidung mit einfacher Mehrheit als demokratisches Minimum"; Unruh, Art. 146, s.o., S. 2548, Rdnr. 24: „zumindest von der Mehrheit des Volkes getragen".

[493] Vgl. etwa Sommermann, Art. 20 II, s.o., S. 75, Rdnr. 161; Grzeszick, Art. 20 II, s.o., S. 58, Rdnr. 117.

[494] Als Reaktion auf diesen Vorschlag habe ich vereinzelt Stimmen gehört, die eine „Nebenwürde" unter dem Grundgesetz spontan ablehnen, weil sie sich auf einen engeren Personenkreis beschränke und Kollisionen mit dem Menschenwürdekonzept hervorbringen könnte. Das ist mir angesichts der Partizipationslücke im Grundgesetz nicht ambitioniert und konstruktiv genug. Die Folge wäre die Hinnahme des Status quo einer auf der partizipativen Seite schwachen Menschenwürde.

[495] Weitere Vorschläge für materielle Grundgesetzänderungen gibt es zuhauf, sind aber hier nicht weiter zu diskutieren: Recht auf gesunde Umwelt, Rechte der Natur, Grundrecht auf Wohnen, gesonderte Kinderrechte, die Einführung einer neuen Form der Wehrpflicht oder einer allgemeinen Dienstpflicht, eine Reform des begründungslosen Begnadigungsrechts (Art. 60 II GG) sowie die Abschaffung des Rechts auf Asyl zugunsten einer Kontingentregelung, etc.

[496] Möllers, § 5 Demokratie, s.o., S. 359f., Rdnr. 75f.

[497] Gärditz, Klaus Ferdinand, § 4 Verfassungsentwicklung, s.o., S. 221-316 (284, Rdnr. 126, 128), mit Beispielen anderer Verfassungen in Rdnr. 126, die mehr Pathos enthalten.

[498] De Vattel, Emer, Le Droit des gens, ou Principes de la Loi Naturelle, 1758, (Nachdruck 1916), S. 31, zitiert ebda., S. 313-316.

[499] Als Kontrast sei hier an Angela Merkels Wahlkampf-Kampagne 2017 für die CDU zu erinnern: „Für ein Deutschland, in dem wir gut und gerne leben", https://archiv.cdu.de/system/tdf/media/dokumente/170703re-gierungsprogramm2017.pdf?file=1.

[500] Vgl. Wissenschaftszentrum Berlin für Sozialforschung, Das Vermächtnis, 2019, S. 7, https://wzb.eu/system/files/docs/sv/iuk/verma-echtnis-studie_broschuere_druckversion.pdf.

[501] Vgl. dazu Kleger, Demokratisches Regieren, s.o., S. 353.

[502] Es gibt Vorschläge, wonach die die „Postmoderne" durch die „Metamoderne" abgelöst werden sollte. Das wäre ein die seelische Gesundheit berücksichtigendes Zeitalter. Vgl. Tappeiner, Julia, Die Politik muss zuallererst das Individuum glücklich machen, Perspective Daily, 01.03.2024, https://perspective-daily.de/article/3004-die-politik-muss-zu-allererst-das-individuum-gluecklich-machen/kXgro6MU?pk_cam-paign=Newsletter-2024-03-03-Subscriber.

[503] Ein solcher Schwur wäre ein Schwur auf die gemeinsamen Werte und die gegenseitige Anerkennung. Derzeit bezieht sich die Präambel im ersten Satz auf die „Verantwortung vor Gott und den Menschen". Das soll laut Kommentatoren in keiner Weise die religiöse und weltanschauliche Neutralität des Staats in Frage stellen und Art. 4 GG (Glaubensfreiheit) tangieren. Vielmehr sei der Gottesbezug als Absage an alle totalitären Systeme zu werten. Vgl. Huber, Peter M., Präambel, in: Sachs, Michael, Grundgesetz, 7. Aufl., 2014, S. 29, Rdnr. 38f.: unverbindliches Bekenntnis an sittliche, moralische und religiöse Werte mit Referenz an die christlich-abendländische Tradition. - Zu betonen wären noch mehr die demokratischen Werte.

[504] Ähnlich (aber auf Basis der Menschenwürde) Unger, Das Verfassungs-prinzip der Demokratie, s.o., S. 256.

[505] Vgl. Unger, Das Verfassungsprinzip der Demokratie, s.o., S. 259-262, der das „demokratische Mitwirkungsrecht" aus demokratischer Freiheit und demokratischer Gleichheit ableitet. Dabei wirke die demokratische Gleichheit als Regulativ für ein sonst überbordendes Individualrecht auf Partizipation. Es darf also nicht jeder Einzelne den anderen ein Maximum seines Lebensentwurfs aufzwingen, nur weil das seine Autonomie sei. Die Partizipation müsse unter Gleichen stattdessen auf das *optimale und effektive Maß an Partizipation* eingeschränkt werden. Hier sieht Sebastian Unger (wie der Autor) bei der Abwägung noch „erhebliche Freiräume" für eine Demokratisierung.

[506] Siehe dagegen das unselige Feigenblatt Art. 3 II DDR-Verfassung: „Jeder Bürger hat das Recht und die Pflicht zur Mitgestaltung in seiner Gemeinde, seinem Kreise, seinem Land und in der Deutschen Demokratischen Republik."

[507] Vgl. auch Art. 21 und 22 Verfassung des Landes Brandenburg, die das subjektive Partizipationsrecht („Recht auf politische Mitgestaltung") ähnlich hier und anders als im Grundgesetz ausbuchstabieren.

[508] Denkbar sind an geeigneter Stelle auch Bürgerräte im Mini-Format. Vgl. dazu Meeting Democracy, Wie funktioniert der Mikro-Bürger*innenrat, https://meetingdemocracy.net/wie-funktioniert-die-mikro-planungs-zelle/. Laut Art. 22 II S. 2 Verfassung Brandenburgs haben Nicht-Staatsbürger auch das Recht zur Teilnahme an Volksinitiativen, nicht jedoch den bindenden Volksentscheiden.

[509] Es könnten nach Alter und Reife abgestufte gesetzliche Partizipations-rechte in Kindergarten, Schule, Baurecht, etc. eingeräumt werden. Das umfängliche Thema Kinderrechte kann hier nicht weiter ausgeführt werden. Nur soviel: Rein rechtlich besteht bislang wohl keine Schutzlücke im Grundgesetz, allerdings sind die Kinderrechte nicht klar sichtbar und werden nicht zuletzt daher gerade auf Landes- und Bundesebene nur unzureichend umgesetzt. Vgl. ausführlich Wapler, Friederike, Umsetzung und Anwendung der Kinderrechtskonvention in Deutschland, Rechts-gutachten im Auftrag des Bundesministeriums für Familie, Senioren, Frauen und Jugend, 25.09.2017, https://www.bmfsfj.de/re-source/blob/120474/a14378149aa3a881242c5b1a6a2aa941/2017-gut-achten-umsetzung-kinderrechtskonvention-data.pdf. Dank für den Hin-weis auf die Kinderrechtskonvention gebührt Andreas Sanders.

[510] Wegweisend Kant, Zum ewigen Frieden, s.o., S. 15f., Fn. 1, wonach alle Menschen zu einer „bürgerlichen Verfassung" gehören müssen und laut „Weltbürgerrecht (ius cosmopoliticum)" als „Bürger eines allgemeinen Menschenstaates" anzusehen sind und Frieden das höchste Gut sei.

[511] Tendenziell dafür, auch im Bereich des Wahlrechts, Bryde, Brun-Otto, Das Demokratieprinzip des Grundgesetzes, s.o., S. 61-63, 68-70, da sich Würde im politischen Bereich (etwa im Fall des Ausländerwahlrechts) an der *Betroffenheit* der Bürger zeige und nicht an ihrer Staatsangehörigkeit. Demokratie dürfe nicht auf den Wahlakt reduziert werden. Bei der gebo-tenen grundgesetzlichen Sicht des „Demokratieprinzips als Optimierung der freien Selbstbestimmung aller" solle jederzeit auf allen Ebenen nach weiteren Möglichkeiten für die Bürger gesucht werden, *aktiv* an der Ge-staltung ihrer Lebensumstände teilzunehmen. Vgl. auch Rath, Christian, „Demokratie ist nie garantiert", taz, 18.02.2011, https://taz.de/Ex-Verfas-sungsrichter-ueber-Volksentscheide/!5126450/. Ähnlich für eine Demo-kratisierung, die Nicht-EU-Bürgern zugutekommen sollte, Künast, Renate,

Ein neuer Gesellschaftsvertrag – Bilanz nach 60 Jahren Grundgesetz, in: Kritische Justiz (Hrsg.), Verfassungsrecht und gesellschaftliche Realität, 2009, S. 13-23 (23). Unger, Das Verfassungsprinzip der Demokratie, s.o., S. 258, verweist auf die fehlende personelle Begrenzung des Prinzips der Volkssouveränität (Art. 20 I GG).

[512] Vgl. Art. 28 I 3 GG und Bundesministerium des Inneren und für Heimat, Ausländerwahlrecht, https://www.bmi.bund.de/DE/themen/verfassung/wahlrecht/auslaenderwahlrecht/auslaenderwahlrecht-node.html.

[513] Vgl. Bürgerrat, Häufige Fragen, https://www.buergerrat.de/haeufige-fragen/.

[514] Deutscher Bundestag, Bürgerräte, Zufallsauswahl, https://www.bundestag.de/parlament/buergerraete/zufallsauswahl-947196. Als Aufruf in die Richtung, die ausländischen Mitbürger politisch partizipieren zu lassen. ist das Kunstwerk „Der Bevölkerung" von Hans Haacke im Deutschen Bundestag zu verstehen, https://derbevoelkerung.de/wem-gehoert-das-volk/. Generell ist schon heute die Berufung von Ausländern aus EU-Drittstaaten in kommunale Gremien als sachkundige Einwohner möglich. Außerdem bestehen für Ausländer generell Mitwirkungsmöglichkeiten auf der Ebene von Vereinen, Bürgerinitiativen, Gewerkschafen und Schulen.

[515] Eine zunehmende gewisse „Verselbständigung" des Bürgerstatus von der Staatsangehörigkeit stellt vor dem Hintergrund der Praxis Sophie-Charlotte Lenski fest. Lenski, Sophie-Charlotte, Der Bürgerstatus im Licht von Migration und europäischer Integration, Deutsches Verwaltungsblatt 2012, S. 1057-1064 (1064), https://kops.uni-konstanz.de/server/api/core/bitstreams/fe2cb911-4afa-42f4-9ed5-0a8f7762d4d2/content. Ähnlich Murmann, Demokratische Staatsbürgerschaft, s.o., S. 47.

[516] Für einen ethnischen Volksbegriff argumentiert Schachtschneider, Karl Albrecht, Souveränität, 2015, S. 264f.

[517] Es kann weder einen feststehenden „Volkswillen" noch „Bürgerwillen" geben. Rousseau überzog seine Theorie mit seiner Idee eines ohne weiteres erkennbaren „volonté générale" (Gemeinwillen), dem sich die Bürger mit ihren Rechten und ihrem Egoismus von Sonderinteressen „überantworten" würden, maßlos. Vgl. Rousseau, Gesellschaftsvertrag, s.o., S. 28 (oft auch statt „überantworten" mit „sich entäußern" übersetzt), S. 49, 65, 169f., Vgl. Schmidt, Manfred G., Demokratietheorien, 2013, S. 82f.; Pfetsch, Frank R., Theoretiker der Politik, 2012, S. 275. Wenig überzeugend, für manche gefährlich, ja geradezu totalitär, liest sich zudem sein Gedanke, die Staatsführung einem sog. „Législateur" anzuvertrauen, einer Art weisem Erzieher, der das (vorgebildete) Volk auf Tugendbasis dazu bringen sollte, den guten Gemeinwillen zu bilden. Vorbild war für Rousseau wohl

der athenische politische Lehrmeister Solon, der ohne Demokrat zu sein, mit seinen Reformen den Weg in die athenische Demokratie ebnete. Vgl. Pfetsch, ebda., S. 278. Denkbar ist, dass er sich in psychisch schwierigen Phasen, die er durchlitt, auch selbst idealtypisch als diesen guten Erzieher sah. Vgl. Blom, Philipp, Böse Philosophen, 2011, S. 207, 258. Der Größe seines Gesamtwerks tut das keinen Abbruch, wie auch im Fall des klassischen Athens primär die Errungenschaft der Volkssouveränität beachtet werden sollte, um Gewinn aus ihr zu ziehen, statt die flagrante Verletzung von Menschenrechten als „Totschlagargument" gegen eine genauere Befassung mit der athenischen Demokratie mit all ihren zweifelsfrei höchst innovativen und zeitlosen Ansätzen ins Feld zu führen.

[518] Eine neue Fairfassung darf nie als Mythos verklärt werden. Sie ist im Kern wie Gesetzesrecht nichts als rational anzustrebendes, neues, auch in der Zukunft jederzeit auf demokratischen Wege änderbares positives Recht. Vgl. Depenhauer, Otto, Funktionen der Verfassung, in: Ders./Grabenwarter, Christoph, Verfassungstheorie, 2010, S. 537-568 (568).

[519] Ähnlich der Vorschlag von Rohr, Jascha, In unserer Macht, s.o., S. 48, der auf „durch gemeinsames Beratschlagen" verzichtet. M.E. gehört der Zusatz, der das neue, nicht-bindende Element der Deliberation beschreibt, als drittes Element formal neben Wahlen und Abstimmungen mit aufgenommen.

[520] Ebda.

[521] Kahl, Wolfgang, Nachhaltigkeit, II. Rechtlich, in: Staatslexikon online, abgerufen am 04.11.2023, https://www.staatslexikon-online.de/Lexikon/Nachhaltigkeit#II. Rechtlich.

[522] Vgl. etwa die Pläne für einen neuen Art. 59a der saarländischen Verfassung.

[523] Papier, Hans-Jürgen, Nachhaltigkeit als Verfassungsprinzip, 2019, S. 9, https://www.insm.de/fileadmin/user_upload/kampagnen/zukunft_der_sozialen_marktwirtschaft/Generationengerechtigkeit_ins_Grundgesetz_GiG_/Gutachten_Papier/INSM-Gutachten_Nachhaltigkeit_als_Verfassungsprinzip_final.pdf.

[524] Ebda., S. 21.

[525] Der Vorschlag von Wolfgang Kahl lautet: *„Der Staat hat in seinem Handeln insbesondere mit Blick auf die Interessen künftiger Generationen das Prinzip der Nachhaltigkeit zu beachten."* Vgl. Kahl, Nachhaltigkeit, II. Rechtlich, s.o. Siehe auch ders., Nachhaltigkeitsverfassung, s.o., S. 53ff., mit Vorschlägen zur Reform des Grundgesetzes über das Umweltziel Nachhaltigkeit hinaus; ders., Juristisches Fachgutachten, s.o., S. 28; sowie Popp, Nachhaltigkeit und direkte Demokratie, s.o., S. 374.

[526] Sachs, Art. 79, s.o., S. 1465, Rdnr. 74.

[527] Rohr/Oppold/Ehlert/Hörster/Nanz, Bundesrepublik 3.0, s.o., S. 11, 19f.

[528] In diesem Modell würden Petitionen (Art. 17 GG) an politischem Gewicht verlieren, da bestimmte Sachthemen mit deutlich mehr Nachdruck über die Bürgerkammer angeschoben werden können.

[529] Vgl. z.B. Art. 71, 72 I Bayerische Verfassung und Art. 48 I Hamburgische Verfassung.

[530] So Wittreck, Fabian, Volksgesetzgebung: Königsweg oder Irrweg, Zeitschrift für Staats- und Europawissenschaften 2010, S. 553-563 (556, Fn. 18).

[531] Mehr Demokratie, gesetzentwurf, s.o., https://www.mehr-demokratie.de/fileadmin/pdf/MD-Gesetzentwurf_Volksentscheid.pdf.

[532] Zum Folgenden siehe den Entwurf für eine Grundgesetzänderung und ein Bundesabstimmungsgesetz von Mehr Demokratie e.V., in: Mehr Demokratie, ebda., S. 7-9, https://www.mehr-demokratie.de/fileadmin/pdf/MD-Gesetzentwurf_Volksentscheid.pdf.

[533] Damit ähnelt der Entwurf stark dem erwähnten Entwurf des Kuratoriums nach der Wende, welcher einen Zeitraum von sechs Monaten für die Sammlung für das Volksbegehren vorsah.

[534] Vgl. Mehr Demokratie, gesetzentwurf, s.o., S. 16f.

[535] Heußner, Hermann K., Die Demokratie muss halbdirekt sein – Die Notwendigkeit der Volksgesetzgebung auf Bundesebene, in: Heußner, Hermann K./Pautsch, Arne/Wittreck, Fabian (Hrsg.), Direkte Demokratie, Festschrift für Otmar Jung, 2021, S. 45-95 (79). Ders., Wahlen allein genügen nicht, in: Von Arnim, Hans Herbert, Systemmängel in Demokratie und Marktwirtschaft, 2011, S. 27-64 (47f.); Hufschlag, Hans-Peter, Einfügung plebiszitärer Komponenten in das Grundgesetz?, 1998, S. 304; Decker, Frank, Aporien der Volksgesetzgebung, in: Mannewitz, Tom (Hrsg.), Die Demokratie und ihre Defekte, 2018, S. 240f.

[536] Sade, Verfassungsrechtliche Möglichkeiten, s.o., S. 53f.

[537] Eingehend Heußner, Die Demokratie muss halbdirekt sein, s.o., S. 80ff. Unter anderem seien die Unterschriftensammlungen und der Abstimmungskampf finanziell streng zu regulieren. Vgl. auch Decker, ebda., S. 238. Siehe auch den detaillierten Entwurf eines Bundesabstimmungsgesetzes bei Mehr Demokratie, gesetzentwurf, s.o., S. 11-22.

[538] Dies gilt bei einer durchschnittlichen Beteiligung an schweizerischen Volksabstimmungen von knapp unter 50 Prozent. Dazu ausführlich Tiefenbach, Paul, Mehr Demokratie, Positionspapier Nr. 8: Sinn oder

Unsinn von Abstimmungsquoren, Dezember 2016, https://www.mehr-demokratie.de/fileadmin/pdf/Positionen08 Sinn oder Unsinn von Abstimmungsquoren.pdf. Kritisch dazu und für hohe Quoren dagegen Merkel, Wolfgang/Kneip, Sascha, Garantieren Wahlen demokratische Legitimität?, Aus Politik und Zeitgeschichte, 2017, S. 18-21 (21), die Abstimmungen legitimationstheoretisch Wahlen „überlegen", diesen Vorteil aber bei vergleichsweise geringer Beteiligung „verblassen" sehen. Allerdings geht es bei Volksentscheiden auch oft um spezielle Sachthemen, für die nicht jede und jeder dasselbe Interesse aufbringt, so dass ein Fernbleiben auch als Enthaltung gewertet werden kann. Vgl. auch Haug, Spannungsverhältnis zwischen repräsentativer und direkter Demokratie, s.o., S. 238-241.

[539] Siehe Wittreck, Volksgesetzgebung: Königsweg oder Irrweg, s.o., S. 558, speziell zum Beteiligungsquorum. Pracht diskutiert dagegen das schwierige Finden der „goldenen Mitte" bei Quoren. Vgl. Pracht, Volksabstimmung in das Grundgesetz, s.o., S. 111.

[540] Vgl. European Commission for Democracy through Law (Venice Commission), Code of Good Practice on Referendums, 25.10.2018, S. 14, 23, https://www.venice.coe.int/webforms/documents/default.aspx?pdffile=CDL-AD(2007)008rev-cor-e.

[541] Wo sie Quoren nicht erreichen und formal Niederlagen erleiden, können Initiativen trotzdem aufgrund ihrer Öffentlichkeitswirkung *faktische* Teilerfolge, bzw. Kompromisse erreichen. So geschah es etwa inhaltlich im Zuge der „Volksinitiative zum Schutz des Wassers" (gegen Fracking) in Schleswig-Holstein, wo Gesetze im Sinne der Initiatoren geändert wurden. Vgl. Klimawende.org, Volksbegehren zum Schutz des Wassers, https://www.klimawende.org/volksbegehren-wasserschutz.

[542] Vgl. Mehr Demokratie, gesetzentwurf, s.o. S. 17f. (§ 17, 18). Vgl. auch Patzelt, Werner J., Weshalb wird der Wert plebiszitärer Instrumente verkannt, und wie beugt man dem vor?, in: Heußner/Pautsch/Wittreck, Direkte Demokratie, s.o., S. 97-126 (121); sowie Heußner, Die Demokratie muss halbdirekt sein, s.o., S. 86f.

[543] Der Entwurf von Mehr Demokratie (Stand 2018) sieht eine Art zivilgesellschaftliche Abstimmungskommission aus Mitgliedern unterschiedlicher Bereiche der Gesellschaft vor, also ausdrücklich *nicht* Bundesregierung und Bundestag. Die Abstimmungsbroschüre würde sie in Absprache mit der Bundesabstimmungsleitung erstellen. Vgl. ebda.

[544] Decker, Aporien, s.o., S. 242. Vgl. etwa Art. 50 III S. 7 und 8 Hamburgische Verfassung („am Tag der Wahl zur Bürgerschaft oder zum Deutschen Bundestag"; „Auf Antrag (…) auch an einem anderen Tag").

545 Schäfer, Armin, Vertreter des ganzen Volkes?, Merkur, April 2024, https://www.merkur-zeitschrift.de/artikel/vertreter-des-ganzen-volkes-a-mr-78-4-5/, der eine zweite Parlamentskammer vorschlägt, deren Mehrheit für die Gesetzgebung immer erforderlich sein sollte.

546 Die Interpretationen der Quadriga schwanken zwischen Pazifismus und einem Symbol für „Wehrhaftigkeit und Bereitschaft zur Kriegsführung". Zum Folgenden vgl. Ulferts, Gert-Dieter, Friede nach siegreichem Krieg, Das Bildprogramm - Skulpturen und Malerei, in: Ahrenhövel/Bothe, Das Brandenburger Tor, s.o., S. 93-132 (130).

547 Das Eiserne Kreuz wurde nach dem Sieg über Napoleon im Jahr 1814 installiert. Napoleon war noch im Jahr 1806 triumphal durch das Brandenburger Tor nach Berlin eingezogen. Zeitweise war sogar erwogen worden, die Quadriga nach dem Sieg durch ein monumentales Eisernes Kreuz zu ersetzen. Vgl. Reiche, Symbolgehalt, s.o. Die Quadriga selbst ist mehrfach ausgetauscht und verändert worden. Vom Original ist nur noch ein Pferdekopf übrig, der im Märkischen Museum ausgestellt ist. Das zeigt, dass die Quadriga nicht als historisch „unverrückbares" Monument angesehen werden muss, sondern Umdeutungen und ggf. sogar kleinen Umgestaltungen offenstehen könnte, wenn der Zeitgeist sie mit guten Argumenten aufdrängt.

548 Eirene ist eine der drei Horen, die Töchter des Zeus und der Themis sind. Eirenes Schwester Eunomia könnte als Göttin der guten, gerechten Ordnung für die Nachhaltigkeit stehen und ihre zweite Schwester Dike für die in dem Torhaus verkörperte Gerechtigkeit. Mutter Themis, ebenfalls Symbol der Gerechtigkeit und uns als ikonische römische Justitia mit Waage und Augenbinde ein Begriff, steht eher für den Rechtsstaat, der demokratisch weiterentwickelt werden soll. Sie trägt erst seit dem Mittelalter das Schwert in der linken Hand. Das noch bei den Römern gängige Füllhorn verschwand damals. Bis heute stehen Justitia, bzw. Themis dafür, dass das Recht ohne Ansehen der Person (Augenbinde), nach sorgfältiger Abwägung der Sachlage (Waage) und notfalls mit der erforderlichen Härte (Richtschwert) vor Gericht durchgesetzt wird. Sie steht historisch allerdings auch für die autoritäre Stellung des Rechts. Vgl. Jaeger, Werner, Paideia, Die Formung des griechischen Menschen, 3. Aufl., 1954, S. 144, wonach Themis als „Inbegriff der richterlichen Hoheit der früheren Könige und adeligen Herrn" gelte. Während die drei Horen also für den hier beschriebenen neuen „Demokratieweg" stehen, steht ihre Mutter Themis für den Rechtsweg.

549 Erstaunlicherweise ist der Begriff Kooperation in der Rechtswissenschaft nur sehr schwach ausgeprägt, obwohl, wie dieser Essay zeigt, Partizipation und gegenseitige Anerkennung die Schlüssel für ein neues kooperatives

Demokratie- und Verfassungsverständnis sind. Die Bezeichnung „kooperativer Verfassungsstaat" wird eher in den internationalen Kontext gesetzt. Der Mensch werde dabei über „kooperative Grundrechtsverwirklichung" in den Mittelpunkt gemeinsamen staatlichen, zwischen- und überstaatlichen Handelns gerückt. Vgl. Häberle, Peter, Verfassung als öffentlicher Prozeß, 2013, S. 442. Tatsächlich sollte Kooperation auch für *innerstaatliches* Handeln ein wichtiger Begriff der Rechtswissenschaft sein.

[550] Vgl. Kant, Grundlegung, s.o., S. 439. Dazu Willaschek, Marcus, Kant, 2023, S. 183. Für Kant war der Frieden "Endzweck der Rechtslehre" und „höchstes politisches Gut". Vgl. Kant, Metaphysik der Sitten, s.o., S. 220f. Nicht zu übergehen ist an der Stelle, dass Kant, der sich in seiner Lehre gegen Vorurteile wandte, rassistisch geäußert hat. So zitierte er in der „Physischen Geographie" im Jahr 1801: *„Die Menschheit ist in ihrer größten Vollkommenheit in der Race der Weißen. Die gelben Indianer haben schon ein geringeres Talent. Die Neger sind weit tiefer, und am tiefsten steht ein Teil der amerikanischen Völkerschaften. [...] Die Negers von Afrika haben von der Natur kein Gefühl, welches über das Läppische stiege."* Dazu Graneß, Anke/Kleingeld, Pauline im Gespräch mit René Aguigah, Rassismus bei Immanuel Kant, Deutschlandfunk Kultur, 13.09.2020, https://www.heise.de/tp/features/Der-verschwiegene-Rassismus-der-Philosophen-3363965.html. Zur Beziehung Kants zu „Frauenzimmern" vgl. Vorländer, Karl, Kant und die Frauen, 1924, Vorländer - Kant: Kant und die Frauen (textlog.de). Beides kann wohl im Kontext seiner Zeit gesehen werden und tangiert dann seine *grundlegenden* moralischen Leitlinien nicht. Vgl. Willaschek, Marcus, Kants Rassismus. Ein Kind seiner Zeit, FAZ, 22.06.2020, https://www.normativeorders.net/de/presse/medien-echo/40-presse/presse-echo/7797-kants-rassismus-ein-kind-seiner-zeit, sowie Brumlik, Micha, Lasst das Denkmal stehen, taz, 26.06.2020, https://taz.de/Immanuel-Kant-und-der-Rassismus/!5692764/. Kant wäre heute sicherlich ein Weltbürger, der Rassismus verurteilt und seine Entwicklung zum Weltbürger in seiner Spätzeit ist hervorzuheben. Vgl. Willaschek, Marcus, Kant, 2023, S. 126-128, 178, 183. Seine menschliche Fehlerhaftigkeit kann helfen, uns selbst den Spiegel vorzuhalten. – Auch heutige Autoren vertreten den Gedanken, dass es gilt, seinen Dienst am Fortschritt der gesamten *Menschheit*, also nicht nur des eigenen Staates, zu verrichten. Buchenau, Bestimmung und Perfektibilität, s.o., S. 182, spricht gar von einem „Amt im Dienste der Menschheit". Vgl. auch Weber-Guskar, Eva, Würde als Haltung, 2016, S. 212. Nils Ehlers weist darauf hin, dass auch Rousseaus „Zivilreligion" weltbürgerlich interpretiert werden kann. Vgl. Ehlers, Widerspruch zwischen Mensch und Bürger, s.o., S. 106.

[551] Hölscheidt, Wie viel „neues Deutschland" ist möglich, s.o., S. 69, erwähnt als weitere Möglichkeiten einer Aktivierung des Art. 146 GG die Abschaffung des Föderalismus oder einen EU-Austritt. Vgl. auch Cramer,

Artikel 146, s.o., S. 165ff. Huber, Art. 146, s.o., S. 2660f., Rdnr. 18ff., weist auf zahlreiche Einzelaspekte im Zuge der weiteren europäischen Integration hin, die laut Bundesverfassungsgericht der Legitimation durch das Volk bedürfen.

552 Hölscheidt, ebda., S. 70 m.w.N.

553 Es gibt laut Huber noch die Alternative eines europaweiten Referendums zur Änderung der Europäischen Verträge, vgl. Huber, Art. 146, s.o., Rdnr. 22. Vgl. auch Cramer, Art. 146, s.o., S. 261, Fn. 1188.

554 Vgl. Bundesverfassungsgericht, Urteil vom 30.06.2009, s.o., Rdnr. 228. Vgl. auch Cramer, Artikel 146, s.o., S. 241. Zum subjektiven „Anspruch auf Demokratie" vgl. auch dass., Urteil vom 18. März 2014, s.o., Rdnr. 125, https://www.bundesverfassungsgericht.de/SharedDocs/Entscheidungen/DE/2014/03/rs20140318_2bvr139012.html. Matthias Herdegen listet zahlreiche mögliche Überschreitungen auf, von Verletzung der Haushaltsautonomie und Steuererhebungshoheit hin zu Entscheidungen über Krieg und Frieden. Vgl. Herdegen, Matthias, Art. 146, in: Dürig, Günter/Herzog, Roman/Scholz, Rupert, Grundgesetz, 2013, S. 36.

555 Vgl. Mehr Fortschritt wagen, s.o., S. 104. Der Konvent dürfte übrigens aus Vertretern der nationalen Parlamente, der Staats- und Regierungschefs der Mitgliedstaaten, des Europäischen Parlaments und der Kommission bestehen, also ganz ohne Bürger, die maximal Vorschläge zur Änderung der Verträge machen können, wozu es nach der Zukunftskonferenz allerdings nicht kam.

556 Der sehr wichtige Punkt Demokratisierung der EU könnte ein weiteres Buch füllen und kann hier nicht vertieft werden. Vgl. dazu z.B. Scheub, Ute, Europa, 2019; sowie Huber, Art. 146, s.o., S. 2660f., Rdnr. 18ff.

557 Kube, Hanno, Demokratische Teilhabe als subjektives Recht, in: Michael Anderheiden u. a. (Hrsg.), Verfassungsvoraussetzungen, Gedächtnisschrift für Winfried Brugger, 2013, S. 571-600 (596), spricht von einer „europäischen Technokratie", die „bei Licht betrachtet" demokratische Teilhabe als „störend" empfinde. Dies soll nicht verdecken, dass aus Europa auch viel Gutes gekommen ist, was die deutsche Politik demokratischer und rechtsstaatlich besser gemacht hat, was etwa Brun-Otto Bryde mit Bezug auf das aus seiner Sicht unterschätzte Europäische Parlament hervorhebt, das gut und offener diskutiere als nationale Parlamente. Vgl. Bryde, Brun-Otto, im Gespräch mit Christian Rath, taz, „Demokratie ist nie garantiert", s.o. Aber auch diese Vorzüge können nicht das strukturell grundsätzliche Demokratiedefizit aufheben. Die Demokratiefrage wird auf der politischen Ebene derzeit oft — korrekt, aber auch zu einseitig - in puncto Abschaffung der hinderlichen Einstimmigkeit im Europäischen Rat diskutiert. Im Vergleich zu den beschriebenen möglichen Errungenschaften

durch eine Demokratisierung des Grundgesetzes bietet die Idee eines europäischen Verfassungskonvents gegenwärtig keine demokratische Vision. Die diskutierten Ideen enthalten keine Vorschläge zur Verbesserung des Status der Unionsbürger, vgl. Weiß, Wolfgang, Zur Zukunft Europas: Plädoyer für eine Vertragsreform, ZRP 2022, S. 162-165 (162).

[558] In Bezug auf eine mögliche völlig neue Verfassung Dreier, Horst, Das Grundgesetz – Eine Verfassung auf Abruf?, s.o., S. 5. Vgl. ders., Art. 146, s.o., S. 2052, Rdnr. 54f. In Bezug auf Bürger, die beschließen, „nicht so regiert werden zu wollen", Heidenreich, Nachhaltigkeit und Demokratie, s.o., S. 234. Siehe auch Menke, Theorie der Befreiung, s.o., S. 274: Krise als Chance.

[559] Körber-Stiftung, Deutsche verlieren Vertrauen in ihre Demokratie, 2023, https://koerber-stiftung.de/projekte/staerkung-der-demokratie/vertrau-ensverlust-in-die-demokratie/.

[560] Laut Manow, (Ent-)Demokratisierung der Demokratie, 2020, S. 13, 57f., stecken dahinter die Krisen der Parteien und die eines zunehmenden „Strukturwandels der Öffentlichkeit". Letzterer sei durch die „drastische Zunahme von Organisations- und Kommunikationsmöglichkeiten" in der Gesellschaft entstanden. Vgl. auch Jörke, Dirk/Nachtwey, Oliver, Das Volk gegen die (liberale) Demokratie?, Die Krise der Repräsentation und neue populistische Herausforderungen, in: Dies. (Hrsg.), Das Volk gegen die (liberale) Demokratie?, 2017, S. 7-17 (9). – Der Begriff „Krise der Repräsentation" soll ursprünglich mehrfach in der Responsivitätsstudie 2016, einem Forschungsvorhaben im Auftrag des Bundesministeriums für Arbeit und Soziales, gestanden haben, soll jedoch vom Kanzleramt überall gelöscht worden sein. Vgl. Schreyer, Paul, Die Angst der Eliten, 2018, S. 17f., sowie Elsässer, Lea/Hense, Svenja/Schäfer, Armin, Systematisch verzerrte Entscheidungen? Die Responsivität der deutschen Politik von 1998 bis 2015, 02.06.2016, https://www.armuts-und-reichtumsbe-richt.de/SharedDocs/Downloads/Service/Studien/endbericht-systema-tisch-verzerrte-entscheidungen.pdf?__blob=publicationFile&v=2.

[561] Vgl. Anter, Andreas, Repräsentation und Demokratie, in: Stekeler-Weithofer, Pirmin/Zabel, Benno, Philosophie der Republik, 2018, S. 67-78 (78).

[562] Zu den Lehren vgl. Hermann, Rudolf, Islands neue Verfassung, vom Volk geschrieben – wo ist sie geblieben?, 21.01.2021, Neue Zürcher Zeitung, https://www.nzz.ch/international/island-auf-die-vom-volk-geschriebene-verfassung-wird-gewartet-ld.1593282.

[563] Vgl. Sintomer, The Government of Chance, s.o., S. 215f.

[564] Laut Bundeskanzler Olaf Scholz gehe es „um die Verteidigung der Demokratie". Vgl. Welt, 10.10.2023, Scholz ruft nach AfD-Wahlgewinnen

zur „Verteidigung der Demokratie" auf, https://www.welt.de/politik/deutschland/article247918602/Landtagswahlen-Scholz-ruft-nach-AfD-Wahlgewinnen-zur-Verteidigung-der-Demokratie-auf.html. Das ist zwar *eine* akute Wahrheit, aber eben nur die halbe. Dass die Demokratie, bzw. das Regierungssystem generell überholungsbedürftig sind, wird leider durch solche Aussagen kaschiert. Scholz leugnet auch mantraartig, dass es in Deutschland eine gesellschaftliche Spaltung gebe. Vgl. Die Bundesregierung, „Deutschland ist nicht gespalten", 09.12.2021, https://www.bundesregierung.de/breg-de/aktuelles/kanzler-mpk-1989912. Auslöser für diese war die Trennung in Impfbefürworter und –gegner. Außerdem besteht die soziale Frage und die Ost-West-Spaltung ist auch noch nicht überwunden. Mit solchen Statements scheucht Scholz Demokratiefeinde mit gewisser Wahrscheinlichkeit erst recht auf. Er ignoriert eine traurige gesellschaftliche Realität, die aktuell in den AfD-Erfolgen ihren Ausdruck findet. Laut Nikolaus Blome verlaufe die Spaltung bei 75 gegen 25 Prozent oder 80 gegen 20 Prozent und sei nicht mehr zu ignorieren. Vgl. Blome, Nikolaus, Scholz´ heile Welt gibt es nicht, n-tv, 14.12.2021, https://www.n-tv.de/politik/politik_kommentare/Scholz-heile-Welt-gibt-es-nicht-article22998332.html.

[565] Menke, Theorie der Befreiung, s.o., S. 225, 289ff., 578f. Zitat: „Werde der, der Du bist." Ebda., S. 296.

[566] Ebda., S. 102.

[567] Für die Menschenwürde Teifke, Nils, Das Prinzip Menschenwürde, 2011, S. 155-167.

[568] Menke, Christoph, Kritik der Rechte, 2018, S. 316-318.

[569] Grimm, Dieter, Die Zukunft der Verfassung, 1991, S. 69, bezieht die „Freiheit schlechthin" in gängiger Sicht nur auf die Grundrechte des Grundgesetzes und gibt sich damit indirekt auf der demokratischen Seite mit dem Wahlrecht als *dem* bürgerlichen Freiheitsrecht zufrieden, was dem hier vertretenen Freiheitsbegriff gerade nicht entspricht.

[570] Vgl. das Zitat des Psychologen und Marktforschers Stephan Grünewald, der nach der Ära Merkel bei den Bürgern ein neues Gefühl ausgemacht hat: *„Sie haben eine tiefe Ahnung, dass sie selber mitwirken müssen und das ist sozusagen fast so der Paradigmenwechsel. Wie kriegt die Politik es hin, nicht als abstrakte Instanz den Menschen die Probleme vom Leib zu halten, sondern sie einzubeziehen? (…) Das ist glaube ich die große Frage. Wie schafft es die Politik, nicht nur bestimmte Etappenziele zu formulieren, sondern so etwas wie eine bürgerliche Ermächtigung, auch zu sagen, klar zu machen, wir bauen auf Euch. Im Rahmen Eurer Möglichkeiten sollt und müsst Ihr mitmachen, weil nur gemeinsam schaffen wir diese großen Probleme."* Vgl. Roehl, Wenn die Welt zu kompliziert wird, s.o.

Danksagung

Zu guter Letzt möchte ich den vielen Personen danken, die mit Ihrem Input das Werk erst möglich gemacht haben. Alle aufzuzählen, ist unmöglich.

Zu betonen ist die Vorarbeit der zitierten Wissenschaftler und Autoren, die den Bau eines neuen theoretischen Grundgerüsts ermöglicht haben. Prof. Martin Dreher, Dr. Philip Dingeldey, Dr. Christian Zeller, Dr. Judith Schultz, Dr. Gereon Franken und Ute Oswald haben Teile des Textes gelesen und kommentiert, was sehr wertvoll war. Wir waren nicht immer einer Meinung, was in der Natur der Sache eines derart komplexen Themas liegt. Aber die Kommentare und Tipps haben mir geholfen, Thesen und Aufbau zu überdenken und gegebenenfalls anzupassen.

Für weitere angeregte Diskussionen und fachliche Informationen danke ich Carsten Löbbert von der Neuen Richtervereinigung, diversen Mitgliedern von Mehr Demokratie sowie insbesondere den Teilnehmern des Arbeitskreises Demokratisierung der Humanistischen Union, an dem ich als Nichtmitglied mitwirken durfte. Dies sind Dr. Philip Dingeldey, Thore Bergmann, Franz-Josef Hanke, Michael Köhler und Andreas Sanders. Dr. Günther Hohn wünsche ich viel Erfolg mit seiner inspirierenden Idee von "Häusern der Demokratie".

Bedanken möchte ich mich auch bei Herrn Bundeskanzler Olaf Scholz. Er war es, der mich als Erster Bürgermeister in Hamburg schmerzlich dazu bewogen hat, dieses Buch zu schreiben.

In einem solchen Werk stecken nicht enden wollende Mühen. Mein besonderer Dank gilt meiner Familie, die eine lange Zeit der Vernachlässigung ertragen musste.